45 RÉCOMPENSES AUX EXPOSITIONS ET CONGRÈS

Certificat d'Honneur : Londres 1871. — Médailles de 1re classe : Paris, 1872; Vienne, 1873; Congrès géographique de Paris, 1875
Médailles d'or ou Diplômes d'honneur, à Paris, 1878 ; à Rio-de-Janeiro, 1883 ; à Londres et à Toulouse, 1884
Anvers et à la Nouvelle-Orléans, 1885 ; à Bruxelles et à Barcelone, 1888 ; à Cologne. 1889 ; à Berne, 1891 ; à Chicago, 1893
à Anvers, 1894 ; à Bruxelles, 1897 ; à Liège, 1905
Prix Ch. Grad, décerné par la Société de Géographie de Paris, 1896
DEUX MÉDAILLES D'OR A PARIS, 1900

GÉOGRAPHIE-ATLAS

DU

COURS MOYEN

TEXTE, CARTES ET DEVOIRS

PAR UNE RÉUNION DE PROFESSEURS

ÉCOLES PRIMAIRES SUPÉRIEURES Pour les 3 Années.	ENSEIG. SECONDAIRE Classe de 7e : La France. — 8e : La Terre.

RACE BLANCHE - Romain

RACE JAUNE — Chinois

RACE NOIRE - Cafre

RACE ROUGE - Indien

TOURS	PARIS
MAISON A. MAME ET FILS	Vve CH. POUSSIELGUE
IMPRIMEURS - ÉDITEURS	LIBRAIRE, RUE CASSETTE, 15

ET CHEZ LES PRINCIPAUX LIBRAIRES

Nº 130

SÉRIE DE GÉOGRAPHIES-ATLAS (TEXTE ET CARTES)

Cours préparatoire, petit in-4°, 36 pages.
Cours élémentaire, in-4°, 32 pages.
Cours moyen, in-4°, 64 pages.
Cours supérieur, in-4°, 160 pages.

RACE BLANCHE - Romain

GÉOGRAPHIE-ATLAS

DU

COURS MOYEN

TEXTE, CARTES ET DEVOIRS

PAR UNE RÉUNION DE PROFESSEURS

RACE JAUNE - Chinois

Ce Cours moyen comprend, en 64 pages in-4°, à trois colonnes :

Iʳᵉ PARTIE — LA FRANCE

I. Exercices de **Géographie locale**. . .	5 figures.
II. Notions préliminaires et définitions . .	25 figures.
III. Cosmographie. **Mappemonde**. . . .	1 carte et 10 figures.
IV. **FRANCE** géologique, hypsométrique et hydrographique . . .	12 cartes de France.

43 PAGES DE TEXTE
AVEC 45 CARTES
ET 40 FIGURES

V. — Provinces et départements .	2 cartes.
VI. — administrative et militaire .	5 cartes.
VII. — agricole et industrielle . .	3 cartes.
VIII. — Chemins de fer. Voies navigables.	4 cartes.
IX. — En 9 régions : Nord, N.-E., N.-O., Ouest, Centre, etc.	4 cartes.
X. **Colonies françaises**, ...	15 petites cartes.

IIᵉ PARTIE — LA TERRE

21 PAGES DE TEXTE
AVEC 12 CARTES
ET FIGURES

I. **EUROPE** physique et politique. . . .	2 cartes générales.
II. Les États de l'Europe	2 cartes.
III. **ASIE**.	1 carte.
IV. **AFRIQUE**	1 carte.
V. **AMÉRIQUE**.	1 carte.
VI. **OCÉANIE**. Planisphère	2 cartes.
VII. **PALESTINE**.	Cartes et plan.
VIII. Productions végétales et animales. .	62 figures.

En outre, **150 devoirs**, ou série de questions à résoudre oralement ou par écrit.

RACE NOIRE - Cafre

RACE BRUNE - Malais

TOURS
MAISON A. MAME & FILS
IMPRIMEURS-ÉDITEURS

GLOBE TERRESTRE

PARIS
Vᵛᵉ CH. POUSSIELGUE
LIBRAIRE, RUE CASSETTE, 15

1909

N. 130

EXERCICES PRÉLIMINAIRES DE GÉOGRAPHIE LOCALE

Nota. Les exercices ci-après se font *oralement* avec tous les élèves en général. En outre, les plus avancés *copient* les questions et y répondent *par écrit* à titre de devoirs à faire en classe ou à domicile.

Pour la *Géographie locale*, il est nécessaire que le maître prépare d'avance les réponses aux questions posées. (Voir *Méthodologie*, page 81.)

On mettra successivement sous les yeux des élèves les plans de la classe, de l'école et de la commune et les cartes du canton, de l'arrondissement, du département.

(*Voir Méthodologie*, page 73.)

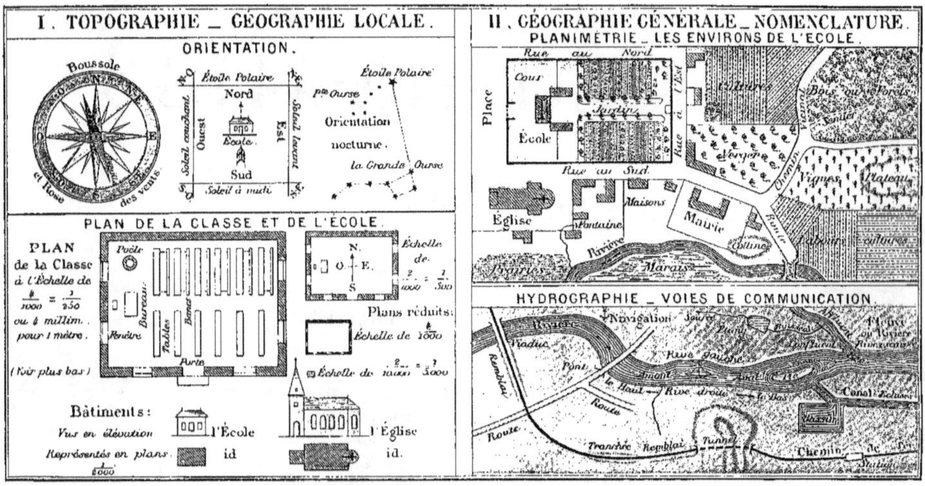

I . TOPOGRAPHIE _ GÉOGRAPHIE LOCALE .	II . GÉOGRAPHIE GÉNÉRALE _ NOMENCLATURE .

DEVOIRS ORAUX OU PAR ÉCRIT

Devoir 1. Quelle localité ou quelle commune habitons-nous?

2. Nommez quelques localités voisines.
3. Indiquez le côté où le soleil se lève.
4. Citez une localité qui se trouve dans cette direction.
5. Qu'est-ce que le *levant?*
6. Indiquez le côté où le soleil se couche. — Nommez une localité dans cette direction.
7. Qu'est-ce que le *couchant?*
8. Qu'est-ce que le *midi?*
9. Le *nord?*
10. Indiquez des localités dans ces directions.

Devoir 2 (oral). LA CLASSE. — Voici le plan de la classe que nous occupons.
1. Quel est le côté de la classe tourné au nord, au sud, à l'est, à l'ouest?
2. Quelles sont les choses représentées sur le plan de la classe?
3. Montrez les bancs, le bureau, le poêle, la porte, les fenêtres.
4. Comment représente-t-on chaque chose?
5. Quelles sont les dimensions de la classe, en longueur, largeur et hauteur? Mesurons-les avec le mètre.

Devoir 3 (oral). L'ÉCOLE. — Voici le plan de l'école tout entière.
1. Comment sont orientées la façade et les autres côtés de ce bâtiment?
2. Montrez les diverses classes de l'école, les portes, les fenêtres, le logement de l'instituteur.
3. Montrez le préau, la cour, le jardin, le mur de clôture, les rues ou propriétés voisines.

Devoir 4. LA COMMUNE : son territoire. —
1. Qu'est-ce qu'une *commune?* (C'est une petite partie du territoire français administrée par un maire.)
2. Quelle est notre commune?

3. Quelles sont les *bornes* ou limites de notre commune?
4. Notre commune est-elle une ville ou un village?
5. Nommez les *quartiers* ou les hameaux.
6. Dans quelle partie de la commune se trouve notre école?
7. Citez quelques *rues* avoisinant l'école.
8. Dans quelle direction se trouve *l'église*, et par quel chemin s'y rend-on?
9. Où se trouve *la mairie*, et par quel chemin y arrive-t-on?
10. Indiquez les *places publiques.*
11. Nommez quelques *édifices.*

Devoir 5. *Géographie physique.* 1. Le *territoire* de la commune est-il tout à fait plat? N'est-il pas *montueux*, accidenté, plus élevé ou plus bas dans certains endroits?
2. Citez les endroits les plus élevés.
3. Le point le plus bas du territoire.
4. Y a-t-il dans la commune quelque *montagne*, *colline* ou *plateau?*
5. Y a-t-il quelque *plaine* ou *vallée?*
6. Citez quelque *fleuve*, *rivière* ou *ruisseau* qui traverse la commune.
7. Citez quelque *canal*, *lac*, *étang*, *source* ou *fontaine.*
8. Citez d'autres *accidents* géographiques remarquables de la commune ou dans les environs.

Devoir 6. *Industrie et commerce.* 1. Quels sont les principaux *produits agricoles* de la commune ou des environs?
2. Quels sont les *animaux domestiques?*
3. Quels sont les principaux *produits industriels* concernant les aliments, la boisson, le vêtement et le logement?
4. Les produits des *carrières*, des *mines* et des *usines* qui travaillent les métaux?
5. Les produits qui se rapportent à la *littérature*, aux *sciences* et aux *arts?*
6. Quelles sont les *rues* ou les *routes* qui tra-versent la commune, et vers quelles localités se dirigent-elles?
7. Avons-nous quelque *canal*, *rivière navigable* ou *chemin de fer?*

Devoir 7. *Administration communale.*
1. Quelle est la *population* de la commune?
2. La *superficie* en hectares?
3. Quels sont les *administrateurs* de la commune? (M. le maire, MM. les adjoints et les conseillers...)
4. Citez d'autres fonctionnaires.
5. Par qui et dans quelles *écoles* l'instruction se donne-t-elle?
6. Combien la commune compte-t-elle de *paroisses*, et quels sont les ministres du culte?
7. De quel *canton* (ecclésiastique) et de quel *diocèse* notre paroisse fait-elle partie?

Devoir 8. — LE CANTON, L'ARRONDISSEMENT. — 1. De quel *canton* notre commune fait-elle partie? — 2. Nommez quelques communes de ce canton. — 3. De quel *arrondissement* notre canton fait-il partie? — 4. Quels sont les cantons de cet arrondissement? — 5. Comment appelle-t-on l'administrateur de l'arrondissement? — 6. Comment appelle-t-on la ville où réside le sous-préfet?

Devoir 9. LE DÉPARTEMENT. *La Patrie.* — 1. De quel *département* notre arrondissement fait-il partie? — 2. Quels sont les autres arrondissements de ce département? — 3. Comment appelle-t-on l'administrateur d'un département? — 4. Comment appelle-t-on la ville où réside le préfet? — 5. Quelle est la population du département de...? — 6. Combien de communes compte-t-on dans le département? — 7. Quelles sont les villes principales du département? — 8. Combien y a-t-il de départements dans toute la France? — 9. Quelle est la capitale de la France? (Paris.)

Devoirs supplémentaires, 10. — Les élèves dessineront ou reproduiront les *croquis* des plans et des cartes locales, faits par le maître, d'après le cahier cartographique n° 1, pages 1 et 17, et les indications de la MÉTHODOLOGIE.

GÉOGRAPHIE-ATLAS DU COURS MOYEN

TEXTE, CARTES ET DEVOIRS

(Pour les détails sur la Méthode d'enseignement, voir la *Partie du maître*.)

GÉOGRAPHIE LOCALE

(Voir page précédente.)

Lecture. — Chers élèves, vous aimez la Terre que nous habitons, car Dieu l'a créée pour nous et l'a peuplée de millions d'hommes, qui sont nos frères. C'est la *Géographie* qui vous en décrira les différents pays, les montagnes, les plaines, les mers, les fleuves et les rivières, les richesses de tous genres, et les différents peuples qui l'habitent.

Vous désirez surtout connaître la France, notre belle patrie. Mais, en France même, il y a un petit pays que vous aimez avant tous les autres : c'est la *localité,* la *ville* ou le *village* qui vous a vus naître et que vous habitez.

Commençons donc par la Géographie locale. La *commune* et ses environs nous offriront l'exemple, l'idée d'un grand nombre d'accidents géographiques : rivières, collines, etc., et l'observation des choses qui sont autour de nous et que nous pouvons voir facilement, nous fera comprendre les choses qui sont plus éloignées.

Orientation — par le soleil.

PAYSAGE IDÉAL

Explication du panorama. Ces deux écoliers sont en promenade. Ils examinent, du haut d'une *colline rocheuse* et *boisée,* le paysage qui se déroule à leurs yeux :

Au premier plan, la *plaine* cultivée, le *hameau,* le *village* et son *église.* — Plus loin, l'embouchure d'un *fleuve* et une *rivière* ou *canal* navigable; un train de *chemin de fer,* qui traverse un *pont-viaduc* et se dirige vers le *tunnel* perçant la colline.

Au delà, dans le fleuve, un *archipel;* puis un *port,* et ses *vaisseaux;* sur la rive gauche, des *rochers,* une *cascade,* un *volcan.* Une *presqu'île,* dont l'*isthme* est très étroit, s'avance dans la *baie,* où se trouve aussi une *île.*

Sur la rive droite, un *phare,* puis une chaîne de *collines* séparant un *lac* et allant se rattacher à une chaîne de *montagnes :* celle-ci aboutit par un *cap* dans l'*Océan,* où un navire à vapeur vogue à l'*horizon* vers des pays lointains.

N. B. L'*interrogation* amènera aisément d'autres *observations* et donnera lieu à des *explications* plus complètes. Il en est de même pour les vignettes des pages suivantes.

L'*enseignement par l'image* est essentiel lorsqu'on ne peut *faire* voir les choses en nature. Le maître se servira de vues, gravures, photographies, cartes et reliefs géographiques.

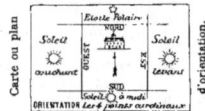

Panorama ou paysage présentant des types d'accidents ou formes géographiques.

Carte ou plan — d'orientation.

ORIENTATION *Les 4 points cardinaux.*

NOTIONS PRÉLIMINAIRES

Les points cardinaux.

1. La **Géographie** est la description de la surface de la *Terre.*

2. La **Terre** est un astre, aussi bien que la Lune et le Soleil. *Sa forme est ronde,* ou mieux *sphéroïdale.* On la représente par une Sphère ou un Globe terrestre (Voir p. 47), et les détails de sa surface par des *cartes géographiques,* telles que la *carte de France* de la page 13.

Pour étudier une carte, il est nécessaire de connaître les *quatre points cardinaux* de l'horizon.

3. L'**horizon** est le cercle qui, bornant notre vue au loin, semble réunir le ciel et la terre.

4. Les quatre **points cardinaux** de l'horizon sont : le *Levant,* le *Couchant,* le *Midi* et le *Nord.*

5. On appelle **Levant** le côté du ciel où le soleil se lève.

Le **Couchant** est le côté où le soleil se couche.

Le **Midi** est le côté où le soleil se trouve à l'heure de midi.

Le **Nord** est le côté opposé au Midi. La nuit, on y observe l'*étoile polaire* et les *sept* étoiles de la Grande-Ourse.

6. Le *Levant* s'appelle encore **est** ou *orient.*

Le *Couchant* s'appelle encore **ouest** ou *occident.*

Le *Midi* est aussi appelé **sud.**

Le *Nord* est aussi appelé **septentrion,** à cause des *sept* étoiles de la Grande-Ourse.

7. Il y a quatre **points collatéraux** situés entre les points cardinaux.

Ce sont : le *nord-est,* entre le N. et l'E.; le *sud-est,* entre le S. et l'E.; le *sud-ouest,* entre le S. et l'O.; le *nord-ouest,* entre le N. et l'O.

8. **S'orienter,** c'est reconnaître la direction de l'*orient* et des autres points cardinaux.

9. On s'oriente, pendant le jour, au moyen du soleil; pendant la nuit, au moyen de l'étoile polaire, et, en tout temps, au moyen de la boussole.

10. Pour s'orienter, il faut se placer de manière à avoir le côté droit tourné vers le lieu du soleil levant; alors on a l'est ou *orient* à droite, l'ouest à gauche, le nord en face, et le sud derrière soi.

11. La **boussole** est une aiguille aimantée, qui, portée sur un pivot, se tourne toujours au nord-sud.

12. La **rose des vents** est une figure étoilée qui représente les points cardinaux et collatéraux dans leur direction relative.

13. Les quatre points cardinaux sont indiqués au sommet de quelques édifices par deux tiges de fer assemblées en forme de croix, et portant aux extrémités les lettres N, S, E, O, qui signifient *nord, sud, est, ouest.*

Devoir 1t (oral ou par écrit). — 1. Qu'est-ce que la *Géographie?* — 2. Qu'est-ce que la *Terre?* — Quelle est sa *forme?* — Comment la représente-t-on? — 3. Quels sont les quatre *points cardinaux* ou principaux de l'horizon? — 4. Quels autres noms donne-t-on encore au levant? — 5. Quelles *lettres initiales* emploie-t-on pour écrire ces noms en abrégé? — 6. Qu'est-ce que *s'orienter?* — 7. Quels sont les *trois moyens* de s'orienter? — 8. Comment faut-il se placer de préférence pour s'orienter? — 9. Qu'est-ce que la *boussole?* — 10. Qu'est-ce que la rose des vents?

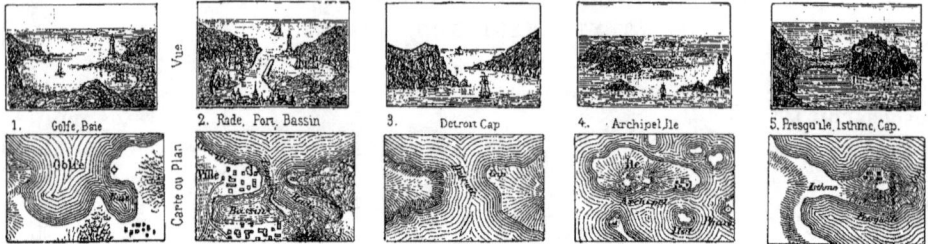

1. Golfe, Baie 2. Rade, Port, Bassin 3. Détroit Cap 4. Archipel, Île 5. Presqu'île, Isthme, Cap.

NOMENCLATURE GÉOGRAPHIQUE

DÉFINITIONS GÉNÉRALES

14. La Géographie en général comprend la **Géographie physique**, qui traite du sol et des accidents naturels, et la **Géographie politique**, qui traite spécialement des peuples.

15. La *surface de la Terre* n'est pas uniforme : elle présente un grand nombre d'accidents géographiques.

16. Les accidents géographiques peuvent se classer en quatre divisions : 1° *parties de mer* : mers, golfes, détroits; 2° *parties de terre* : continents, îles, caps; 3° parties formant le *relief du sol* : montagnes, plateaux, plaines, 4° *eaux continentales* : fleuves, rivières, lacs, etc.

1. — Parties de mer.

17. Description. — L'Océan forme un tout continu qui enveloppe de toutes parts les portions de terre, en y formant des avancements plus ou moins profonds. Ces avancements, d'après leur forme et leur étendue, sont désignés sous les noms de mers, golfes, baies, rades, lagunes, détroits, etc. Ils établissent des rapports plus intimes entre l'élément solide et l'élément liquide, et ont une grande influence sur les climats, les productions naturelles, les rapports politiques et commerciaux.

18. Définitions. — L'Océan est l'ensemble des eaux salées qui couvrent les trois quarts du globe.

Une **mer** est une partie de l'Océan.

Ex. : la mer Méditerranée, située au sud de l'Europe.

19. Un **golfe**, une **baie** est une partie de mer s'avançant dans les terres. — Ex...

20. Une **rade** est une partie de la mer plus ou moins abritée des vents, où les vaisseaux peuvent tenir à l'ancre. — Ex...

21. Un **port** est un endroit du rivage de la mer ou d'un fleuve propre à recevoir les vaisseaux. — Ex...

22. Un **détroit** est un bras de mer resserré entre deux terres et qui unit deux mers ou deux parties de mer. — Ex...

Un détroit s'appelle parfois *canal, manche, pas, pertuis*.

II. — Parties de terre.

23. Description. — Les *terres*, ou parties solides du Globe, ne forment pas un tout continu : elles sont divisées en une foule de fragments séparés par les eaux de la mer. Les trois plus grandes portions de terre ont reçu le nom de continent, ce qui veut dire que chacune d'elles forme un tout dont les parties *tiennent* ensemble.

Certaines parties des continents s'avancent en mer sous forme de caps ou de presqu'îles rattachées par des isthmes. — Des terres beaucoup plus petites que les continents portent le nom d'îles; isolées, ou groupées en archipels, ce sont les sommets émergés de montagnes ou de plateaux sous-marins.

On désigne sous les termes assez vagues de région, contrée, pays, les divisions continentales envisagées à quelque point de vue particulier, soit physique, soit politique. — On appelle déserts des régions sèches, improductives et inhabitables; — landes, *bruyères*, *steppes*, des régions presque inhabitées et incultes, quoique herbeuses; — marais, des terrains très humides, partiellement couverts d'eau; — deltas, des atterrissements ou terres basses, formées par les alluvions qu'un fleuve dépose à son embouchure dans une mer peu profonde.

24. Définitions. — Un **continent** est une grande étendue de terre non interrompue par la mer. — Ex...

Une **île** est une terre beaucoup plus petite qu'un continent, entourée d'eau de tous côtés. — Ex...

Un **archipel** est une réunion d'îles plus ou moins nombreuses. Un petit archipel forme un *groupe d'îles*. — Ex...

25. Une **presqu'île** ou *péninsule* est une terre entourée d'eau, excepté d'un seul côté. — Ex...

Un **isthme** est un terrain étroit réunissant deux terres de dimensions plus considérables. — Ex...

26. Un **cap** est un avancement de la côte dans la mer. — Ex...

La côte ou le *littoral* est le rivage ou le bord de la mer. La *grève* ou *plage* est la partie du rivage que la mer recouvre par le flux.

Une falaise est une côte élevée et escarpée.

Les dunes sont des monticules sablonneux amoncelés par le vent de la mer sur une côte basse.

III. — Relief du sol.

27. Description. — La surface des terres n'est pas uniforme : certaines parties sont en relief ou en saillie au-dessus du niveau général : elles forment les collines et les montagnes; d'autres parties, en dépression ou en creux, constituent les vallées. — Les parties les moins accidentées sont les plaines, que l'on distingue en plaines basses, ayant généralement moins de 300 mètres d'altitude, et les plateaux, ou plaines hautes, qui atteignent jusqu'à 4000 mètres d'altitude.

28. Les montagnes. — La partie la plus élevée d'une montagne s'appelle cime, sommet ou crête. — La partie inférieure est la base ou le pied. Les côtés sont les flancs ou les versants de la montagne. — Les diverses montagnes d'une même chaîne sont séparées par des vallées, où des vallons ou des ravins, des gorges ou des défilés, qui sont plus ou moins étroits et profonds. — Les sommets d'une même montagne sont séparés par des cols, qui sont les parties les moins élevées de la crête. — C'est par les cols que l'on franchit les montagnes, en y traçant des sentiers ou des routes; comme, par exemple, le col du Mont-Cenis, qui traverse les Alpes. — Les montagnes sont recouvertes de pâturages, de forêts, de rochers et même de glaciers quand elles sont très élevées. — On utilise les pâturages des montagnes en y conduisant les troupeaux en été. — Les forêts nous donnent les bois de construction et de chauffage. — Les glaciers sont de grands amas de glace qui couvrent les plus hautes montagnes. — En été, les glaciers fondent ou partie et alimentent abondamment les sources des fleuves. — Les montagnes, par leur climat relativement froid, arrêtent les nuages et les font tomber en pluies, qui forment les cours d'eau; en effet, le relief du sol ou les inégalités de la pente donnent la pente nécessaire pour que les eaux redescendent vers la mer.

29. Définitions. — Une **montagne** est une élévation considérable du sol au-dessus des parties environnantes. — Ex. : le Mont-Blanc, 4810 m.

L'*altitude* d'une montagne, ou d'un point quelconque du sol, est sa hauteur au-dessus du niveau de la mer. — Ex...

Une petite montagne s'appelle colline, *butte, coteau, monticule*, etc. — Ex...

30. Une **chaîne de montagnes** est un

Vue

6. Montagnes Collines 7. Plaine, Plateau, Volcan 8. Fleuve, Rivière, Cascade 9. Lac 10. Tunnel, Viaduc

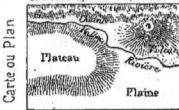

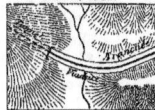

Carte ou Plan

ensemble de montagnes qui se touchent par la base. — Ex...

31. Un **volcan** est une montagne ayant une ouverture appelée *cratère*, par où s'échappent de la fumée, des gaz, des pierres, des cendres, des matières en fusion ou *laves*. — Ex...

32. Une **plaine** est un terrain plat ou sensiblement de même niveau, qui a généralement moins de 300 mètres d'altitude.— Ex...

Un **plateau** est une plaine élevée, plus ou moins accidentée. — Ex...

Une **vallée** est une dépression du sol entre deux lignes de hauteurs, et ordinairement parcourue par un cours d'eau. — Ex...

IV. — Eaux continentales.

33. **Circulation générale des eaux.** — Le Soleil, échauffant les eaux de l'Océan, y provoque la formation des vapeurs, qui s'élèvent dans l'atmosphère et deviennent les nuages, que le vent transporte au-dessus des continents.

Par l'effet du refroidissement de l'air, ces nuages se déversent en pluies ou tombent en *neige*, sur les hautes montagnes, se transforment en *glaciers*. Les eaux pluviales arrosent et fertilisent les campagnes; elles entretiennent la vie des plantes, dont les hommes et les animaux se nourrissent; elles pénètrent en partie sous terre pour jaillir plus loin sous forme de *sources*, ou bien elles coulent à la surface en descendant toujours dans les plis du terrain, où elles se rassemblent successivement en ruisseaux, rivières et fleuves. Les fleuves recueillent ainsi les eaux continentales et les conduisent à l'Océan, où elles se purifient pour recommencer la même circulation dans l'atmosphère et sur les continents.

34. **Définitions.** — Le **bassin** *d'une mer* ou *d'un fleuve* est l'ensemble des terres dont les eaux se rendent dans cette mer ou dans ce fleuve.

Ex. : le bassin de la Manche; — le bassin de la Seine.

Le bassin est dit *hydrographique*, du mot hydrographie, signifiant *description des eaux.*
Les plus grands bassins sont les bassins *océaniques*, ou de chaque océan ; ils se subdivisent en bassins *maritimes*, ou de mers; en bassins *fluviaux*, ou de fleuves; en bassins *de rivières* ou *de lacs*.

35. Un **versant** est une partie de bassin. Ex. : le versant français de la Manche; — le versant de la rive droite de la Seine.

36. Une **ligne de partage des eaux** est la séparation de deux bassins. Elle suit tantôt la crête des montagnes, tantôt les ondulations de la plaine.

COMPARAISON. La *toiture* d'une maison offre ordinairement deux pentes, qui sont les *versants*; la crête ou faîte est la ligne de partage des eaux; les *rangées de tuiles* peuvent figurer les *ruisseaux*; les *chéneaux* sont les *rivières*, et la *gouttière* est le *fleuve*.

37. **Cours d'un fleuve.** — Un **fleuve**, même considérable, peut n'être, à sa naissance, qu'un mince *filet d'eau*, un ruisseau qui sort d'une source, d'un *marais* ou d'un *glacier*, et qui se réunit successivement à d'autres ruisseaux pour devenir une rivière plus importante, laquelle, *confluant* avec d'autres rivières, forme enfin un grand fleuve.

Dans les régions hautes, le cours d'eau, suivant une forte pente, s'élance en torrent impétueux, qui parfois se précipite en *chute*, en *cascade*, en *cataracte* mugissante. Plus loin il s'arrête et forme un lac ou une eau dormante dans une dépression du sol, ou bien il parcourt une vallée plus ou moins longue, profonde et sinueuse. Dans la plaine, le fleuve, moins rapide, élargissant son lit de plus en plus, serpente en décrivant de nombreux replis ou *méandres*; alors ses eaux généralement troubles sont chargées de vase ou *limon*, qu'elles déposent lors des époques des inondations, et elles ont assez de profondeur pour être *navigables*.

En parcourant ainsi un bassin hydrographique plus ou moins étendu, qu'il arrose et assèche tout à la fois, le fleuve reçoit par ses deux rives un certain nombre d'affluents, et il baigne des villes souvent considérables, dont il favorise le commerce par la navigation. Enfin il se déverse dans la mer par une embouchure, qui s'appelle estuaire quand elle est très élargie, comme celle de la Seine, et qui forme un delta quand elle se divise en plusieurs branches ou bras, comme pour le Rhône.

38. **Définitions.** — Un **fleuve** est un cours d'eau considérable qui se rend dans la mer. — Ex...

Une **rivière** est un cours d'eau moins considérable qu'un fleuve; — un **ruisseau** est un cours d'eau moins considérable qu'une rivière. — Ex...

Un **torrent** est un cours d'eau rapide et momentané, produit dans les pays montagneux par une pluie abondante ou par la fonte des neiges.

39. Un **affluent** est un cours d'eau qui se jette dans un autre. — Ex...

Un **confluent** est l'endroit où deux cours d'eau se réunissent. — Ex...

40. La **source** d'un cours d'eau est l'endroit où il commence; — l'**embouchure** est l'endroit où il se jette dans un autre ou dans la mer. — Ex...

Le **haut** ou l'**amont** d'un cours d'eau est la partie située vers la source ou à l'opposé du courant; — le **bas** ou l'**aval** est la partie située vers l'embouchure ou dans le sens du courant.

41. La **rive droite** et la **rive gauche** d'un cours d'eau sont les terrains situés respectivement à la droite et à la gauche d'une personne qui se trouverait en bateau, le visage tourné dans le sens du courant.

42. Le **lit** d'un cours d'eau est le creux du sol dans lequel il coule et où il est maintenu par les deux rives ou berges.

La **chute** d'un cours d'eau prend le nom de *cascade*, de *cataracte* ou de *rapide*.

Un **lac** est une étendue d'eau renfermée dans les terres. — Ex...

43. Un **canal** est une rivière artificielle, creusée par les hommes, pour les besoins de la navigation. — Ex...

Un **tunnel** est une galerie souterraine pratiquée dans une montagne pour le passage d'une voie quelconque, d'un chemin de fer. — Un **viaduc** est un pont en arcades sur lequel passe un chemin de fer.

V. — Atmosphère et climat.

44. L'**atmosphère** est la masse d'air qui entoure le globe sur une hauteur de plus de 100 kilomètres.

45. L'**air** est un mélange formé d'oxygène (gaz que les hommes et les animaux respirent), d'azote, avec un peu d'acide carbonique (respiré par les plantes) et de vapeur d'eau

46. Les **vents** sont des mouvements de l'air qui change de place, transportant avec lui les nuages et les pluies.

Devoir 15. — 1. Quelle différence y a-t-il entre un bassin et un versant? — 2. Qu'est-ce qu'un *fleuve?* — une *rivière?* — 3. Citez la rivière ou le ruisseau qui traverse notre commune. — 4. *Dessinez* un fleuve avec ses affluents. — 5. Nommez en France quatre fleuves, — trois rivières, — deux lacs. — 6. Dans quelles villes passent la Seine, — le Rhône, — la Loire? — 7. Dans quelle direction cardinale coulent ces fleuves? **Devoir 16.** — *Dessinez* les cartes 1, 2, 3 (pages 4), relatives aux *parties de mer*. **Devoir 17.** — *Dessinez* les cartes 4, 5, 6, 7 (pages 4 et 5), relatives aux *parties de terre*. **Devoir 18.** — *Dessinez* les cartes 8, 9 (page 5), et la figure *Hydrographie* (page 2), relatives aux *eaux* couronnes, etc. **Devoir 19.** — 1. Quelle différence y a-t-il entre l'air et l'atmosphère? — 2. A quoi sert le thermomètre et le baromètre? **Devoir 20.** — 1. De quoi s'occupe la géographie politique? — 2. Quelles sont les formes de gouvernement? — 3. Comment se distinguent les communes?

47. L'**humidité** de l'air provient surtout de l'évaporation des eaux de la mer, sous l'action de la chaleur du soleil.

48. La **température** est le degré de chaleur de l'atmosphère. On la mesure au moyen du *thermomètre*, comme on mesure le poids de l'air par le *baromètre*.

49. Le **climat** est la disposition habituellement plus ou moins chaude ou froide, humide ou sèche, de l'atmosphère d'une contrée.

On distingue les climats *froids*, comme, par exemple, en Sibérie; *tempérés*, comme dans l'Europe centrale; *chauds*, comme en Afrique. — Le climat *marin*, ou du voisinage de la mer, est humide et constant; le climat *continental*, ou de l'intérieur des continents, est sec et excessif dans le chaud comme dans le froid.

VI. — Géographie politique.

50. La *géographie politique* traite spécialement des *peuples*, de leur gouvernement, des villes, de l'industrie, du commerce, etc.

Un **peuple**, ou une nation, est un ensemble d'hommes appartenant à un même État ou à une même famille ethnographique. — Ex. : le peuple français.

51. Un **État** est un pays soumis à un même gouvernement et formant une individualité politique. — Ex...

Les grandes *divisions administratives* d'un État prennent le nom de *départements*, en France; de *provinces*, en Belgique; de *gouvernements*, en Russie; de *comtés*, en Angleterre; de *cantons*, en Suisse, etc.

La *commune* est la plus petite division administrative. — On distingue les communes *urbaines*, formées par les villes, et les communes *rurales*, formées par les bourgs, les villages et les hameaux qui en dépendent.

52. Le **gouvernement** est l'autorité souveraine qui régit un État.

Un État est une **monarchie** lorsqu'il a pour chef un souverain héréditaire appelé empereur, roi. — Ex. : la Russie.

Un État est une **république** lorsqu'il n'a qu'un chef temporaire appelé président. — Ex. : la France.

Une **confédération** est un ensemble d'États associés pour la défense de leurs intérêts communs. — Ex. : la Suisse.

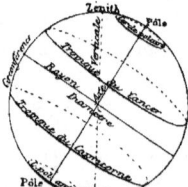

Points et lignes.   Petits cercles.   Méridiens et longitudes.   Parallèles et latitudes.   Zones astronomiques.

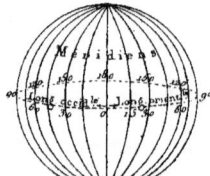

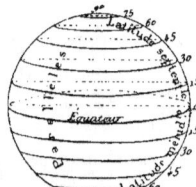

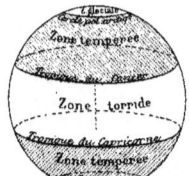

LA TERRE

I. La Terre : sa représentation.

53. La **Terre est un astre**, circulant dans l'espace, aussi bien que la Lune et le Soleil. *Sa forme est ronde*, ou mieux *sphéroïdale*, étant un peu aplatie aux pôles et renflée à l'équateur : elle a 40 000 kilomètres de circonférence.

54. Mouvements de la Terre. La Terre a deux mouvements : 1° elle *tourne* sur elle-même en vingt-quatre heures de l'ouest à l'est; ce mouvement de *rotation* produit la succession du *jour* et de la *nuit*; — 2° elle accomplit en un an autour du Soleil un mouvement de *révolution*, qui est une des causes de la succession des *quatre saisons* de l'année : printemps, été, automne, hiver. (Voir fig. page 64.)

Une *toupie* tournant sur sa pointe (rotation) et décrivant un cercle (révolution) imite ces deux mouvements.

55. La Terre est ronde : si elle nous paraît plate, c'est que nous n'en voyons qu'une petite partie à la fois.

Voici des *preuves* de la rondeur de la Terre :

Lorsque le bord de la mer on observe *un vaisseau* qui s'éloigne, on voit sa partie *inférieure* disparaître insensiblement, puis le voile, et enfin le haut des mâts, comme si le vaisseau s'enfonçait sous l'eau. Donc la surface de la mer n'est pas plate. — Et si le vaisseau continue son voyage, il pourra revenir au port par un chemin opposé à celui du départ : il reviendra par l'ouest, s'il est parti par l'est; ce qui n'aurait pas lieu si la Terre était plate. Donc la Terre est ronde. — Il y a chaque année des voyageurs qui font le *tour du monde*.

Les montagnes n'altèrent pas la rondeur générale du globe, car elles sont proportionnelles à la Terre beaucoup moins sensibles que les aspérités de la peau d'une orange ou de la coquille d'un œuf.

Si nous étions sur la Lune, la Terre nous apparaîtrait suspendue dans le ciel, ronde et brillante, comme nous y voyons la Lune elle-même. — La Terre n'est soutenue dans l'espace que par la seule puissance de Dieu et les lois providentielles qu'il a établies.

56. On représente la **Terre** par un *globe terrestre*, et les détails de sa surface par des *cartes géographiques*.

Le **globe terrestre** est une sorte de boule ou sphère qui représente la Terre avec les différents accidents géographiques : continents, villes, etc. (V. la couverture.)

57. Une **carte** est un plan représentant la surface de la Terre, ou de l'une de ses parties.

La **mappemonde** est une carte qui représente la sphère terrestre coupée, par un méridien, en deux parties égales ou *hémisphères*, l'un *oriental*, l'autre *occidental*.

Sur une carte, les *côtes* et les rivières sont marquées par des lignes sinueuses; les *canaux*, les *chemins de fer*, les *routes*, par des lignes plus ou moins droites ou brisées; le relief du sol ou les *montagnes*, par des hachures ou par des courbes de niveau; les *limites politiques*, par des lignes pointillées; les positions des villes, par des ronds, blancs ou noirs, etc.

Les globes représentent la Terre beaucoup plus exactement que les cartes; mais ils sont moins commodes.

58. L'**échelle** d'une carte est le rapport de dimension linéaire entre les dimensions du sol et celles du dessin qui le représente.

Une carte géographique est à $\frac{1}{1.000.000}$ lorsqu'un millimètre sur la carte représente 1.000.000 de millim. ou 1.000 mètres = 1 kilomètre sur le sol.

II. Les éléments de la sphère.

59. On appelle **axe terrestre** le diamètre ou ligne imaginaire autour de laquelle la Terre fait sa rotation.

Les **pôles** sont les deux points extrêmes de l'axe. On distingue le pôle *nord*, *boréal* ou *arctique*, et le pôle *sud*, *austral* ou *antarctique*.

60. On appelle **grands cercles** de la sphère les cercles qui la partagent en deux parties égales : tels sont le méridien et l'équateur. — On appelle **petits cercles** de la sphère les cercles qui divisent sa surface en deux parties inégales : tels sont les deux tropiques et les deux cercles polaires.

Chaque **cercle** de la sphère se divise en 360 parties égales, qu'on appelle *degrés*; le degré se divise en 60 *minutes*, et la minute en 60 *secondes*. — La valeur du degré en kilomètres est la même pour les grands cercles (environ 111 kilomètres); mais elle varie d'un petit cercle à l'autre.

61. On appelle **méridien** tout grand cercle qui passe par les pôles. Un méridien partage la sphère en deux hémisphères : l'un *oriental*, du côté du levant; l'autre *occidental*, du côté du couchant.

Il y a une infinité de méridiens. En France, on adopte comme *premier méridien* (méridien initial) celui qui passe par l'Observatoire de *Paris*. — Les autres nations prennent généralement pour premier méridien celui de *Greenwich*, près de Londres, passant à 2° 20' ouest de Paris.

Dans le *planisphère* (page 59), les méridiens et les parallèles sont représentés par des lignes droites.

62. L'**équateur** est un grand cercle qui passe à égale distance des deux pôles. — L'équateur partage la sphère en deux parties égales : l'*hémisphère septentrional* ou boréal, du côté du nord, et l'*hémisphère méridional* ou austral, du côté du sud.

Les **parallèles** sont des cercles tracés sur le globe parallèlement à l'équateur. — Les principaux cercles parallèles sont les deux *tropiques* et les deux *cercles polaires*.

63. Les **tropiques** sont deux petits cercles parallèles à l'équateur, dont ils sont éloignés de 23 degrés 27 minutes. Celui du nord se nomme *tropique du Cancer*, et celui du sud *tropique du Capricorne*.

MAPPEMONDE EN DEUX HÉMISPHÈRES

LA SPHÈRE TERRESTRE

la Terre est ronde

Les **cercles polaires** sont deux petits cercles parallèles à l'équateur, et éloignés des pôles de 23 degrés 27 minutes. Celui du nord se nomme cercle polaire *arctique*, et celui du sud cercle polaire *antarctique*.

64. **Zones.** On appelle *zones* les divisions formées de 15 *degrés* par les tropiques et les cercles polaires. — On compte cinq zones, qui tirent leur nom de leur climat général : la zone *torride*, ou très chaude, comprise entre les tropiques ; les deux zones *tempérées*, comprises entre les tropiques et les cercles polaires, et les deux zones *glaciales*, qui s'étendent des cercles polaires aux pôles.

65. La **longitude** d'un lieu est la distance, en degrés, du méridien de ce lieu au premier méridien.

On compte 180 degrés de longitude orientale et 180 degrés de longitude occidentale. — Les degrés de longitude sont ordinairement marqués sur le haut et le bas des cartes.

66. La **latitude** d'un lieu est la distance de ce lieu à l'équateur, mesurée en degrés sur son méridien.

On compte 90 degrés de latitude nord, et 90 degrés de latitude sud. — Les degrés de latitude se marquent ordinairement à droite et à gauche des cartes.

La *position d'un lieu* sur le globe ou sur la carte est déterminée par sa latitude et par sa longitude, c'est-à-dire par le point de rencontre du méridien et du parallèle de ce lieu.

67. **Fuseaux horaires.** — On appelle ainsi des divisions de 15 *degrés* en longitude, ou *d'une heure* en temps, adoptées pour les chemins de fer d'abord au Canada et aux États-Unis, où les cinq fuseaux sont de 4, 5, 6, 7 et 8 heures en retard sur l'heure anglaise de Greenwich.

En Europe, on distingue : 1° L'*heure occidentale* (pour l'Angleterre, la Hollande, la Belgique, la France, l'Espagne et le Portugal).

2° L'*heure centrale*, en avance d'une heure sur Greenwich (Suède, Norvège, Danemark, Allemagne, Autriche-Hongrie, Suisse, Italie, Grèce).

3° L'*heure orientale*, en avance de deux heures (Russie, Roumanie, Serbie, Bulgarie, Turquie).

Aux États-Unis, au Canada, en Italie et en Belgique, pour les chemins de fer, on compte les heures de la journée en *une série de* 1 à 24 : celles de l'après-midi se disent 13 (pour 1), 14, 15... jusqu'à 24. Cet usage tend à se généraliser.

III. Divisions générales du globe.

68. La *surface* du globe présente des **terres**, ou parties solides, et des **mers**, ou grandes masses d'eau salée, qui constituent l'Océan.

Les **terres** se composent de trois *continents* et d'un grand nombre d'îles. Elles forment les *cinq parties du monde*.

69. L'**Océan** est la masse d'eau salée qui couvre presque les trois quarts du globe (v. p. 51). On le divise en *cinq océans* particuliers, qui sont :

L'océan *Atlantique*, situé entre l'Europe, l'Afrique et l'Amérique.

L'océan *Pacifique* ou *Grand Océan*, situé entre l'Asie et l'Amérique.

L'océan *Indien*, situé entre l'Afrique, l'Asie et l'Australie.

L'océan *Glacial du Nord*, au nord de l'Europe, de l'Asie et de l'Amérique.

L'océan *Glacial du Sud*, au sud de l'Afrique et de l'Amérique.

69 *bis*. Détails sur l'Océan, les **Marées**, les **Courants**, la Géologie. (V. p. 51.)

70. Les **trois continents** sont : l'*Ancien Continent*, — le *Nouveau Continent*, ou l'*Amérique*, découverte en 1492, — et l'*Australie*, découverte au XVII° siècle.

Les **cinq parties du monde** sont :

L'*Europe*, l'*Asie* et l'*Afrique*, qui forment l'Ancien Continent ;

L'*Amérique*, ou le Nouveau Continent ;

L'*Océanie*, formée de l'Australie et d'un grand nombre d'îles.

IV. Statistique et ethnographie.

71. La *superficie totale* du globe est de 510 000 000 de km², dont 135 000 000 pour les terres.

La superficie de l'Europe est de 10 000 000 de km², ce qui équivaut environ à 19 fois celle de la France.

Les terres réunies de l'Océanie dépassent un peu la superficie de l'Europe. — L'*Afrique* égale trois fois l'Europe, ou 56 fois la France.

L'*Amérique* et l'*Asie* égalent chacune quatre fois environ la superficie de l'Europe, ou 77 et 80 fois celle de la France.

72. La *population totale* du globe est d'environ 1 600 000 000 d'habitants.

L'Europe compte environ	430 000 000	d'hab.
L'Asie	850 000 000	—
L'Afrique	130 000 000	—
L'Amérique	160 000 000	—
L'Océanie	55 000 000	—

73. **Races.** L'espèce humaine, considérée au point de vue de la forme et des couleurs, présente cinq variétés principales désignées sous le nom de *races*.

La *race blanche* peuple surtout l'Europe, l'Asie occidentale, l'Afrique septentrionale et l'Amérique.

La *race jaune* peuple l'Asie orientale.

La *race noire* ou nègre peuple l'Afrique centrale et méridionale et une partie de l'Océanie.

La *race brune* peuple les Indes et la Malaisie.

La *race rouge* comprend les indigènes de l'Amérique.

74. **Religion.** Les peuples de race blanche connaissent généralement le vrai Dieu.

Le *christianisme* domine en Europe et en Amérique ; — le *mahométisme*, dans l'Asie occidentale et l'Afrique septentrionale. — Le *judaïsme* est professé par les Juifs.

Les autres races sont généralement *païennes* : le *bouddhisme*, ou culte de Bouddha, domine parmi les jaunes (Chinois, etc.) ; — le *brahmanisme*, ou culte de Brahma, parmi les bruns (les Hindous) ; — et le *fétichisme*, ou culte des idoles de toute espèce, parmi les nègres, en Afrique.

74 *bis*. Les **grandes découvertes**. (V. p. 59.)

Devoir 101. — Qu'appelle-t-on astres ? Nommez-en et indiquez leurs différences. — 2. Quels sont les mouvements du Soleil et de la Lune ? — 3. Nommez les planètes. — 4. Quels sont les mouvements de la Terre ? — 5. Prouvez que la Terre est ronde.

Devoir 102. — 1. Qu'appelle-t-on axe ? — pôles ? — méridien ? — 2. Montrez-les sur le planisphère et la mappemonde. — 3. Nommez les cinq zones déterminées par les parallèles. (Voir hémisph. occid.) — 4. Nommez les parties du monde situées dans l'hémisphère oriental, — occidental, — septentrional, — méridional.

Devoir 103. — 1. Quelle couleur a-t-on affectée à chaque partie du monde sur deux hémisphères ? — 2. Rangez les parties du monde d'après leur étendue et leur population. — 3. Où habite la race noire ? — la race jaune ? — 4. Quelles sont les parties du monde où règne le christianisme ? — le mahométisme ? — le paganisme ?

LA FRANCE

—

Ch. I. — **GÉOGRAPHIE PHYSIQUE**

§ 1. Préliminaires.

75. Définition. La France, *notre patrie*, le pays de nos pères, est l'un des grands États de l'Europe occidentale et maritime.

Bornes. Des six frontières françaises, trois sont **maritimes**, et conséquemment *naturelles* : au nord-ouest, la Manche ; à l'ouest, l'Atlantique, et au sud-est, la Méditerranée.

Les trois autres sont **terrestres** et *politiques*, ou conventionnelles ; mais deux d'entre elles coïncident avec des accidents naturels ou physiques : au sud-ouest, la frontière espagnole s'accorde avec l'arête des Pyrénées ; à l'est, les frontières italienne et suisse concordent avec les Alpes et le Jura. Au nord-est seulement, à part l'arête des Vosges méridionales, la frontière allemande, luxembourgeoise et belge n'est marquée que par des lignes de pure convention politique.

Le développement des *frontières de terre* est de 2320 kilomètres, dont 790 au nord-est (Belgique, Luxembourg et Lorraine) ; — 960 à l'est, savoir : 150 pour les Vosges, 290 pour le Jura, 520 pour les Alpes (Alsace, Suisse, Italie) ; — 570 au S.-O., pour les Pyrénées (Espagne et Andorre).

On évalue le *développement des côtes françaises* à environ 2900 kilomètres.

76. Configuration. Les contours de la France affectent la forme générale d'un **hexagone irrégulier**, dont les sommets sont :
— au *nord*, la ville de Dunkerque ;
— à l'*ouest*, le cap Saint-Mathieu ;
— au *sud-ouest*, l'embouchure de la Bidassoa ; — au *sud*, le cap Cerbère ; — au *sud-est*, la ville de Menton, près de l'embouchure de la Roya ; — au *nord-est*, le mont Donon, dans les Vosges (avant la perte de l'Alsace, le confluent de la Lauter et du Rhin).

Position astronomique. La France est située dans l'*hémisphère boréal* et dans la *zone tempérée*. Elle s'étend de 42°20' à 51°5' de *latitude septentrionale*, — et de 5°20' de *longitude orientale* à 7°8' de longitude occidentale du méridien de Paris.

77. Superficie. La superficie de la France est, d'après les calculs récents, en nombre rond, de 537 000 kilomètres carrés (plus exactement 536 891), soit 8 000 km² de plus qu'on ne lui attribuait précédemment.

§ 2. Les mers et les côtes.

78. Les mers françaises. Le territoire français est baigné et circonscrit tout à la fois par les eaux de l'Océan, sous quatre dénominations différentes :

Au N., la mer du Nord, dont la côte n'a qu'un développement de 75 km.

Au N.-O., la Manche (750 km de côtes en ligne rectifiée, 1 100 en ligne sinueuse) jusqu'au cap Saint-Mathieu.

À l'O., l'Atlantique (835 km) jusqu'à la Bidassoa.

Au S.-E., la Méditerranée (635 km) entre les frontières espagnole et italienne.

79. Le littoral français présente une grande et heureuse variété de caractères. Moins déchiqueté, moins riche en bons ports que celui des îles Britanniques ou de la péninsule des Balkans, il est mieux démembré que celui des presqu'îles hispanique et italique. Ses côtes, alternativement basses et sablonneuses, relevées en falaises ou échancrées par des estuaires

LA FRANCE. — Son relief, ses mers.

dont plusieurs rappellent les fiords de Norvège, ne présentent pas la monotonie des côtes basses allemandes et russes de la Baltique, par exemple.

Le littoral français peut se partager en plusieurs parties, correspondant aux divisions des mers. Nous les décrivons successivement, de manière à réunir synthétiquement dans les mêmes articles les divers accidents maritimes ou terrestres.

80. Le littoral de la mer du Nord. De la frontière belge jusqu'à Calais, la côte française est *basse*, formée d'alluvions marécageuses, de tourbières, de *polders* submersibles, mais endigués. Elle est bordée de dunes *sablonneuses*, hautes de 10 à 20 mètres, et précédées d'un *estran* ou plage, très propre aux bains de mer. Ce sont là, du reste, les caractères généraux de toute la côte de la mer du Nord, depuis la Belgique jusqu'au Danemark.

Les **ports** sont : DUNKERQUE, le quatrième de France pour le commerce ; — GRAVELINES, — et CALAIS, en relation avec Douvres.

Le **Pas de Calais.** La côte du Pas de Calais est caractérisée par ses **falaises de craie** jurassique, dont l'une, haute de 134 mètres, forme le cap *Blanc-Nez*. Le cap Gris-Nez n'a que 50 mètres de hauteur, mais il forme la partie la plus avancée vers la côte anglaise, dont on aperçoit aisément les blanches falaises, à 31 km de distance.

Le **détroit du Pas de Calais** est le passage le plus fréquenté du globe par les navires : plus de deux cent mille bâtiments le traversent chaque année.

Littoral de la Manche. Du cap Gris-Nez, la *falaise* se continue droit au sud et s'entr'ouvre plusieurs fois pour former notamment le port fortifié de BOULOGNE, qui communique régulièrement avec Folkestone.

Au sud de Boulogne, la côte est *basse* et percée de trois *baies* sablonneuses, dans lesquelles se déversent la Canche, l'Authie et la Somme. Derrière les *dunes* s'étale, entre la Canche et la Somme, la contrée du **Marquenterre**, gagnée sur la mer par des endiguements.

81. Les falaises de Normandie. De la Somme à la Seine, sur environ 130 kilomètres, se dressent les célèbres **falaises de Normandie** ou du pays de Caux, hautes de 60 à 120 mètres ; leur base, de sable ferrugineux, étant minée par des sources et battue par les flots, les expose à des érosions qui en précipitent de temps à autre d'énormes masses dans la Manche.

Entre la Somme et le cap de la Hève, s'ouvrent les criques, *brèches* ou embouchures de la Bresle et de l'Arques.

Dans les anfractuosités de ces *brèches* s'abritent plusieurs littorales, telles que le TRÉPORT, plage aimée des baigneurs ; — DIEPPE, dont le nom scandinave (*diep*, profond) exprime la profondeur de la brèche de l'Arques, qui forme le port ; — SAINT-VALÉRY-EN-CAUX et FÉCAMP, qui s'occupent de la pêche ; — ÉTRETAT, célèbre par ses *falaises pittoresques*, dominées par le cap d'Antifer, à 116 mètres au-dessus des flots.

82. L'estuaire de la Seine. Au sud du cap de la Hève, haut de 107 mètres, s'ouvre l'estuaire de la Seine, qui mesure 13 kilomètres de largeur sur 30 de longueur jusqu'à Quillebeuf. Dans cet estuaire à fond de sable, de galets et de limons boueux, se produit le curieux phénomène de la *barre* ou du mascaret, résultant de la lutte de la marée contre le courant du fleuve. Cet estuaire, qui reçoit la Rille, baigne le grand port du HAVRE, fondé par François Ier ; QUILLEBEUF et HONFLEUR, ports de cabotage ou de pêche. Plus au sud se jettent les Touques, la Dives, l'Orne, et l'on y trouve les plages balnéaires de TROUVILLE et DEAUVILLE ; plus loin, les *rochers du Calvados* sont immergés à marée haute.

LITTORAL FRANÇAIS
Mers et golfes, îles, presqu'îles et caps
Rivières maritimes
Côtes : Dunes marais, Rochers ou falaises
Ports de guerre et de commerce.
Départements littoraux.
Echelle : 5.265.000.°

La presqu'île du Cotentin, dont les côtes sont généralement rocheuses et granitiques, présente la rade de **la Hougue**, près de laquelle Tourville perdit la bataille navale de 1692 ; la pointe de **Barfleur** et le cap de **la Hague**, haut de 50 mètres. Entre ces deux promontoires, une échancrure abrite le **port militaire** de Cherbourg, protégé au large par une digue gigantesque de 3 712 mètres de longueur.

Au sud du cap de la Hague, la côte cotentine, inhospitalière, possède le port de Granville ; le passage de la *Déroute* la sépare des îles **Normandes**, dont les principales : *Jersey, Guernesey* et *Aurigny* (90 000 hab.), sont anglaises, tandis que les îlots rocheux de *Chausey* et des *Minquiers* sont français.

Au fond du golfe de Saint-Malo, entre la Normandie et la Bretagne, la baie où se dresse le *Mont-Saint-Michel* est une vaste plage sablonneuse de 250 km². Là débouchent, à travers d'immenses **grèves**, la *Sélune* et le *Couesnon*, à côté des marais de Dol, endigués et fertilisés comme les polders de la Hollande.

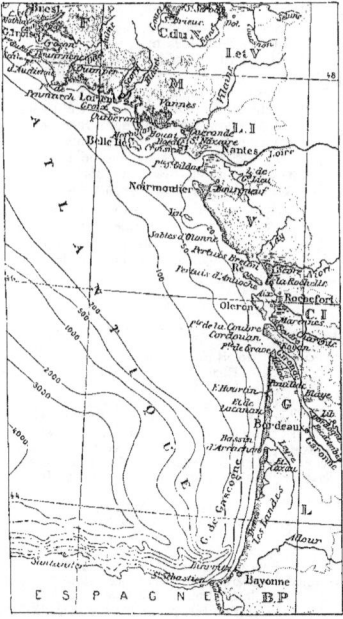

83. Les **côtes de la Bretagne**, depuis Saint-Malo jusqu'à l'embouchure de la Loire, sont généralement **rocheuses et granitiques** : elles présentent des *falaises*, des *galets*, des *bancs de sable*, des *îlots rocheux* ; des *baies* nombreuses et profondes, rappelant les fiords de Norvège, sont resserrées entre des *presqu'îles* et des *caps* battus par une mer furieuse difficilement navigable. De là sont sortis ces rudes marins bretons qui ont illustré les ports de Saint-Malo, Saint-Servan, Saint-Brieuc, Morlaix, Brest, Lorient et autres.

Sur la **côte septentrionale** s'ouvrent les criques de la *Rance*, du *Gouet*, du *Guer* ; là se projettent les roches de *Cancale*, aux huîtres renommées, les pointes de *Talbert*, de *Roscoff* et, en mer, les *Sept-Iles* et l'îlot de *Batz*.

A l'extrémité occidentale du *Finistère*, entre les îles d'*Ouessant* et de *Sein*, du cap *Saint-Mathieu* à la pointe du *Raz*, s'ouvre le golfe de l'*Iroise*, donnant entrée par le *Goulet* à la grande **rade militaire** de *Brest*, où afflue l'*Aulne*, et que la presqu'île de *Crozon* sépare de la baie de *Douarnenez*.

La **côte bretonne méridionale** présente successivement la baie d'Audierne, la pointe de *Penmarch*, la crique de l'Odet, l'île *Groix*, la baie de Lorient, où aboutissent le Scorff et le Blavet, la presqu'île de *Quiberon*,

la baie du **Morbihan**, « Petite Mer » semée d'îlots ; celle de la *Vilaine*, ayant en face *Belle-Ile-en-Mer* ; enfin, la presqu'île du Croisic ou de *Guérande*, avec ses **marais salants**.

La **Loire**, le plus long fleuve de France (1 040 km), après avoir baigné Nantes et Saint-Nazaire, développe son embouchure entre les pointes du Croisic et de Saint-Gildas, au milieu de terres basses, où s'étale le marécageux lac de Grand-Lieu, que l'on se propose d'assécher.

84. De la **Loire à la Gironde**, la côte est basse ; sablonneuse et bordée de dunes dans la Vendée, elle est découpée par une mer agitée, bordée de terrains endigués ou polders et de **marais salants** dans la Charente-Inférieure. — Après l'île de *Noirmoutier*, qui ferme au sud la baie ensablée de Bourgneuf, viennent l'île d'*Yeu* et le port des Sables-d'Olonne. Plus au sud, les îles fortifiées de *Ré*, d'*Oleron* et d'*Aix* ferment une vaste baie ouverte par les *pertuis Breton* et d'*Antioche* et où débouchent le Lay, la Sèvre-Niortaise, la Charente ; là s'abritent La Rochelle, port marchand, Rochefort, **port militaire**, et Marennes, renommée pour ses huîtres vertes.

Entre les pointes de la *Coubre* et de *Grave*, et en face de l'îlot portant le phare de Cordouan, s'étale la **Gironde**, estuaire ou golfe dont les eaux sont en majeure partie marines ; sa largeur moyenne est de 5 km (3 à 10), sa longueur de 75 km jusqu'au bec d'Ambès, où se réunissent la Garonne et la Dordogne ; ses bords sont généralement plats et souvent marécageux ; elle donne accès aux ports de Royan, Pauillac, Blaye, Bordeaux et Libourne.

85. Golfe de Gascogne. De l'extrémité nord de la presqu'île du **Médoc** à la Bidassoa, sur une longueur de 225 km, la côte est **droite**, sablonneuse, bordée par les célèbres **dunes de Gascogne**, larges de 4 à 8 km, hautes de 20 à 90 mètres, et fixées en partie par des plantations de pins. Un chapelet d'étangs dits de *Hourtins*, d'*Arcachon*, de *Cazau*, etc., longe les dunes à l'est et reçoit les eaux des plaines landaises. L'entrée de la **baie d'Arcachon**, transformée en une vaste huîtrière ; l'embouchure de l'*Adour* avec son port de **Bayonne**, l'unique de la région, et celle de la *Bidassoa*, sur la frontière espagnole, sont les seules échancrures de cette **côte inhospitalière** du golfe de Gascogne, qui devient rocheuse à la plage de **Biarritz**.

86. Méditerranée. Le littoral méditerranéen est généralement bas et sablonneux du *cap Cerbère* à Marseille, élevé et rocheux au delà jusqu'en Italie.

Au fond du **golfe du Lion**, la côte sablonneuse du Roussillon et du Languedoc renferme, derrière les **cordons littoraux**, une longue succession d'étangs, dont les principaux sont ceux de *Leucate*, de *Sigean*, de *Thau* et de *Mauguio*, ces deux derniers traversés par le prolongement du canal du Midi. Le *Tech*, la *Têt*, l'*Aude*, l'*Orb* et l'*Hérault* débouchent sur cette côte. Les ports sont : Port-Vendres, la Nouvelle, Agde, Cette, le plus important, Aigues-Mortes, où s'embarqua saint Louis, et qui est aujourd'hui situé dans les marais, à 6 km du petit golfe qui porte son nom.

La **Camargue**, ou le delta du Rhône, est une **île marécageuse**, renfermant le grand étang de *Vaccarès* et autres, qu'un cordon littoral sépare du golfe de Beauduc ou des Saintes-Maries. A l'est du Grand-Rhône, le golfe de **Fos** communique par le canal de Martigues avec l'*étang de Berre*, nappe de 15 000 hectares. Les alluvions du Rhône avancent le littoral d'une dizaine de mètres par an.

87. La côte de la haute Provence, terminaison des montagnes alpestres, est rocheuse et creusée de bons ports; elle commence à la rade de Marseille, le premier port marchand de France, que protègent les forts des îlots d'*If*, de *Ratonneau* et des *Pomègues*. Elle se continue par le port de la Ciotat, le cap Sicié, le plus méridional de la côte, la double rade de Toulon, grand port militaire, la presqu'île de *Giens* et ses salines, la rade et les îles d'*Hyères*. De là, le littoral, prenant la direction nord-est vers le golfe de Gênes, présente les baies et les villes de Saint-Tropez, de Fréjus, où Napoléon débarqua en 1815 et où débouche l'Argens, la *baie de Cannes* fermée par les *îles Lérins*, le port d'Antibes, l'embouchure du Var et la grande place fortifiée de Nice, enfin la cité princière de Monaco et la ville de Menton, à la frontière italienne, près la Roya. Depuis Hyères, toutes ces localités sont des stations hivernales de la délicieuse « Côte d'Azur ».

88. Corse. Les côtes de la Corse, comme celles de la Provence, sont généralement **élevées**, rocheuses et découpées en presqu'îles et baies, sauf dans la partie moyenne de la côte orientale, qui est basse et bordée de *lagunes*.

L'île s'étend en ovale allongé de la presqu'île du *cap Corse* au détroit de *Bonifacio*, qui la sépare de la Sardaigne. Les golfes de *Saint-Florent*, de *Sagone* et d'*Ajaccio* sont les principales échancrures de la côte ouest, et le golfe de Porto-Vecchio, celle de la côte est, où se trouve également le port de Bastia.

Ch. II. — GÉOLOGIE

90. Phénomènes géologiques. Le sol de la France n'a pas toujours été ce qu'il est. Il fut un temps où les eaux de la mer le couvraient complètement. Par l'effet des convulsions du globe, diverses parties de sa surface ont été soulevées hors de l'eau et se sont redressées plus ou moins pour constituer les montagnes, les vallées, les plateaux et les plaines que nous voyons aujourd'hui. En revanche, les parties ainsi émergées, attaquées par l'action des pluies, des gelées, du soleil, se sont plus ou moins désagrégées, surtout les plus friables; elles se sont ravinées, et leurs débris, emportés par les eaux torrentielles, ont comblé le fond des vallées, exhaussé les plaines, ensablé et prolongé les plages en empiétant sur les mers.

Classification des terrains. On distingue les terrains **non stratifiés** ou *primitifs*, d'origine *ignée* et de nature cristalline, et les terrains **stratifiés** ou *sédimentaires*, déposés par couches au fond des eaux. Ces derniers se subdivisent en terrains *primaires, secondaires, tertiaires, quaternaires* et *modernes*. (Voir p. 51.)

Tous les âges géologiques sont représentés dans le sol français, qui présente sous ce rapport encore une heureuse variété.

91. I. Les terrains primitifs ou *archéens* constituent en France le Plateau central, le Morvan, la Bretagne (sauf la partie centrale), le Bocage vendéen, la Gâtine, les Vosges méridionales, le noyau des Pyrénées, des Alpes, les monts des Maures et le versant occidental de la Corse. Là dominent les roches granitiques et les schistes cristallins qui, ayant peu séjourné sous les eaux de la mer, ne sont pas recouverts de roches sédimentaires : de là leur peu de fertilité.

Les *roches volcaniques*, appartenant également aux terrains ignés, ont été vomies à des époques relativement récentes, par des **volcans**, éteints aujourd'hui, qui ont recouvert de leurs coulées de *basalte*, de *trachyte* et de *lave*, une partie de l'Auvergne, du Velay, du Vivarais et du Morvan.

II. Aux **terrains primaires** appartiennent la partie centrale de la Bretagne, tout le *plateau ardennais* jusqu'au delà du Rhin, une partie des *Vosges*, la grande

89. TABLEAU SYNOPTIQUE DES MERS ET DES CÔTES

Mers et Golfes		
	Mer du Nord (ou *mer Germanique*).	
	Manche	Estuaires de la Canche, de l'Authie, de la *Somme; baie et estuaire de la Seine;* Golfe de Saint-Malo, baie du Mont-Saint-Michel; estuaire de la Rance, baie de Saint-Brieuc.
	Atlantique	Baie ou rade de *Brest*, baie de *Douarnenez*, golfe de l'Iroise. — Baies d'Audierne, de Lorient, du Morbihan; Estuaires de la *Vilaine*, de la *Loire*, baie de Bourgneuf. — *Golfe de Gascogne*, Gironde, bassin d'Arcachon.
	Méditerranée	*Golfe du Lion :* étangs de Leucate, de Sigean, de Thau, de Vaccarès, de Berre; G. de Beauduc et de Fos; baies de Marseille, de la Ciotat; rades de Toulon, d'Hyères; baies de Saint-Tropez, Fréjus, Cannes. En Corse : golfes de Saint-Florent, de Sagone, d'Ajaccio, de Porto-Vecchio.
Détroits	Mer du Nord et Manche	Pas de Calais. Passage de la Déroute.

Détroits	Atlantique	Goulet de Brest; pertuis Breton, d'Antioche.
	Méditerranée	Détroit de Bonifacio.
Iles	Manche	Iles Chausey, Minquiers (Jersey et Guernesey, anglaises).
	Atlantique	*Ouessant, Sein, Groix, Belle-Ile. Noirmoutier, Yeu, Ré, Oleron, Aix.*
	Méditerranée	Iles d'Hyères, de Lérins, de Corse.
Presqu'îles	Manche et Atlantique	Presqu'îles du *Cotentin*, de Saint-Malo, de *Bretagne* : de Brest, de Crozon; d'Audierne, de Quiberon; du Médoc.
	Méditerranée	Presqu'îles du cap Sicié, de Giens, de Saint-Tropez, d'Antibes, du cap Corse.
Caps	Mer du Nord et Manche	Caps Blanc-Nez et Gris-Nez; d'Antifer, de la *Hève*, pointe de Barfleur, cap de la *Hague*, cap Fréhel, Sillon de Talbert.
	Atlantique	*Saint-Mathieu*. Pointes du Raz, de Penmarch, du Croisic, de Saint-Gildas, de la Coubre, de Grave.
	Méditerranée	Cap *Cerbère*, pointe d'Agde, cap Sicié. En Corse : cap *Corse*.

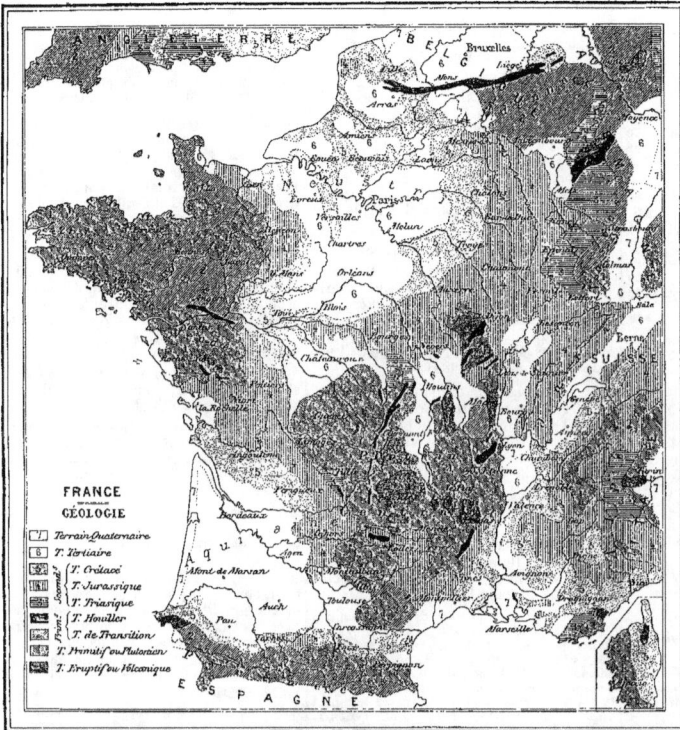

FRANCE
GÉOLOGIE

- ☐ Terrain Quaternaire
- 6 T. Tertiaire
- T. Crétacé
- T. Jurassique
- T. Triasique
- T. Houiller
- T. de Transition
- T. Primitif ou Plutonien
- T. Éruptif ou Volcanique

pauvre en dépôts métalliques. Il est disposé, à l'intérieur des cuvettes jurassiques, en anneaux qui apparaissent dans les collines de l'Artois, la Champagne centrale, la Touraine, le Maine, la Normandie (**bassin parisien**), ainsi que dans l'Angoumois, le Périgord, au pied des Pyrénées (*bassin aquitain*), en Provence, en Dauphiné et en Savoie (*bassin rhodanien*).

92. IV. Les **terrains tertiaires** sont, comme les précédents, d'origine exclusivement marine. Ils occupent plus du quart du territoire français, et constituent les parties centrales des grands bassins géologiques, savoir :

1° **Bassin neustrien** *ou parisien* : l'Ile-de-France, l'Orléanais avec la Beauce ; la Picardie, l'Artois et la Flandre.

2° **Bassin aquitain** : parties basses de la Guyenne et de la Gascogne.

3° **Bassin rhodanien** *et méditerranéen* : le bas Languedoc, la Provence occidentale, les vallées du Rhône et de la Saône.

4° En outre, la Limagne, le bas Forez, une partie du Bourbonnais et, en dehors de la France, la Basse-Belgique et la plaine de l'Alsace.

Pendant la période tertiaire, des éruptions volcaniques fournissent des matières qui forment les *porphyres du Morvan* et les *diorites de la Bretagne*. Des soulèvements prodigieux élèvent à leur altitude actuelle les sommets des Pyrénées et des Alpes.

V. Les **terrains quaternaires** sont les alluvions anciennes, composées de limon et de sable, mêlés de cailloux roulés, qui forment généralement le sol horizontal des plaines et des vallées. On y trouve les premières traces de l'existence de l'homme (squelettes, haches de pierre, os travaillés, débris de poterie).

VI. Les **terrains modernes** comprennent tous les dépôts de formation actuelle ; mais ces couches ont peu d'épaisseur, si on les compare aux terrains précédents. On les divise en **dépôts d'eau douce**, tels que les limons des lacs et des étangs, les tourbes des marais, les alluvions des fleuves et leurs deltas ; et en **dépôts marins** : dunes, polypiers, débris organiques enfouis au fond des mers.

La partie supérieure du sol, formée par les débris des roches sous-jacentes ou par les matériaux transportés par les eaux, les glaciers ou les vents, se mélange avec des restes organiques et constitue la **terre végétale** que l'on cultive.

masse des *Pyrénées*, quelques lambeaux du Massif central. C'est au pied des soulèvements de l'Ardenne et du Massif central que se sont formés les schistes *ardoisiers* de Fumay et les *dépôts de houille* (bassins de Valenciennes et Anzin, de Lens et Béthune ; bassins de Commentry, d'Aubin, de Saint-Etienne, etc.).

A la fin de l'époque primaire, la France était encore aux deux tiers sous l'eau ; *il n'émergeait que la Bretagne*, le *Plateau central*, le Morvan, les Vosges, les Pyrénées, les Alpes de Savoie, les monts des Maures et la Corse occidentale, qui formaient alors une série d'îles distinctes.

III. Les **terrains secondaires** se subdivisent en trois :

1° Le terrain triasique, formé de grès et d'argiles, constitue le versant occidental des *Vosges*, les *Alpes Cottiennes*, ainsi que des lambeaux du bas Bourbonnais, du Limousin méridional et de la Provence.

2° Le terrain jurassique (*lias et oolithe*)

est composé surtout de calcaires mêlés de marnes et de grès ; il constitue presque tout le massif du Jura, ainsi que l'étage inférieur du bassin parisien, autour duquel il apparaît en un grand cercle dans la Lor-

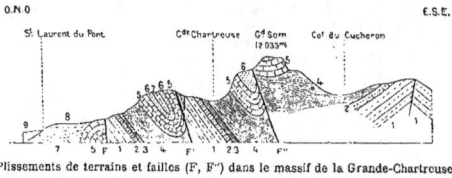

O.N.O.   E.S.E.
St Laurent du Pont   Cᵗᵉ Chartreuse   Gᵈ Som   Col du Cucheron
                                         (2 033ᵐ)

Plissements de terrains et failles (F, F') dans le massif de la Grande-Chartreuse.

raine médiane, la Champagne, le Nivernais, le Berry, le Poitou et une partie de la Normandie. Il forme de même le fond du **bassin aquitain**, dans l'Aunis, l'Angoumois, le Quercy, et apparaît au pied des Pyrénées, dans le haut Languedoc, les Causses, les Alpes du Dauphiné et de la Provence.

3° Le **terrain crétacé**, composé de calcaires crayeux, de craie, de grès verts, est

Ch. III. — OROGRAPHIE

OU LE RELIEF

93. Relief général du sol. Envisagé d'une manière générale, le sol de la France forme un plan relevé au S.-E. et au S. par les Alpes et les Pyrénées; incliné à l'O. et au N.-O. vers l'Atlantique et la Manche; il est creusé du N. au S. par les longues vallées de la Saône et du Rhône, et du S. au S.-O. par les vallées de l'Aude et de la Garonne.

Ces deux larges et profonds sillons séparent les montagnes *extérieures* ou des frontières d'avec les montagnes *intérieures* de la France.

94. Montagnes des frontières. Les chaînes de montagnes situées sur les frontières de la France sont : les *Pyrénées*, les *Alpes*, le *Jura* et les *Vosges*.

Les **Pyrénées**, orientées de l'O. à l'E., séparent la France de l'Espagne en formant une chaîne montagneuse d'environ 450 km de longueur, et 120 km de largeur moyenne. — Le versant français, plus abrupt que le versant espagnol et d'aspect imposant, présente des crêtes rocheuses aiguës, des pentes couvertes de forêts, et des cols neigeux très élevés, difficilement franchissables que par des sentiers de mulets.

On les divise en trois parties, qui sont :

1º Les Pyrénées occidentales, comprenant le *Pic du Midi d'Ossau*, en France; le mont *Vignemale*, 3 290 m., et le *Cylindre du Marboré*, sur la frontière; le *mont Perdu*, 3 352 m., en Espagne. Ces derniers forment un massif dominant le cirque de Gavarnie et les sources du gave de Pau;

2º Les Pyrénées centrales, comprenant le *Pic du Midi de Bigorre*, 2 877 m., en France; le *Pic du Port d'Oo*, 3 154 m., sur la frontière, et, en Espagne, la *Maladetta* (mont Maudit, 3 404 m., au Pic d'Anéthou), le point culminant de toute la chaîne;

3º Les Pyrénées orientales, comprenant le *pic de Carlitte*, 2 921 m.; le *Canigou* et les *Corbières*, qui enferment la belle vallée de la Têt; en outre, la ligne de faîte qui sépare les bassins de l'Aude et de la Garonne.

Parmi les *ports* ou cols des Pyrénées, on cite le port de *Bélate*, en Espagne; le col de *Roncevaux*, 1 000 m. d'altitude, défendu par Saint-Jean-Pied-de-Port; le *Somport*, au S. du pic d'Ossau; — la *Brèche de Roland*, 2 084 m., au S. de Gavarnie; — le *portillon d'Oo*, 3 044 m., et le *port de Venasque*, au S. de Luchon; — le *défilé du Pont-du-Roi*, 590 m., par lequel la Garonne entre en France; — le col de la *Perche*, 1 622 m., défendu par la place de Montlouis; — le col de *Perthus*, défendu par le fort de Bellegarde.

95. Les Alpes, dont la partie *occidentale* seule est en France, sont la première et la plus belle chaîne de montagnes de l'Europe, par leur étendue, leur masse, leur élévation (4 810 m.), leur aspect *varié*, présentant des sommets rocheux, des glaciers, des plateaux gazonnés, de vastes forêts et des lacs superbes. Elles sont formées de roches granitiques et calcaires.

Les *Alpes occidentales*, orientées du S. au N., séparent la France de l'Italie sur une longueur d'environ 400 km, avec une largeur de 200 km entre les plaines du Rhône et du Pô. — Leurs *pentes*, plus abruptes du côté français que du côté italien, et leurs *cols*, moins élevés que ceux des Pyrénées, les rendent plus facilement accessibles.

On les divise en trois parties, savoir :

1º Les Alpes de Provence, se rattachant, à la frontière italienne, aux **Alpes Maritimes**, avec l'Aiguille de *Chambeyron*, 3 400 m., située en France, ainsi que le mont *Pélat* (dép. des Basses-Alpes), l'*Estérel* et les *Maures* (Var), le mont *Ventoux*, 1 912 m. (Vaucluse);

2º Les Alpes du Dauphiné, se rattachant, à la frontière, aux **Alpes Cottiennes**, avec le mont *Viso*, 3 840 m., et le mont *Thabor*; en France, sont le grand massif du *Pelvoux*, 4 103 m. (Hautes-Alpes et Isère), et le massif de la *Grande-Chartreuse* (Isère);

3º Les Alpes de Savoie, se rattachant, à la frontière, aux **Alpes Graies**, avec le mont *Cenis*, 3 375 m.; en France, sont les monts de la *Vanoise*, de la *Tarentaise* et de la *Maurienne*. Dans les *Alpes Pennines* se trouve le mont *Blanc*, 4 810 m., le point culminant de toute l'Europe.

Parmi les *cols* ou *passage* des Alpes, on cite le col de *Tende*, aux sources de la Roya, en Italie; — les cols de l'*Argentière* (ou de Larche) et d'*Agnello* (ou de Longet), 2 672 m., défendus par Barcelonnette — le col du *Mont-Genèvre*, 1 860 m., défendu par Briançon; — le col de *Fréjus*, sous lequel passe le tunnel dit du Mont-Cenis; — le col du *Mont-Cenis*, 2 082 m., longtemps le passage le plus fréquenté de France en Italie; — le col du *Petit-Saint-Bernard*, 2 157 m., au S. du massif du mont Blanc.

96. Le Jura, formé de nombreux chaînons parallèles, boisés ou gazonnés, s'étend du S.-O. au N.-E. sur une longueur de 300 km, depuis le coude du Rhône, au S. de Belley, jusqu'à la trouée de Belfort. Il sépare la France de la Suisse.

Plus étroit, mais plus élevé au sud, le plateau jurassien, calcaire, s'élargit et s'abaisse au nord. On remarque le *Grand-Colombier*, au N. de Culoz; le *Grand-Crêt-d'Eau* (ou Credo); le *Crêt de la Neige*, 1 723 m., point culminant de la chaîne, au S. de Saint-Claude; — le mont *Dôle* et le mont *Terrible*, en Suisse.

Les *passages* du Jura sont : le *défilé du Rhône*, défendu par les forts de l'Écluse et de Pierre-Châtel; le *val de Travers*, défendu par les forts de Joux et du Larmont.

Les **Vosges** se dirigent du S. au N., et séparent aujourd'hui la France de l'Allemagne. Elles renferment le *Ballon de Guebwiller*, 1 426 m., point culminant situé en Alsace; le *Ballon d'Alsace*, les monts *Hohneck*, 1 366 m., *Climont* et *Donon*, sur la frontière. On y trouve de belles forêts.

Parmi les *passages*, on remarque la dépression de *Valdieu* ou *trouée de Belfort*, entre les Vosges et le Jura; — le col de *Bussang*, aux sources de la Moselle; — le col du *Bonhomme* et, en Alsace, celui de *Saverne*, sous lequel sont creusés les tunnels du chemin de fer de Strasbourg et du canal de la Marne au Rhin.

97. Montagnes de l'intérieur. A l'O. du Rhône se développe le *Massif central*, auquel se rattachent la plupart des plateaux et des collines de l'intérieur de la France. On y remarque notamment les *Cévennes*, la *Côte d'Or*, les monts du *Forez*, les monts d'*Auvergne*, du *Morvan*, l'*Argonne*, les *Ardennes* et les collines de *Normandie* et de *Bretagne*.

1º Les **Cévennes**, qui forment le talus oriental du Massif central, se développent depuis le canal du Midi jusqu'au canal du Centre en une chaîne longue de plus de 500 km, que l'on divise en trois parties, savoir :

Au sud, la *Montagne-Noire*, l'*Espinouse* et les *Garrigues*, qui ont généralement plus de 800 m. d'altitude;

Au centre, les *Cévennes proprement dites*, avec le mont *Lozère*, 1 702 m., aux sources du Lot; les monts volcaniques du *Vivarais*, avec le *Gerbier de Jonc* et le mont *Mézenc*, 1 754 m., aux sources de la Loire;

Au nord de la dépression du Gier, les monts du *Lyonnais*, du *Beaujolais* et du *Charollais*, qui relient les Cévennes à la Côte d'Or.

2º La **Côte d'Or**, 630 m., et mont *Tasselot*, 608 m., le *plateau de Langres* et les monts *Faucilles* continuent la ligne de partage des eaux du versant de la Méditerranée, et rattachent les Cévennes aux Vosges.

3º Les monts du *Velay* et du *Forez* séparent le bassin de l'Allier du bassin de la Loire supérieure.

4º Les **monts d'Auvergne**, volcaniques, comprenant le *Plomb du Cantal*, 1 858 m.; les monts *Dore*, 1 886 m. au Puy de Sancy; le *Puy de Dôme*, 1 465 m., forment le noyau du Massif central, et séparent les bassins de la Loire et de la Garonne. Ils se rattachent aux Cévennes par les monts de la *Margeride*.

Les monts du *Limousin*, les collines de l'*Angoumois*, du *Poitou* et de la *Gâtine* prolongent les lignes de partage vers l'Océan.

5º Les monts granitiques du **Morvan**, 902 m., et les collines du *Nivernais*, à l'O. de la Côte d'Or, forment, avec les plaines de la Beauce, les collines de la *Normandie*, 417 m., et celles de la *Bretagne*, 391 m., la ligne de partage des versants de l'Atlantique et de la Manche.

6º L'**Argonne** et l'**Ardenne** occidentale appartiennent à la ligne de ceinture du versant de la Manche, prolongée par les collines de la *Picardie* et de l'*Artois*, jusqu'au cap Gris-Nez. Les *Côtes de Meuse* et l'*Ardenne orientale* sont à l'E. de la Meuse.

Les **montagnes de la Corse**, qui rappellent les Alpes par leur structure, leur élévation et leur direction, renferment le mont *Cinto*, 2 710 m., et le mont *Rotondo*, au centre de l'île.

FRANCE
HYPSOMÉTRIQUE

Echelle de 6.000.000

Régions basses de (o à 100 m. d'altitude
(100 à 300 m.
Régions moyennes de 300 à 1000 m.
Régions hautes de plus de 1000 m.
Lignes de partage des bassins hydrographiques

Les cartes hypsométriques. — Aujourd'hui qu'on voit se généraliser l'usage des cartes *hypsométriques* (hypsométrie, mesure de hauteur) par des *teintes conventionnelles* limitées par des *courbes de niveau*, il est juste de rappeler que ce sont les Frères des Écoles chrétiennes qui, les premiers, les ont employées dans leurs atlas (dès 1868), et dans leurs cartes murales de Belgique (1867), d'Europe (1870) et de France (1872). — Voir les témoignages, en France, de M. Levasseur, à la Société de Géographie de Paris, 1872; de M. Buisson, Rapports sur les Expositions de Vienne, 1873, et de Philadelphie, 1875. — Voir aussi MÉTHODOLOGIE DE GÉOGRAPHIE, par F. I. C. et A. M. G.

DEVOIRS ORAUX OU PAR ÉCRIT

Devoir 21. — 1. Qu'est-ce que la France? — Pourquoi est-elle notre patrie? — 2. Quelles sont les *bornes* ou les limites de la France? — 3. Décrivez le littoral: disant où sont les dunes, les falaises, les marais salants.

Devoir 22. — 1. Quelles sont les *mers* qui baignent la France au N.-O.? — à l'O.? — au S.-E.? — 2. Citez deux *golfes* dans la Manche, — un dans l'Atlantique, — un dans la Méditerranée. — 3. Citez les *détroits* principaux. — 4. Citez les *îles* de la France. — 5. ses *presqu'îles*. — 6. ses *caps*. — 7. Qu'appelle-t-on île? — cap? golfe? mer? — 8. A quoi donne-t-on le nom de Manche, de Morbihan, de Noirmoutier, de Cotentin?

Devoir 23. — 1. Qu'est-ce qu'une montagne? — une chaîne de montagnes? — 2. Citez les *montagnes* de la France, — dites où se trouvent: les Alpes, le Jura, le mont Blanc, le Gévaudan, l'Argonne. — 3. Quelle est l'*altitude* du mont Blanc, du Jura, du Vignemale, du mont Mézenc? — 4. Nommez les grands *plateaux* et les *plaines* remarquables.

Devoir 24. — 1. Nommez les 4 *versants maritimes* français. — 2. Comment sont-ils séparés entre eux? — 3. Décrivez la grande *ligne de partage* de la Méditerranée: désignez les subdivisions des Alpes, l'altitude des chaînes, etc. — 4. Où sont les Corbières, la Côte d'Or, le col de Naurouse?

Devoir 25. — 1. Décrivez les montagnes, collines ou plaines qui forment la *ceinture du bassin:* 1° du Rhin, — 2° de la Meuse, — 3° de l'Escaut, — 4° de la Seine. — 2. Faites-en la carte d'après le cah. cart. n° 2.

Devoir 26. — Déterminez la ceinture du bassin 1° de la Loire, — 2° de la Garonne. — Dessinez-en la carte.

Devoir 27. — 1. Indiquer quelques *rivières* dont la direction générale est vers le nord, — vers le sud, — vers l'ouest, — vers le nord-ouest. — 2. Quels sont les *cours d'eau* qui descendent des Alpes, — du Jura, — des Vosges, — de la Côte d'Or, — du Plateau central ou des monts d'Auvergne, — du plateau de Langres, — des Pyrénées?

DÉFINITIONS

98. Orographie et hypsométrie.
L'orographie est la partie de la géographie qui traite du sol ou des montagnes (en grec *oros*). Elle décrit le relief des parties solides du globe, distinguant les plaines, les plateaux et les montagnes, avec leurs caractères propres.

L'hypsométrie s'occupe de la mesure des hauteurs : elle fait connaître l'altitude des différentes parties du sol, c'est-à-dire leur élévation au-dessus du niveau moyen de la mer. On l'exprime par des *courbes de niveau.*

On appelle courbe de niveau une ligne plus ou moins circulaire ou sinueuse, cotée d'un chiffre d'altitude, et passant sur le sol par tous les points qui ont le niveau ou l'altitude indiquée par la cote ; soit 100, 200, 500 mètres ou plus.

Sur la carte d'un pays on peut tracer un nombre plus ou moins grand de courbes, et celles-ci sont généralement concentriques. Chacune d'elles figure un nouveau rivage que formerait la mer, si elle venait à s'élever de la quantité exprimée par la cote.

99. Régions hypsométriques.
Considéré au point de vue spécial de l'altitude, le territoire français peut se diviser en *régions hautes, moyennes et basses.*

Les **régions hautes** sont : la *Savoie*, le *Dauphiné*, la *Provence*, formés par le massif des *Alpes* ; — le *Roussillon*, le *Bigorre*, le *Béarn*, le haut *Languedoc*, dans le massif des *Pyrénées*, et la *Corse.* D'une altitude moyenne de 1 000 m., elles sont surmontées des montagnes les plus élevées de l'Europe (3000 à 4810 m.), couvertes de forêts et parfois de glaciers.

La Corse est aussi une région alpestre, mais sans glaciers. — Le Massif central, le Jura et les Vosges présentent également des parties de plus de 1 000 m. d'élévation, mais se rattachent à des parties moyennes.

Régions moyennes, de 300 m. à 1 000 m. Telles sont l'*Auvergne*, le *Limousin*, la haute *Guyenne*, le *Languedoc septentrional* et le *Lyonnais*, qui forment le grand *Massif central* de la France, ayant une élévation moyenne de 500 m. ; les *plateaux* ou plaines hautes de la Bourgogne et de la Champagne du S.-E. ; les *régions des Vosges et du Jura* ; les plateaux montueux de la Normandie et de la Bretagne.

Régions basses. Les régions basses, ayant une altitude de moins de 300 m., dominent en France ; elles comprennent généralement toutes les provinces du nord et de l'ouest : la *Flandre*, l'*Artois*, la *Picardie*, la *Champagne occidentale et centrale*, l'*Ile-de-France*, la basse *Normandie*, l'*Orléanais*, la *Touraine*, l'*Anjou*, le *Poitou* et la *Saintonge*, ainsi que la *Guyenne* et la *Gascogne* occidentales. Celles-ci se rattachent, par la vallée de l'Aude, à la *plaine* du bas Languedoc et à la longue *vallée* qui remonte le cours du Rhône et de la Saône.

100. Les volcans. La France n'a plus de volcans en activité, mais elle possède plusieurs régions volcaniques ; la plupart sont situés dans le Massif central. Signalons :

1º Le *massif du Cantal* ;

2º Le massif du *Mont-Dore*, dominé par le puy de Sancy ;

3º La chaîne des *Dômes*, formée d'une soixantaine de cratères dont plusieurs conservent une forme régulière de cône ou d'entonnoir. Le puy de Dôme en est le sommet le plus élevé, mais ne présente pas de cratère ;

4º Les volcans de l'*Aubrac*, ceux du *Velay*, qui entourent la ville du Puy, et ceux du *Vivarais*, dont les plus hauts sommets sont le Mézenc et le Gerbier de Jonc.

Les Alpes, les Pyrénées, et plusieurs autres chaînes de montagnes françaises ont eu leurs volcans ou foyers volcaniques : les sources thermales et minérales qui jaillissent dans leurs vallées en sont une preuve.

101. Les glaciers. On entend par *glaciers* d'énormes amas de glace produits par la neige, qui, en s'accumulant, se tasse par son propre poids et prend ainsi la nature de la glace. Les glaciers ne sont *pas immobiles* : ils descendent lentement dans les hautes vallées et y forment des *fleuves de glace*, dont l'extrémité avancée entre en fusion à mesure qu'elle atteint une certaine limite où le climat est moins froid. L'expression de *neiges éternelles* est exagérée ; car les glaciers fondent partiellement, surtout en été ; mais ils se renouvellent ou se *perpétuent* en se rechargeant de neige pendant les trois quarts de l'année.

Les *principaux glaciers* des Alpes françaises sont, du sud au nord, les glaciers de Chambeyron, du Viso, de l'Oisans et du Pelvoux, du mont Thabor et du mont Cenis ; les grands glaciers de la Maurienne ou des monts de l'Isère, et ceux du mont Blanc, qui comprennent la *mer de Glace.*

Les Pyrénées ont quelques petits glaciers, avec amas de neiges perpétuelles, qui couvrent les hauts sommets des massifs du mont Maudit, du mont Perdu et du Vignemale.

102. Conséquences de l'altitude.
Les diverses parties d'un pays ne sont pas également favorables aux besoins de la vie humaine. Les populations s'éloignent des *régions hautes*, où le climat est plus rigoureux, les relations plus difficiles, et elles établissent de préférence leurs habitations, leurs villes, dans les *parties basses*, sur le bord des eaux, parce que la terre y est généralement plus productive et les communications plus aisées.

C'est ainsi que chaque année une partie des populations de l'Auvergne et de la Savoie émigre vers la capitale, le pays de plaines et les centres manufacturiers, où le travail est plus rémunérateur.

Les routes, les *chemins de fer* profitent de la régularité du niveau des plaines et du fond des vallées ; la *canalisation* des rivières est plus facile dans leur partie inférieure ou moyenne que dans leur partie supérieure, où l'eau est moins abondante et surtout trop rapide, par suite de la grande pente du terrain.

La fertilité du sol ne dépend pas uniquement de l'altitude, mais encore et surtout de la composition minérale du sol, de son exposition, de la chaleur et de l'humidité du *climat*. (Voir p. 24.)

Ch. IV. — HYDROGRAPHIE

103. Régime pluvial. La *quantité* moyenne d'eau pluviale tombée en un an représente une couche de 80 cm. d'épaisseur répandue sur toute la France (moins de 60 cm. au N.-E. du pays, plus d'un mètre sur le bord de l'Océan, de la Manche et sur le Massif central ; 1 m. 50 dans les Vosges, le Jura, les Pyrénées ; plus de 2 m. dans les Alpes). (Voir *le climat*, p. 26.)

En moyenne, l'eau tombée dans *chaque bassin fluvial* donne 63 cm. pour la Seine, 72 pour la Loire, 79 pour la Garonne, 82 pour le Rhône, 100 pour l'Adour.

104. Versants maritimes. Le territoire français se divise en quatre versants maritimes, faisant partie des bassins des quatre mers où ils baignent. Ce sont :

Au N., le *versant de la mer du Nord* ;

Au N.-O., le *versant de la Manche* ;

A l'O., le *versant de l'Atlantique* ;

Au S.-E., le *versant de la Méditerranée.*

Chaque versant maritime se subdivise en bassins *fluviaux.*

105. Lignes de partage des eaux.
PRINCIPES. — I. *Tout bassin de mer* ou de fleuve *est circonscrit par une ligne de partage des eaux*, formée de points relativement élevés, mais *qu'il ne faut pas confondre avec une ligne de faîte*, formée de montagnes ou de collines sensibles à la vue. — Dans le nord et le sud-ouest de la France, la ligne de partage traverse les plaines de la Picardie, de la Beauce et des Landes, où souvent les ondulations de terrain sont invisibles.

II. *Une chaîne de montagnes*, loin de se trouver toujours sur les limites d'un bassin principal, est parfois enfermée dans ce bassin ; telles sont les Vosges, enveloppées par les affluents du Rhin ; — la chaîne du Forez, par les affluents de la Loire.

La ligne principale de partage est celle qui sépare le VERSANT DE LA MÉDITERRANÉE des versants de l'Atlantique, de la Manche et de la mer du Nord.

Cette ligne part du golfe de Gênes, remonte au S. au N. le haut massif des *Alpes occidentales*, en passant par les Alpes Maritimes, les Alpes Cottiennes, les Alpes Graies, les Alpes Pennines, où elle s'élève au *mont Blanc*, à 4810 m. d'altitude ; de là elle se dirige vers les sources du Rhône, où elle se rattache à la grande ligne de partage européenne.

Elle entre en France par le *Jura*, à plus de 1500 m. ; passe par les *Vosges méridionales*, 1250 m., et par les monts *Faucilles* ; s'abaisse sur le plateau de *Langres* à 400 m. d'altitude moyenne, se relève sur la *Côte d'Or* et les *Cévennes* (m. Mézenc, 1754 m.) ;

puis elle redescend à 190 m. au *col de Naurouse*, où passe le canal du Midi; elle remonte enfin par les *Corbières occidentales*, suit la crête des *Pyrénées* à une altitude de 2 000 à 3 404 m., et pénètre en Espagne par le sud du golfe de Gascogne.

106. Ceintures des bassins fluviaux :

1° La **ceinture** du bassin du **Rhin** est formée en France par le *Jura*, les *Vosges*, les *Faucilles*, les *Côtes de Meuse* et l'*Ardenne orientale*.

2° La **ceinture** du bassin de la **Meuse** est formée, en France, de l'*Ardenne orientale*, des *Côtes de Meuse*, des *Faucilles*, de l'*Argonne* et de l'*Ardenne occidentale*.

3° La **ceinture** du bassin de l'**Escaut** est formée de l'Ardenne occidentale et les collines de l'Artois.

4° La **ceinture** du bassin de la **Seine**, à partir du cap de la Hève, comprend les plateaux ou collines du pays de Caux et de la Picardie, l'Ardenne occidentale, l'Argonne, le plateau de Langres, la *Côte d'Or*, le *Morvan*, les collines du Nivernais, le plateau d'Orléans ou de la Beauce, les collines du Perche et du Lieuvin ; elle finit près de Honfleur, en face du cap de la Hève.

5° La **ceinture** du bassin de la **Loire**, à partir de Saint-Nazaire, comprend les collines du Maine, de la *Normandie* et du Perche, le plateau d'Orléans, les collines du Nivernais, les monts du *Morvan*, la *Côte d'Or*, les *Cévennes* (monts du Charollais, du Beaujolais, du Lyonnais, du Vivarais); les monts de la Margeride, d'*Auvergne*, du Limousin, les collines du Poitou et le plateau de Gâtine, pour finir à la pointe Saint-Gildas.

6° La **ceinture** du bassin de la **Garonne**, à partir de la pointe de la Coubre, comprend la plaine de la Saintonge, les collines du Périgord, les monts du Limousin, d'Auvergne et de la Margeride, les *Cévennes* propres, l'Espinouse et la Montagne-Noire, les *Pyrénées* centrales, les collines de l'Armagnac et la plaine des Landes, jusqu'à la pointe de Grave.

7° La **ceinture** du bassin du **Rhône**, à partir de la plaine du Languedoc, aux environs d'Aigues-Mortes, comprend les *Cévennes* (monts du Vivarais, du Lyonnais, du Beaujolais, du Charollais), la *Côte d'Or*, le plateau de Langres, les monts Faucilles, les *Vosges* méridionales, le *Jura*, les *Alpes Bernoises*, *Pennines*, *Graies*, *Cottiennes* et les *Alpes de Provence*, jusqu'à la plaine de la Crau.

Les eaux courantes.

107. Effets des eaux courantes. — Dans l'ordre géologique, l'action des pluies et des eaux courantes a été de modifier le relief et la physionomie des contrées, en désagrégeant les roches friables, et en emportant les matières terreuses des parties hautes pour les déposer dans les parties basses. C'est une action générale de *nivellement*.
Dans l'état actuel du globe, il faut considérer les cours d'eau comme les *canaux de drainage*, ou les égouts des continents, qui enlèvent aux terres les eaux superflues pour les rendre à la mer, d'où elles proviennent. On voit qu'il n'est pas très exact de dire qu'un fleuve arrose une contrée, puisqu'il la draine et l'assèche, sauf dans les cas d'inondations naturelles ou lorsqu'on en fait dériver les canaux d'irrigation.

107 bis. Rôle économique et social des fleuves. — L'eau est par elle-même une des conditions essentielles de la vie sur le globe; les eaux courantes y joignent par leur mouvement une foule d'autres bienfaits.
Si l'agriculture profite des eaux courantes pour les besoins des plantes, l'*industrie* s'en sert comme force motrice pour ses moulins, ses manufactures, ses usines, et aujourd'hui elle utilise même les chutes du Rhin, du Rhône, du Niagara, des torrents, en transmettant leur puissance d'action à longue distance, grâce à des électromoteurs.
Le *commerce* surtout emploie comme moyen de transport les canaux et les *rivières*, « ces chemins qui marchent, » comme dit Pascal, et il n'est pas de peuples, même sauvages, qui n'aient su construire des embarcations pour en profiter.
La *stratégie* appuie les mouvements des armées sur les fleuves, même médiocres, et la *politique* les a souvent considérés comme des *frontières naturelles* d'États, bien qu'en réalité un même peuple habite généralement les deux rives d'un fleuve, qui sert effectivement de trait d'union plutôt que de barrière de séparation (Rhin, Danube).
« Comme les grenouilles au bord d'un étang, nous nous sommes tous assis au bord de la mer, » a dit Socrate; il aurait pu ajouter : *ou d'une eau quelconque, courante ou dormante*; car les stations humaines les plus primitives, comme les villes modernes les plus prospères, se sont établies à proximité de l'élément aqueux. De là, la vitalité des contrées pourvues d'un bon système hydrographique.
Il suffit de jeter les yeux sur la carte pour voir les raisons de l'établissement des *centres agricoles, industriels* et *commerciaux* sur les rives de nos fleuves. Tels sont : Paris et Lyon, situés à un *confluent*; Orléans, à un *changement de direction*; Toulouse, à la naissance de la *navigation fluviale*; Rouen, Nantes, Bordeaux, vers le point le plus avancé de la *navigation maritime* dans les terres.

Fleuves et affluents.

I. VERSANT DE LA MER DU NORD

Le Rhin.

108. Cours du Rhin. — Le Rhin prend sa source au massif du Saint-Gothard, dans les Alpes suisses; il forme le lac de Constance, coule du S. au N. dans la plaine de l'Alsace, traverse l'Allemagne occidentale et forme dans les Pays-Bas hollandais, en se jetant dans la mer du Nord, un vaste delta qui s'étend des bouches de la Meuse au Zuiderzée. — (1 300 km de longueur.)
Le **Rhin** passe à Bâle et près de Strasbourg; il baigne Mayence, Coblentz et Cologne.
Affluents. Le Rhin n'arrose plus le territoire français depuis la perte de l'Alsace; mais il reçoit la **Moselle**, grossie de la *Meurthe*, traversant les départements des Vosges et de Meurthe-et-Moselle.
La **Moselle** a sa source dans les Vosges, coule au N., arrose Épinal et Toul, puis devient navigable en recevant la *Meurthe*, qui passe à Saint-Dié et à Nancy; la Moselle entre ensuite en Allemagne, arrose Metz et finit à Coblentz.

La Meuse.

109. Cours de la Meuse. — La Meuse prend sa source à Pouilly, près de Bourbonne-les-Bains, au plateau de Langres, et coule du S. au N. dans une vallée étroite et encaissée, qui traverse les Ardennes en France et en Belgique; elle traverse ensuite la grande plaine des Pays-Bas hollandais, et, unissant ses bouches à celles du Rhin et de l'Escaut, elle se jette dans la mer du Nord. — (900 km.)
La Meuse traverse 4 *départements*. Elle passe au village de Meuse, dans la HAUTE-MARNE; — à Neufchâteau, dans les VOSGES; — à Verdun, dans la MEUSE; — à Sedan, Mézières et Givet, dans les ARDENNES.
En Belgique, elle baigne Namur et Liège; — en Hollande, elle arrose Maestricht et Rotterdam.
Affluents. La Meuse reçoit : à DROITE, la *Chiers*; — à GAUCHE, à Namur, la *Sambre*, qui passe à Landrecies et à Maubeuge.

L'Escaut.

110. Cours de l'Escaut. — L'Escaut prend sa source au nord de Saint-Quentin. Il traverse les plaines basses et fertiles de la Flandre française et de la Belgique, et se jette en Hollande dans la mer du Nord par un large estuaire. — (400 km.)
L'Escaut traverse 2 *départements*. Il arrose en France le Catelet, dans l'AISNE; — Cambrai et Valenciennes, dans le NORD; — en Belgique, Tournai, Gand et Anvers.
Affluents. L'Escaut reçoit, à gauche, la *Scarpe*, qui baigne Arras et Douai, et la *Lys*, qui arrose Armentières.

BASSIN du RHIN, de la MEUSE et de l'ESCAUT
5.200.000.

II. VERSANT DE LA MANCHE

111. Versant côtier au N. de la Seine.

La **Somme** arrose Saint-Quentin, Péronne, Amiens et Abbeville.

Bassin de la Seine.

112. Cours de la Seine. — La Seine, dont la direction générale est le N.-O., prend sa source au nord du mont Tasselot, dans la commune de Saint-Germain-Source-Seine (Côte-d'Or). La vallée de la Seine, étroite et en pente rapide d'abord, s'élargit et traverse généralement de vastes plaines. En aval de Paris, elle est bordée d'agréables coteaux, et le fleuve décrit de grands *méandres* ou détours, avant de se jeter dans la Manche par un *estuaire* de 13 km d'ouverture. — (776 km.)

La Seine baigne 9 *départements*. Elle arrose Châtillon, dans la CÔTE-D'OR; — Bar, Troyes et Nogent, dans l'AUBE; — Marcilly, dans la MARNE; — Melun, dans SEINE-ET-MARNE; — Corbeil, dans SEINE-ET-OISE; — Paris et Saint-Denis, dans la SEINE; — les Andelys, dans l'EURE; — Elbeuf, Rouen et le Havre, dans la SEINE-INFÉRIEURE; — Honfleur, dans le CALVADOS.

Affluents. La Seine reçoit : à DROITE, l'**Aube**, la **Marne** et l'**Oise**, grossie de l'*Aisne*; — à GAUCHE, l'**Yonne**, le *Loing* et l'*Eure*.

L'**Aube** passe à Bar-sur-Aube et Arcis-sur-Aube.

La **Marne** passe près de Langres, à Chaumont, Saint-Dizier, où elle devient navigable, à Vitry-le-François, Châlons-sur-Marne, Epernay, Meaux, et se termine à Charenton, près de Paris.

L'**Oise** prend sa source en Belgique, arrose la Fère, Chauny, où elle devient navigable, reçoit l'*Aisne*, baignant Rethel et Soissons, arrose Compiègne et finit sous Pontoise.

L'**Yonne** descend du Morvan, passe à Clamecy et Auxerre; reçoit l'*Armançon*, arrose Joigny, Sens et finit à Montereau.

L'*Eure* passe à Chartres et à Louviers.

113. Versant côtier à l'O. de la Seine.

L'**Orne** passe à Caen;
La *Vire* arrose Vire et Saint-Lô;
La *Rance* baigne Dinan et Saint-Malo.

III. VERSANT DE L'ATLANTIQUE

114. Versant côtier breton se rattachant au bassin de la Loire :

Le *Blavet* baigne Lorient;
La *Vilaine* passe à Rennes, où elle reçoit l'*Ille*, et à Redon.

Bassin de la Loire.

115. Cours de la Loire. — La Loire prend sa source au mont Gerbier de Jonc, dans les Cévennes (Ardèche), et coule bientôt vers le N., puis le N.-O. Elle parcourt le Plateau central par une vallée profonde qui s'élargit ensuite jusque dans l'Orléanais. D'Orléans, le fleuve, se dirigeant vers l'ouest par une série de courbes allongées, ne rencontre plus que de vastes plaines; il finit dans l'Atlantique, par une embouchure de 12 kilomètres de largeur. C'est le plus long fleuve français (1040 km.), mais son débit très irrégulier le rend peu navigable.

La Loire traverse ou touche 12 *départements*. Née dans l'ARDÈCHE, elle passe près du Puy, dans la HAUTE-LOIRE; — près de Saint-Étienne et à Roanne, dans la LOIRE; —

— sépare SAÔNE-ET-LOIRE de l'ALLIER; — puis elle passe à Decize et à Nevers, dans la NIÈVRE, qu'elle sépare du CHER; — passe à Briare et à Orléans, dans le LOIRET; — à Blois, dans LOIR-ET-CHER; — à Tours, dans INDRE-ET-LOIRE; — à Saumur, dans MAINE-ET-LOIRE; — à Nantes et à Saint-Nazaire, dans la LOIRE-INFÉRIEURE.

Affluents. La Loire reçoit : à DROITE, la *Nièvre*, la **Maine**, formée par la réunion de la *Mayenne* et de la *Sarthe*, grossie du *Loir*, et l'*Erdre*; — à GAUCHE, l'**Allier**, le *Loiret*, le *Cher*, l'**Indre**, la **Vienne**, grossie de la *Creuse*, et la *Sèvre-Nantaise*.

La **Nièvre** se jette dans la Loire à Nevers.

La **Maine** baigne Angers; la *Mayenne* arrose Mayenne et Laval; la *Sarthe*, Alençon et le Mans; le *Loir*, Châteaudun, Vendôme et la Flèche.

L'**Allier** passe près de Brioude et d'Issoire, puis à Vichy, à Moulins, et se termine en aval de Nevers.

Le *Loiret* n'a que 12 km de cours; mais il a deux sources abondantes, le *Bouillon* et l'*Abîme*, formées par les infiltrations de la Loire.

Le **Cher** passe à Montluçon et à Vierzon, recueille la *Sauldre*, baignant Romorantin, et passe au S. de Tours.

L'**Indre** baigne Châteauroux et Loches.

La **Vienne** arrose Limoges, reçoit le *Clain*, baignant Poitiers, arrose Châtellerault et reçoit la *Creuse*, qui passe à Aubusson et près de Guéret.

La *Sèvre-Nantaise* se jette dans la Loire à Nantes.

115bis. Versant côtier, entre Loire et Gironde.

La **Sèvre-Niortaise** passe à Niort et reçoit la *Vendée*, baignant Fontenay-le-Comte.

La **Charente** passe à Angoulême, Cognac, Saintes et Rochefort.

Bassin de la Garonne.

116. Cours de la Garonne. — La Garonne prend sa source au val d'Aran, dans les Pyrénées espagnoles, et coule rapidement vers le nord jusqu'à Toulouse, où sa vallée s'élargit; en face du Plateau central, elle oblique vers le nord-ouest, traverse de vastes plaines, se réunit à la Dordogne au Bec d'Ambès, et va se jeter dans l'Atlantique par un estuaire remarquable, auquel on donne le nom de *Gironde*. — (605 km. ou 680 avec la Gironde.)

La Garonne arrose 5 *départements*. Elle passe près de Saint-Gaudens, à Muret et à Toulouse, dans la HAUTE-GARONNE; — près de Castelsarrasin, dans TARN-ET-GARONNE; — à Agen et Marmande, dans LOT-ET-GARONNE; — à la Réole, à Bordeaux et à Blaye, dans la GIRONDE; — enfin elle borde la CHARENTE-INFÉRIEURE.

Affluents. La Garonne reçoit : à DROITE, l'**Ariège**, le **Tarn**, grossi de l'*Aveyron*, le *Lot*, la **Dordogne**, grossie de la *Vézère* et de l'*Isle*; — à GAUCHE, le *Gers*.

L'**Ariège** baigne Foix et Pamiers.

Le **Tarn** passe à Millau, Albi, Gaillac et Montauban; il reçoit l'*Aveyron*, qui arrose Rodez et Villefranche.

Le **Lot** passe à Mende, Espalion, Cahors et Villeneuve-sur-Lot.

La **Dordogne** descend du mont Dore et reçoit la *Vézère*, grossie de la *Corrèze*, baignant Tulle et Brive; elle passe ensuite à Bergerac et à Libourne, où elle reçoit l'*Isle*, qui arrose Périgueux.

Le *Gers* passe à Auch.

116bis. Versant côtier au sud de la Gironde.

L'**Adour** descend des Hautes-Pyrénées, passe à Tarbes, Dax et Bayonne. Il reçoit la *Midouze*, arrosant Mont-de-Marsan, et le *Gave de Pau*, qui baigne Lourdes, Pau et Orthez.

La **Bidassoa**, dans son cours inférieur, sépare la France de l'Espagne.

IV. VERSANT DE LA MÉDITERRANÉE

117. Versant côtier, à l'ouest du Rhône.

La **Têt** baigne Perpignan.
L'**Aude** arrose Limoux et Carcassonne.
L'**Hérault** finit à Agde.

Bassin du Rhône.

118. Cours du Rhône. — Le Rhône, au cours rapide et abondant, sort des glaciers du Saint-Gothard, dans les Alpes suisses, coule vers l'ouest en arrosant le canton du Valais, traverse le lac de Genève et contourne le Jura méridional par un étroit défilé. A Lyon, arrêté par le massif des Cévennes, il se dirige au S. par une longue et belle vallée, et va se jeter dans la Méditerranée, en formant, du limon qu'il dépose, un vaste delta qui s'avance dans la mer de 1 km par siècle. — (812 km.)

Le Rhône limite 11 *départements* : HAUTE-SAVOIE, SAVOIE, AIN, LOIRE; — il arrose Lyon, dans le RHÔNE; — Vienne, dans l'ISÈRE; — Valence, dans la DRÔME; — Viviers, dans l'ARDÈCHE; — Avignon, dans VAUCLUSE; — Beaucaire, dans le GARD; — Tarascon et Arles, dans les BOUCHES-DU-RHÔNE.

Affluents. Le Rhône reçoit : à DROITE : l'**Ain**, la **Saône**, grossie du *Doubs*, le *Gier*, l'*Ardèche* et le *Gard*; — à GAUCHE, l'**Arve**, l'**Isère**, la **Drôme**, la *Sorgue* et la **Durance**.

La **Saône** passe à Gray, reçoit le *Doubs*, baignant Pontarlier, Besançon et Dôle; puis elle arrose Chalon-sur-Saône, Mâcon, et finit à Lyon.

Le *Gard* baigne Alais.

L'**Arve** sort de la Mer de glace du mont Blanc et finit en aval de Genève.

Le *Fier* sert de déversoir au lac d'Annecy. — et la *Leisse*, qui baigne Chambéry, se jette dans le lac du Bourget.

L'**Isère** passe à Moutiers, traverse la vallée du Graisivaudan, arrose Grenoble et Romans.

La **Drôme** passe à Die.

La *Sorgue* est une petite rivière qui sort de la célèbre fontaine de Vaucluse.

La **Durance** passe à Briançon, Embrun et Sisteron.

118bis. Versant côtier provençal.

Le **Var** passe à Puget-Théniers; il n'arrose plus le département qui porte son nom; — le *Roya*, qui a sa source presque en embouchure en Italie, traverse en France l'extrémité orientale du département des Alpes-Maritimes.

L'île de Corse a quelques rivières torrentueuses, entre autres le *Gravone*, qui se termine dans la baie d'Ajaccio, et le *Tavignano*, qui passe à Corte.

LACS

119. Les principaux lacs sont : le **Léman** ou *lac de Genève*, traversé par le Rhône; il appartient à la France et à la Suisse; les lacs d'*Annecy* et du *Bourget*, situés en Savoie, dans le bassin du Rhône; le lac de *Grand-Lieu*, étang marécageux, situé près de l'embouchure de la Loire.

FRANCE HYDROGRAPHIQUE

Echelle de 5 000 000°

Versant	de la Mer du Nord
Bassins	de la Seine
	de la Loire
	de la Garonne
	du Rhône
Versants	côtiers

Lignes de partage des bassins les plus gr.

FRANCE HYPSOMÉTRIQUE
Relief du sol

Hydrographie.

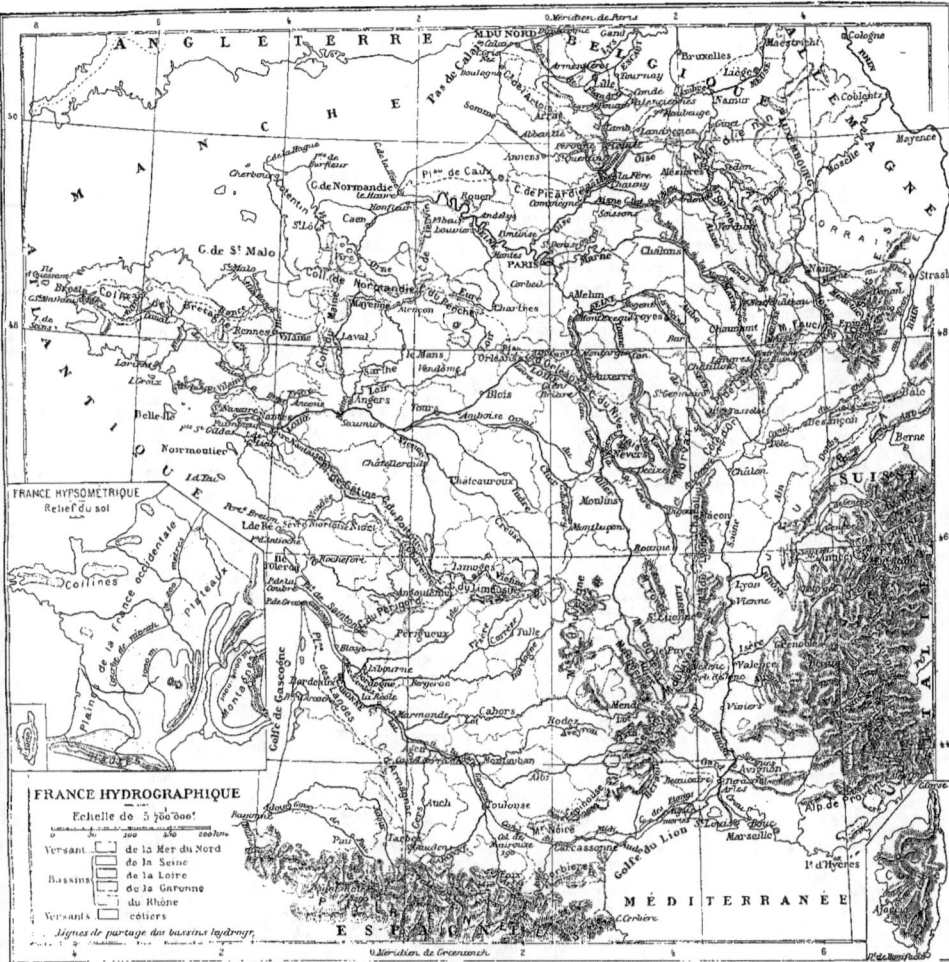

Devoir 28. — 1. Quels plateaux, montagnes ou plaines rencontrerait un voyageur allant en ligne droite : 1° de Bordeaux à Annecy ? — 2° de Nantes à Nice ? — 3° de Bar-le-Duc à Foix ? — 4° de Brest à Besançon ?

Devoir 29. — 1. Quels sont les fleuves français ? — Quel est le plus long ? — 2. Où le *Rhin* prend-il sa source ? — 3. Dans quelles villes passe-t-il ? — 4. Quel affluent français reçoit-il ? — 5. La *Meuse* : où est sa source ? — 6. Quelle est sa direction ? — 7. Départements et villes qu'elle traverse. — 8. L'*Escaut* : décrivez son cours, en indiquant départements et villes arrosés en France. — 9. Tracez la carte de leurs bassins.

Devoir 30. — 1. Décrivez le cours de la *Seine* : sa source. — 2. Dites les villes et les départements arrosés. — 3. Nommez ses affluents de droite et de gauche.

Cours moyen n° 130.

— 4. Cours de la *Loire* : sa source. — 5. Départements traversés ; villes arrosées. — 6. Ses affluents. — 7. Tracez la carte de leurs bassins.

Devoir 31. — 1. Décrire le cours de la *Garonne* : sa source. — 2. Départements arrosés. — 3. Villes arrosées. — 4. Ses affluents. — 5. Le *Rhône* : sa source. — 6. Départements et villes arrosés en France. — 7. Ses affluents. — 8. Nommez les lacs français.

Devoir 32. — 1. De quel *massif* montagneux descend le Rhin, — la Seine, — l'Isère, — la Dordogne, — la Saône ?

2. Quel *cours d'eau* passe à Orléans, — à Grenoble, — à Amiens, — à Valence, — à Carcassonne ?

3. Remarquez les *rivières* et les *canaux* qui mettent en communication la Seine avec l'Escaut, — avec la Meuse, par Reims, — avec le Rhin, — avec le Rhône, — avec la Loire, par Montargis.

4. Remarquez les *cours d'eau* et les *canaux* qui établissent la communication de la Méditerranée avec la mer du Nord, — avec la Manche, par Nevers, — avec l'Océan ; — la Manche avec l'Océan, par Rennes.

Devoir 33. — Colorier et compléter la carte 2 du cahier cartographique n° 2.

Devoir 34. — Colorier et compléter la carte 3.

Devoir 35. — 1. Un fleuve est-il considérable à sa source ? — 2. Comment grossit-il ? — 3. Comment se forment les torrents, les chutes, les lacs ? — 4. Comment le fleuve s'élargit-il dans la plaine ? — 5. Que dépose-t-il dans les inondations ? — 6. Que reçoit-il et que baigne-t-il dans son parcours ? — 7. Quelle différence y a-t-il entre un estuaire et un delta ? — 8. Citez-en des exemples.

2

120 TABLEAU DES PROVINCES ET DES DÉPARTEMENTS FRANÇAIS (GROUPÉS EN 9 RÉGIONS)

I. RÉGION DU NORD

Île-de-France (4 départ.)
- SEINE, chef-lieu PARIS . . , v. pr. **Saint-Denis**, *Boulogne*.
- SEINE-ET-OISE, c. **Versailles**, s. *Corbeil, Étampes,* Mantes, Pontoise, Rambouillet.
- Seine-et-Marne, c. Melun. . , s. Coulommiers, Fontaine-bleau, Meaux, Provins.
- OISE . . . , c. *Beauvais*., s. Clermont, Compiègne, Senlis.

Picardie
- AISNE. . . . , c. Laon . . , s. Château-Thierry, **St-Quen-tin**, Soissons, Vervins.
- SOMME . . . , c. **Amiens**, s. *Abbeville*, Doullens, Mont-didier, Péronne.

Artois
- PAS-DE-CALAIS, c. **Arras**, s. Béthune, **Boulogne**, Montreuil, *St-Omer*, St-Pol. (V. pr. Calais).

Flandre
- NORD . . . . . c. **Lille**. . . , s. Avesnes, *Cambrai, Douai, Dunkerque,* Hazebrouck, (V. pr. **Roubaix, Tourcoing**). *Valenciennes.*

II. RÉGION DU NORD-EST

Champagne (4 départ.)
- Aube . . . . . . c. **Troyes**, s. Arcis-s.-Aube, Bar-s.-A., Bar-s.-S., Nogent-s.-S.
- Haute-Marne, c. Chaumont, s. Langres, Wassy.
- MARNE . . . , c. *Châl.-s/-M.*, s. *Épernay*, **Reims**, Ste-Menehould, Vitry-le-Franç.
- Ardennes . . , c. Mézières. . , s. Rethel, Rocroi, *Sedan*, Vouziers.

Lorraine (3 départ.)
- Meuse. . . . , c. Bar-le-Duc, s. Commercy, Montmédy, *Verdun*.
- VOSGES. . . , c. *Épinal* . , s. Mirecourt, Neufchâteau, Remiremont, *Saint-Dié*.
- MEURTHE-ET-M., c. **Nancy**, s. Briey, *Lunéville*, Toul.

III. RÉGION DU NORD-OUEST

Normandie (5 départ.)
- SEINE-INF., c. **Rouen**. . , s. *Dieppe*, **le Havre**, Neufchâtel, Yvetot.
- Eure . . . . , c. Évreux. , s. Les Andelys, Bernay, Louviers, Pont-Audemer.
- CALVADOS, c. **Caen** . . , s. Bayeux, *Falaise*, Lisieux, Pont-l'Évêque, Vire.
- MANCHE . . , c. Saint-Lô. , s. Avranches, *Cherbourg*, Coutances, Mortain, Valognes.
- Orne . . . . , c. Alençon . , s. Argentan, Domfront, Mortagne.

Maine (2 départ.)
- SARTHE. . . , c. **Le Mans**, s. La Flèche, Mamers, Saint-Calais.
- Mayenne . . , c. *Laval*. . , s. Château-Gontier, Mayenne.

IV. RÉGION DE L'OUEST

Bretagne (5 départ.)
- ILLE-ET-VIL., c. **Rennes**, s. *Fougères*, Montfort, Redon, Saint-Malo, Vitré.
- COTES-DU-NORD, c. *St-Brieuc*, s. Dinan, Guingamp, Lannion, Loudéac.
- FINISTÈRE . , c. Quimper, s. **Brest**, Châteaulin, Morlaix, Quimperlé.
- MORBIHAN . , c. *Vannes* . , s. *Lorient*, Ploërmel, Pontivy.
- LOIRE-INF., c. **Nantes**. . , s. Ancenis, Châteaubriant, Paimbœuf, *St-Nazaire*.

Anjou
- MAINE-ET-L.., c. **Angers** . , s. Baugé, Cholet, Saumur, Segré.

Poitou (2 départ.)
- VENDÉE. . , c. La Roche-s/-Yon, s. Fontenay-le-Comte, les Sables-d'Olonne.
- Deux-Sèvres. , c. *Niort* . . , s. *Bressuire*, Melle, Parthenay.
- Vienne . . . , c. *Poitiers*. . , s. *Châtellerault*, Civray, Loudun, Montmorillon.

V. RÉGION DU CENTRE

Orléanais (3 départ.)
- Loiret. . . . , c. Orléans, s. Gien, Montargis, Pithiviers.
- Eure-et-Loir. , c. *Chartres*, s. Châteaudun, Dreux, Nogent-le-Rotrou.

Touraine
- Loir-et-Cher, c. *Blois*. . , s. Romorantin, Vendôme.
- Indre-et-Loire, c. **Tours**. . , s. Chinon, Loches.

Berry (2 départ.)
- Indre . . . , c. *Châteauroux*, s. Le Blanc, la Châtre, Issoudun.
- Cher. . . . , c. *Bourges*. , s. Saint-Amand, Sancerre.

Nivernais
- Nièvre. . . . , c. *Nevers* . , s. Château-Chinon, Clamecy, Cosne.

Bourbonnais
- ALLIER. . . . , c. **Moulins**. , s. Gannat, *Montluçon*, Lapalisse.

Marche
- Creuse . . . , c. Guéret . , s. Aubusson, Bourganeuf, Boussac.

Limousin (2 départ.)
- Haute-Vienne, c. **Limoges**, s. Bellac, Rochechouart, St-Yrieix.
- Corrèze . . . , c. Tulle . . , s. Brive, Ussel.

Auvergne (2 départ.)
- PUY-DE-DOME, c. **Clermont-F**d, s. Ambert, Issoire, Riom, Thiers.
- Cantal. . . . , c. Aurillac. , s. Mauriac, Murat, St-Flour.

VI. RÉGION DU SUD-OUEST

Angoumois
- Charente. . , c. *Angoulême*, s. Barbezieux, Cognac, Confolens, Ruffec.

Aunis et Saintonge
- CHARENTE-INF., c. *LaRoch*elle, s. Jonzac, *Maren*net, *Rochefort*, Saintes, St-Jean-d'Angély.

Guyenne (6 départ.)
- GIRONDE. . . , c. **Bordeaux**, s. Bazas, Blaye, Lesparre, Libourne, la Réole.
- DORDOGNE . . , c. *Périgueux*, s. Bergerac, Nontron, Ribérac, Sarlat.
- Lot. . . . . , c. Cahors . , s. Figeac, Gourdon.
- Aveyron. . . , c. Rodez. . , s. Espalion, Millau, Saint-Affrique, Villefranche.
- Lot-et-Garonne, c. *Agen* . . , s. Marmande, *Nérac*, Villeneuve-sur-Lot.
- Tarn-et-Garonne, c. *Montau*ban, s. Castelsarrasin, Moissac.

Gascogne (3 départ.)
- Gers. . . . , c. Auch . , s. Condom, Lectoure, Lombez, Mirande.
- Landes. . , c. Mont-de-Marsan, s. Dax, Saint-Sever.
- Htes-Pyrénées, c. *Tarbes* . , s. Argelès, Bagnères-de-Big.

Béarn
- BASSES-PYRÉNÉES, c. **Pau**, s. *Bayonne*, Mauléon, Oloron, Orthez.

VII. RÉGION DU SUD

Foix
- Ariège. . . . , c. Foix . . , s. Pamiers, Saint-Girons.

Roussillon
- Pyrénées-Or., c. *Perpign*an, s. Céret, Prades.
- Hte-GARONNE, c. **Toulouse**, s. Muret, St-Gaudens, Villefranche.

Languedoc (6 départ.)
- Tarn. . . . , c. *Albi*. . . , s. *Castres*, Gaillac, Lavaur.
- Aude . . . , c. *Carcassonne*, s. Castelnaudary, Limoux, Narbonne.
- HÉRAULT. . c. **Montpellier**, s. *Béziers*, Lodève, St-Pons.
- GARD . . . , c. **Nîmes** . . , s. *Alais*, Uzès, le Vigan.
- Ardèche. . . , c. Privas . , s. Largentière, Tournon.
- Lozère. . . , c. Mende. . , s. Florac, Marvejols.
- Haute-Loire. , c. Le Puy . , s. Brioude, Yssingeaux.

VIII. RÉGION DE L'EST

Lyonnais (2 départ.)
- RHONE . . . , c. **Lyon**. . , s. Villefranche.
- LOIRE . . , c. **St-Étienne**, s. Montbrison, *Roanne*.
- Ain . . . . , c. Bourg. . , s. Belley, Gex, Nantua, Trévoux.

Bourgogne (4 départ.)
- SAONE-ET-LOIRE, c. *Mâcon*, s. Autun, *Chalon-s.-Saône*, Charolles, Louhans.
- Côte-d'Or. . , c. **Dijon** . . , s. Beaune, Châtillon-s.-Seine, Semur.
- Yonne. . . . , c. Auxerre. , s. Avallon, Joigny, Sens, Tonnerre.

Franche-Comté (3 départ.)
- Haute-Saône. , c. Vesoul . , s. Gray, Lure.
- Doubs . . . , c. **Besançon**, s. Baume, Montbéliard, Pontarlier.
- Jura . . , c. Lons-le-Saunier, s. Dôle, Poligny, St-Claude.

IX. RÉGION DU SUD-EST

Savoie (2 départ.)
- Haute-Savoie, c. Annecy . , s. Bonneville, St-Julien, Thonon.
- Savoie. . . . , c. *Chambéry*, s. Albertville, Moutiers, St-Jean-de-Maurienne.

Dauphiné (3 départ.)
- ISÈRE . . . , c. **Grenoble**, s. Saint-Marcellin, la Tour-du-Pin, *Vienne*.
- Drôme . . . , c. *Valence*. . , s. Die, Montélimar, Nyons.
- Hautes-Alpes , c. Gap. . . , s. Briançon, Embrun.

Comtat
- Vaucluse . . , c. *Avignon*. . , s. Apt, Carpentras, Orange.

Provence et Nice (4 départ.)
- BOUCHES-DU-RHONE, c. **Marseille**, s. *Aix, Arles*.
- Var. . . . , c. Draguignan, s. Brignoles, **Toulon**.
- Basses-Alpes , c. Digne. . , s. Barcelonnette, Castellane, Forcalquier, Sisteron.
- Alpes-Marit. , c. **Nice** . . , s. Grasse, Puget-Théniers.

Corse
- Corse . . . . , c. *Ajaccio* . , s. *Bastia*, Calvi, Corte, Sartène.

Algérie, 3 départements (au nord) et 4 territoires militaires (au sud). (Voir p. 41.)

Nota. — 1. Pour faciliter l'étude, les départements sont groupés en 9 *grandes régions*, désignées suivant leur orientation par rapport au centre du pays.

2. Les régions, les provinces et les départements se suivent, autant que possible, dans *l'ordre des bassins fluviaux*. Il a paru convenable, toutefois, de commencer par la région du Nord, qui renferme la capitale de la France.

Dans le cas où un département est formé aux dépens de plusieurs provinces, il est attribué à la province qui en a fourni la plus grande partie.

3. Les DÉPARTEMENTS écrits en capitales grasses ont plus de 400 000 habitants.

4. Les villes en romain gras ont plus de 80 000 habitants.

5. Les *villes* en italique ont de 20 à 80 000 habitants.

FRANCE POLITIQUE
Echelle de 5.700.000

Les départements.

Devoir 36. — 1. En combien de *régions* peut-on diviser la France? — 2. Combien de provinces comptait-on autrefois? — 3. Nommez les provinces situées dans les 9 régions. — 4. Dans quelle région se trouve l'Anjou? — la Provence? — la Champagne? — l'Orléanais? — 5. Quelles sont les plus grandes provinces?

Devoir 37. — 1. Quels sont les *départements* compris dans l'Ile-de-France? — 2. Quel est le dép. formé de la Picardie? — de l'Artois? — de la Flandre? — 3. Nommez les dép. formés de la Champagne, — de la Lorraine. — 4. Nommez ceux de la Normandie, — du Maine. — 5. Combien y a-t-il de dép. dans la région du N.? — du N.-E.? — du N.-O.?

Devoir 38. — 1. Nommez et comptez les *provinces* et les *départements* de la région de l'O. — 2. Faites de même pour la région du S. — 3. de l'E.

Devoir 39. — 1. Dans quelle province et quelle région se trouvent les départements de la Meuse? de la Drôme? de la Corrèze? de la Somme? des Landes? des Basses-Alpes? de la Savoie? de la Vendée? de la Nièvre? — 2. De quel tour nom les dép. de la Somme? de Vaucluse? du Cantal? du Nord? du Finistère? de la Savoie? — 3. Nommez les dép. dont les chefs-lieux sont Amiens, Tulle, Agen, Vannes, Guéret, Saint-Étienne. — 4. Dans quel dép. se trouve Le Havre? Bazas? Fréjus? Saint-Gaudens? Saint-Sever?

Devoir 40. DÉPARTEMENTS RANGÉS PAR BASSINS. — 1. Quels sont les 6 dép. situés dans le versant de la *mer du Nord*? — 2. les 7 dép. traversés par la *Seine*? — 3. les 11 autres du versant de la Manche? — 4. les 10 dép. traversés ou limités par la *Loire*? — 5. les 11 autres du bassin de la Loire et de son annexe? — 6. les 4 dép. traversés par la *Garonne*? — 7. les 15 autres du bassin de la Garonne et de ses deux annexes? — 8. les 11 dép. séparés par le *Rhône*? — 9. les 12 autres du versant de la Méditerranée? — 10. Comptez le nombre des dép. dans chacun des bassins.

Devoir 41. — 1. Quels sont les dép. français situés sur les frontières de la Belgique? — de l'Allemagne? — de la Suisse? — de l'Italie? — de l'Espagne? — 2. Quels sont les départements baignés par la mer du Nord? — par la Manche? — par l'Océan? — par la Méditerranée?

Devoir 42. — 1. Quel est le dép. situé le plus au nord? — le plus à l'est? — le plus au sud? — le plus à l'ouest? — 2. Quels sont les dép. situés sous le méridien de Paris? — sous le 4e degré de longitude orientale? — sous le 2e de longitude occidentale? — sous le 44e et le 48e degré de latitude septentrionale?

Devoir 43. — 1. Citez les départements qui *tirent leur nom de la Seine, — de l'Oise, — de la Loire, — du Cher, — de la Garonne, — du Lot, — du*

II. — GÉOGRAPHIE POLITIQUE

Du peuple français.

121. La population *absolue* ou totale de la France est de 39 500 000 hab. (En 1906.)

La **superficie** du pays étant de 537 000 km carrés, sa *population relative* est de 74 hab. par km².

Langues. — La *langue française*, formée principalement du latin, est d'un usage général dans tout le pays. C'est en même temps l'une des langues vivantes les plus cultivées à l'étranger.

L'*italien*, le *flamand*, le *breton* et le *basque* sont aussi parlés dans quelques parties de la France.

Religion. — Les Français appartiennent à la *religion catholique;* cependant il y a environ 700 000 *protestants* calvinistes, répandus surtout dans le Languedoc et les Charentes, et 100 000 *israélites*.

Les anciennes provinces.

122. Historique. — La France actuelle correspond à la plus grande partie de la *Gaule*, qui s'étendait entre l'Océan, les Pyrénées, les Alpes et le Rhin. Elle fut conquise par César cinquante ans avant J.-C., et pendant cinq cents ans elle fit partie de l'empire romain. — Au v⁰ siècle, les Francs s'en emparèrent sous la conduite de Clovis; mais la Gaule ne prit le nom de France que vers le ix⁰ siècle, à la suite du démembrement de l'empire de Charlemagne. — Par suite du régime féodal, beaucoup de fiefs ou souverainetés particulières, plus ou moins indépendantes de la royauté, et nos rois mirent plus de huit siècles pour étendre le domaine de la couronne jusqu'aux frontières actuelles.

123. Formation du domaine royal. — Au x⁰ siècle, à l'avènement de Hugues Capet à la couronne de France, le domaine royal comprenait seulement l'*Ile-de-France*, l'*Orléanais* et la *Picardie*, apanage particulier de ce prince.

Au xii⁰ siècle, — Philippe I⁰ acheta le *Berry*.

Au xiii⁰ siècle, — Philippe-Auguste conquit la *Touraine*, et confisqua la *Normandie* sur Jean sans Terre.

Saint Louis et Philippe le Hardi héritèrent du *Languedoc*.

Au xiv⁰ siècle, — Philippe le Bel acquit le *Lyonnais* et prépara la réunion de la *Champagne* par son mariage avec Jeanne de Navarre.

Philippe VI obtint le *Dauphiné* par don du dernier de ses comtes, et acheta le comté de *Montpellier*.

Charles V conquit sur les Anglais le *Poitou*, l'*Aunis* et la *Saintonge*.

Au xv⁰ siècle, — Charles VII conquit sur les Anglais la *Guyenne* et la *Gascogne*.

Louis XI hérita de René d'Anjou, du *Maine*, de l'*Anjou* et de la *Provence*, et confisqua la *Bourgogne* et la *Picardie* après la mort de Charles le Téméraire.

Au xvi⁰ siècle, — François I⁰ confisqua sur le connétable de Bourbon le *Bourbonnais*, une partie de l'*Auvergne* et la *Marche*. — Il réunit par apanage l'*Angoumois*, et par mariage la *Bretagne*.

Henri IV réunit par apanage le *Béarn*, le *comté de Foix* et le *Limousin*.

Au xvii⁰ siècle, — Louis XIII et Louis XIV conquirent l'*Artois*, le *Roussillon*, la *Flandre française*, la *Franche-Comté* et l'*Alsace*.

Louis XIV acheta en outre le *Nivernais*.

Au xviii⁰ siècle, — Louis XV hérita de la *Lorraine*, à la mort de Stanislas Leczinski, et acheta la *Corse* aux Génois.

La Révolution annexa le *comtat Venaissin* et *Avignon*, enlevés au Pape.

Au xix⁰ siècle, — Napoléon III annexa la *Savoie* et le *comté de Nice*, cédés par l'Italie; mais perdit l'Alsace et une partie de la Lorraine.

124. Tableau des provinces. — Avant 1790, la France comprenait 35 provinces. Ces provinces étaient des divisions territoriales administrées par des intendants et séparées entre elles par des lignes de douanes intérieures. Leur administration n'était pas uniforme; chacune d'elles jouissait de privilèges particuliers.

125. Les anciennes provinces sont au nombre de 37, en y comprenant le comtat Venaissin, la Savoie et le comté de Nice, acquis depuis 1790, et déduisant l'Alsace, perdue en 1871. Les voici, rangées par ordre de position géographique.

1⁰ AU NORD, l'*Ile-de-France*, cap. Paris; — la *Picardie*, cap. Amiens; — l'*Artois*, c. Arras; — la *Flandre française*, c. Lille.

2⁰ AU NORD-EST, la *Champagne*, cap. Troyes; — la *Lorraine*, cap. Nancy.

3⁰ AU NORD-OUEST, la *Normandie*, cap. Rouen; — le *Maine*, cap. Le Mans.

4⁰ A L'OUEST, la *Bretagne*, cap. Rennes; — l'*Anjou*, cap. Angers; — le *Poitou*, cap. Poitiers.

5⁰ AU CENTRE, l'*Orléanais*, cap. Orléans; — la *Touraine*, cap. Tours; — le *Berry*, cap. Bourges; — le *Nivernais*, cap. Nevers; — le *Bourbonnais*, cap. Moulins; — la *Marche*, cap. Guéret; — le *Limousin*, cap. Limoges; — l'*Auvergne*, cap. Clermont.

6⁰ AU SUD-OUEST, l'*Angoumois*, cap. Angoulême; — l'*Aunis*, cap. La Rochelle, avec la *Saintonge*, cap. Saintes; — la *Guyenne*, cap. Bordeaux, avec la *Gascogne*, cap. Auch; — le *Béarn*, cap. Pau.

7⁰ AU SUD, le *comté de Foix*, cap. Foix; — le *Roussillon*, cap. Perpignan; — le *Languedoc*, cap. Toulouse.

8⁰ A L'EST, le *Lyonnais*, cap. Lyon; — la *Bourgogne*, cap. Dijon; — la *Franche-Comté*, cap. Besançon.

9⁰ AU SUD-EST, la *Savoie*, cap. Chambéry; — le *Dauphiné*, cap. Grenoble; — le *Comtat*, cap. Avignon; — la *Provence*, cap. Aix; — le *comté de Nice*, cap. Nice; — la *Corse*, cap. Bastia.

Les départements.

126. Départements. — *Origine et but de la division en départements.* La division de la France en départements fut établie en 1790 par l'Assemblée constituante, dans le but de rendre uniforme l'administration du pays, en faisant disparaître les traditions et les privilèges des provinces.

Le *nombre* de nos départements, qui était de 89 avant la perte du Haut-Rhin, du Bas-Rhin et de la Moselle, en 1871, est actuellement de 86, outre le petit territoire de Belfort.

127. Les **noms des départements** sont tirés : 1⁰ soit des *cours d'eau* qui les arrosent (Seine, Seine-et-Oise, etc.); c'est le cas le plus ordinaire; — 2⁰ soit des *montagnes* qui s'y trouvent (Hautes-Alpes, Jura, Lozère, etc.); 3⁰ soit de quelque *particularité remarquable*, telle que la *position relative* (Nord, Côtes-du-Nord, Finistère); de la *mer* (Pas-de-Calais, Manche, Morbihan); de *rochers* (Calvados), d'une *fontaine* (Vaucluse), de la *nature du sol* (Landes); — 4⁰ la Corse et les deux départements de la Savoie ont seuls conservé leurs noms *historiques*.

Du gouvernement.

128. La **forme du gouvernement** en France est la *république*, dont le chef est un *président* élu.

129. Le président, avec les *ministres* de son choix, forme le **pouvoir exécutif**.

Les **ministres** sont ceux de l'*intérieur*, de la *justice*, de l'*instruction publique* et des *beaux-arts*, des *finances*, de la *guerre*, de la *marine*, des *colonies*, des *affaires étrangères*, de l'*agriculture*, du *commerce et de l'industrie*, des *travaux publics* et des *postes et télégraphes* (1908).

130. Le **pouvoir législatif**, ou celui de faire les lois, est exercé par deux assemblées : le **Sénat**, qui comprend 300 membres, élus pour 9 ans, et la **Chambre des députés**, qui comprend 584 membres, élus pour 4 ans par le suffrage universel.

Tout Français âgé de 21 ans est électeur, aussi bien pour les élections des députés que pour les conseils généraux des départements, les conseils d'arrondissement et les conseils municipaux. Il doit *voter* en choisissant le candidat le plus digne, le plus capable de soigner les intérêts politiques, moraux et religieux de la patrie.

Le Conseil d'État, non électif, donne au gouvernement son avis sur certains projets de lois, et sur les projets de décrets et règlements d'administration publique.

131. Divisions administratives. — Pour faciliter l'administration d'un pays, on établit diverses sortes de *divisions territoriales*, dont les principales sont, en France : 1⁰ les divisions *administratives* proprement dites ou *civiles*, 2⁰ les divisions *judiciaires*, 3⁰ les divisions *militaires*, 4⁰ les divisions *maritimes*, 5⁰ les divisions *financières*, 6⁰ les divisions *académiques*, 7⁰ les divisions *ecclésiastiques*.

Rhône, — de la Saône. — 2. Citez les départements qui tirent leur nom des Pyrénées. — des Alpes. — 3. Citez les départements qui tirent leur nom de quelque autre particularité.

Devoir 44. — *Coloriez et complétez* la carte 5 (départements, cahier cartog. n° 2).

Devoir 45. — *Coloriez et complétez* la carte 4 (provinces).

Devoir 46. — *Tracez* la première de ces cartes, en tout ou en partie.

Administration.

Devoir 47. — 1. Quelle est la *population* de la France? — Quels sont les États de l'Europe plus peuplés qu'elle? (Voir p. 46.) — 2. Quelle est sa *superficie*? Quel rang occupe-t-elle sous ce rapport en Europe? (id.) — 3. A quelle famille ethnographique (ou de peuples) appartenons-nous? — 4. Quelles sont les langues parlées en France? — la *religion* dominante?

Devoir 48. — 1. Résumez l'*histoire* de notre pays. — 2. Combien de temps fallut-il pour réunir nos provinces? — 3. Dites quelles provinces furent réunies dans chaque siècle. — 4. Comment Louis XI, François I⁰, Henri IV et Louis XIV agrandirent-ils la France?

Devoir 49. — 1. Énumérez les 35 *provinces* avec leurs anciennes capitales. — 2. Tracez la *carte* par provinces.

Devoir 50. — 1. Quelle est la *forme du gouvernement* français? — 2. Combien y a-t-il de ministres? Nommez-les. — 3. A qui appartient le *pouvoir exécutif*? — 4. et le *pouvoir législatif*? — 5. A quelles élections peut participer un *électeur*? — 6. Combien de sortes de subdivisions administratives y a-t-il?

LES PROVINCES
et les pagi (petits pays)

DIVISIONS JUDICIAIRES

Administration civile.

132. Sous le rapport de l'administration civile, la France est divisée en 86 *départements*, et subdivisée en 362 *arrondissements*, 2911 *cantons* et 36220 *communes*.

133. Un **département** est une circonscription territoriale administrée par un préfet.

Le **préfet**, nommé par le chef de l'État, est assisté d'un *conseil général* élu et d'un *conseil de préfecture* nommé.

134. L'**arrondissement** est la division du département ayant un administrateur particulier appelé **sous-préfet**. L'arrondissement de la préfecture est administré directement par le préfet.

Le **sous-préfet** est subordonné au préfet. Il est assisté d'un *conseil d'arrondissement*, qui se compose ordinairement d'autant de membres qu'il y a de cantons dans l'arrondissement.

135. Le **canton** est une division de l'arrondissement et comprend un certain nombre de communes.

Le canton sert de base à l'élection des membres du conseil général et du conseil d'arrondissement. Il est le ressort de la *justice de paix*, autorité judiciaire du degré inférieur.

136. La **commune** est une portion du territoire français administrée par un *maire*. Un certain nombre de communes forment un canton.

On distingue les *communes urbaines* et les *communes rurales*. (Voir n° 51.)

Devoir 51. — 1. En combien de *départements* notre pays est-il divisé ? — 2. en combien d'*arrondissements*, de cantons et de communes ? — 3. Qu'est-ce qu'un département, et quel est son administrateur ? — 4. Dites de même pour l'arrondissement ? — 5. A quoi sert le canton ? — 6. Qui administre la *commune* ? — 7. De qui se compose le conseil municipal ?

137. Le **maire** de la commune est assisté d'un ou de plusieurs *adjoints*, et d'un conseil municipal.

Le maire est à la fois le délégué du gouvernement et le représentant de la commune. Ses principales fonctions sont administratives ; il est chargé de la police municipale, de la proposition du budget, etc.

Le conseil municipal se compose de 10 à 36 membres, suivant l'importance de la commune. Il est élu par les habitants de la commune et présidé par le maire.

138. Les villes de Paris et de Lyon ont une administration particulière. Le *préfet* du département y remplit les fonctions de maire pour toute la commune ; mais celle-ci se divise en arrondissements urbains, ayant chacun leur maire spécial avec plusieurs adjoints. Paris a 20 arrondissements, et Lyon en a 6.

Divisions judiciaires.

139. Sous le rapport judiciaire, la France comprend les *justices de paix*, — les *tribunaux de première instance*, — les *tribunaux de commerce*, — les *cours d'appel*, — les *cours d'assises*, — la *cour de cassation*.

140. Le **tribunal de justice de paix**, établi au chef-lieu de chaque canton, prononce sur les affaires de peu d'importance : il concilie les parties et apaise les différends. Il forme le premier degré de juridiction, comme *tribunal de police*.

Le **tribunal de première instance**, établi dans chaque arrondissement et généralement au chef-lieu de chaque canton, prononce sur les matières civiles et de police correctionnelle, les délits, etc.

Il statue sur toutes les affaires dont la connaissance n'a pas été attribuée à d'autres juges par des lois particulières.

Le *tribunal de commerce*, établi dans les villes commerçantes, prononce sur les contestations qui s'élèvent entre les commerçants.

Le tribunal de première instance et le tribunal de commerce forment le deuxième degré de juridiction. On peut référer de leurs jugements à la cour d'appel.

141. La **cour d'appel** est un tribunal supérieur qui prononce sur les oppositions formées contre les jugements rendus par les tribunaux de première instance et de commerce.

Il y a 26 *cours d'appel* pour toute la France :

Agen	Bourges	Lyon	Poitiers
Aix	Caen	Montpellier	Rennes
Amiens	Chambéry	Nancy	Riom
Angers	Dijon	Nîmes	Rouen
Bastia	Douai	Orléans	Toulouse
Besançon	Grenoble	Paris	(Alg.-Tun.)
Bordeaux	Limoges	Pau	Alger

142. La **cour d'assises** est un tribunal temporaire qui prononce sur les affaires criminelles, avec le concours d'un jury. Elle se tient quatre fois l'année, ordinairement au chef-lieu du département.

Le jury se prononce sur la culpabilité ou décide le point de *fait*, et les magistrats décident le point de *droit* et appliquent la loi, s'il y a culpabilité.

Les membres du jury se nomment *jurés*. Pour être juré, il faut avoir 30 ans, savoir lire et écrire, et n'être dans aucun des cas d'incapacité prévus par la loi. Pour chaque affaire, le jury se compose de 12 jurés tirés au sort.

143. La **cour de cassation**, siégeant à

Devoir 52. — 1. A quoi sert le tribunal de justice de paix ? — 2. Par quel tribunal sont jugés les délits ? les affaires de commerce ? les crimes ? — 3. Pourquoi la cour de cassation est-elle ainsi appelée ? — 4. Qu'appelle-t-on *cour des comptes* ? — 5. Que signifie le budget ? — 6. Dessinez la *carte* des divisions judiciaires.

DIVISIONS ACADÉMIQUES 1886

DIVISIONS ECCLÉSIASTIQUES 1888

Paris, est le tribunal suprême, chargé de maintenir l'uniformité de jurisprudence dans toute la France.

La cour de cassation examine *seulement* si le jugement qui lui est soumis *est conforme ou non* à la loi : dans le premier cas, elle rejette le pourvoi; dans le second, elle *casse* le jugement et renvoie l'affaire à un autre tribunal.

144. Divisions financières. — Pour la perception des revenus publics, chaque arrondissement forme une recette particulière et chaque département une recette générale, en rapport avec la caisse centrale du Trésor public à Paris.

145. Une *cour des comptes*, siégeant à Paris, vérifie l'emploi des fonds du gouvernement.

Le budget, ou l'état annuel des finances publiques, comprend : 1° la fixation des dépenses et la formation du revenu, qui sont de la compétence du pouvoir législatif; 2° la perception et la comptabilité, qui appartiennent à l'ordre administratif.

Le budget de l'État est préparé chaque année par le ministre compétent, et présenté aux Chambres, qui l'examinent, le discutent et le votent.

Les recettes publiques comprennent les contributions directes, les contributions indirectes, les droits d'enregistrement, de timbres et de douane, les produits des domaines, des postes, etc.

Le budget de l'État est de plus de 3 milliards et demi de francs, et la dette publique dépasse 33 milliards. Ils ont augmenté d'un tiers depuis la guerre.

146. Divisions académiques. — Pour l'administration de l'instruction publique, la France est divisée en 16 *académies* ou circonscriptions territoriales dont les établissements, qui dépendent de l'*Université*, sont régis par un *recteur*.

Les sièges des 16 académies sont :

Aix, Chambéry, Lille, Paris.
Besançon, Clermont, Lyon, Poitiers,
Bordeaux, Dijon, Montpellier, Rennes,
Caen, Grenoble, Nancy, Toulouse,
Pour l'Algérie, Alger.

147. L'enseignement se divise en trois degrés : *primaire, secondaire, supérieur.*

L'enseignement *primaire* comprend les premiers éléments des connaissances : religion, lecture, écriture, langue française, histoire, géographie, arithmétique, dessin, etc. (Écoles ordinaires, communales ou libres, salles d'asile, cours d'adultes, pensionnats.) On décerne un *certificat d'études primaires.*

L'enseignement *primaire supérieur*, dit aussi enseignement *secondaire spécial*, comprend en outre la littérature française, les mathématiques appliquées, les sciences physiques et naturelles.

L'enseignement *secondaire* embrasse les langues anciennes, la rhétorique, les éléments des mathématiques et de la philosophie. (*Lycées, collèges, petits séminaires*, etc.)

L'enseignement *supérieur* comprend dans toute leur étendue les connaissances humaines. Il se donne dans les Universités de l'État et dans les Facultés libres. (*Facultés de théologie, de droit, de médecine, des sciences et des lettres*; écoles *normale supérieure, polytechnique, navale, centrale, de Saint-Cyr*, etc.)

148. Divisions ecclésiastiques. — Pour l'administration du culte catholique, la France est divisée en 84 *diocèses*, ou portions de territoire soumises à la juridiction spirituelle d'un archevêque ou d'un évêque.

Il y a 67 évêchés et 17 archevêchés.

L'Algérie et les colonies comptent en outre 7 diocèses, dont 5 évêchés et 2 archevêchés.

149. Aix, archevêché, a pour *suffragants* les évêchés d'*Ajaccio, Digne, Fréjus* (Var), *Gap, Marseille* et *Nice*.

Albi, suffr.: *Cahors, Mende, Perpignan, Rodez*.

Alger, suffr. : *Oran, Constantine*.

Auch, suffr.: *Aire* (Landes), *Bayonne, Tarbes*.

Avignon, suffr.: *Montpellier, Nîmes, Valence, Viviers* (Ardèche).

Besançon, suffr. : *Belley, Nancy, Saint-Dié* et *Verdun*.

Bordeaux, suffr. : *Agen, Angoulême, La Rochelle, Luçon* (Vendée), *Périgueux, Poitiers, Basse-Terre* (Guadeloupe), *Saint-Pierre* (Martinique), et *Saint-Denis* (Île de la Réunion).

Bourges, suffr. : *Clermont, Saint-Flour, Limoges, Le Puy* et *Tulle*.

Cambrai, suffr. : *Arras*.

Carthage et *Tunis*.

Chambéry, suffr.: *Annecy, Moûtiers-en-Tarentaise* et *Saint-Jean-de-Maurienne*.

Lyon, suffr. : *Autun, Dijon, Grenoble, Langres* et *Saint-Claude*.

Paris, suffr. : *Blois, Chartres, Meaux, Orléans* et *Versailles*.

Reims, suffr. : *Amiens, Beauvais, Châlons-sur-Marne* et *Soissons*.

Rennes, suffr.: *Quimper, S.-Brieuc, Vannes*.

Rouen, suffr.: *Bayeux, Coutances, Evreux* et *Sées* (Orne).

Sens, suffr. : *Moulins, Nevers* et *Troyes*.

Toulouse, suffr. : *Carcassonne, Montauban* et *Pamiers*.

Tours, suf.: *Angers, Laval, Le Mans, Nantes*.

150. Chaque diocèse ou *évêché* correspond en général à un département. Chaque archevêché ou archidiocèse constitue, avec ses suffragants, une *province ecclésiastique*.

La paroisse est la plus petite circonscription ecclésiastique. On distingue les *doyennés*, ou *cures* de chefs-lieux de cantons; les *cures* ordinaires et les *succursales*, ayant un desservant. Parfois le curé est assisté d'un ou plusieurs vicaires.

151. Outre le culte catholique, on distingue le *culte protestant*, luthérien ou calviniste, qui tient ses assemblées dans les *temples*, sous la présidence de *pasteurs* ou *ministres*, — et le *culte israélite*, qui a ses synagogues et ses rabbins.

Devoir 53. — 1. Qu'appelle-t-on Université?... académie?... recteur?... — 2. Quels sont les ch.-l. des seize académies? — 3. Comment se divise l'enseignement? — 4. Que comprend l'enseignement primaire? — 5. Comment obtient-on le certificat d'études? — 6. Qu'enseigne-t-on dans les écoles secondaires?... — 7. et supérieures?... — 8. Nommez quelques grandes écoles. — 9. Dessinez la *carte* des académies.

Devoir 54. — 1. Qu'appelle-t-on *diocèse*?... évêchés, archevêchés? — 2. Combien de diocèses en France? — 3. Qu'appelle-t-on métropolitain?... suffragant? Donnez des exemples. — 4. Qu'est-ce qu'une paroisse? Qui la dessert? — 5. Comment sont constitués les cultes protestant et israélite? — 6. Faites la *carte* des diocèses.

FRANCE MUETTE
Échelle de 6.000.000

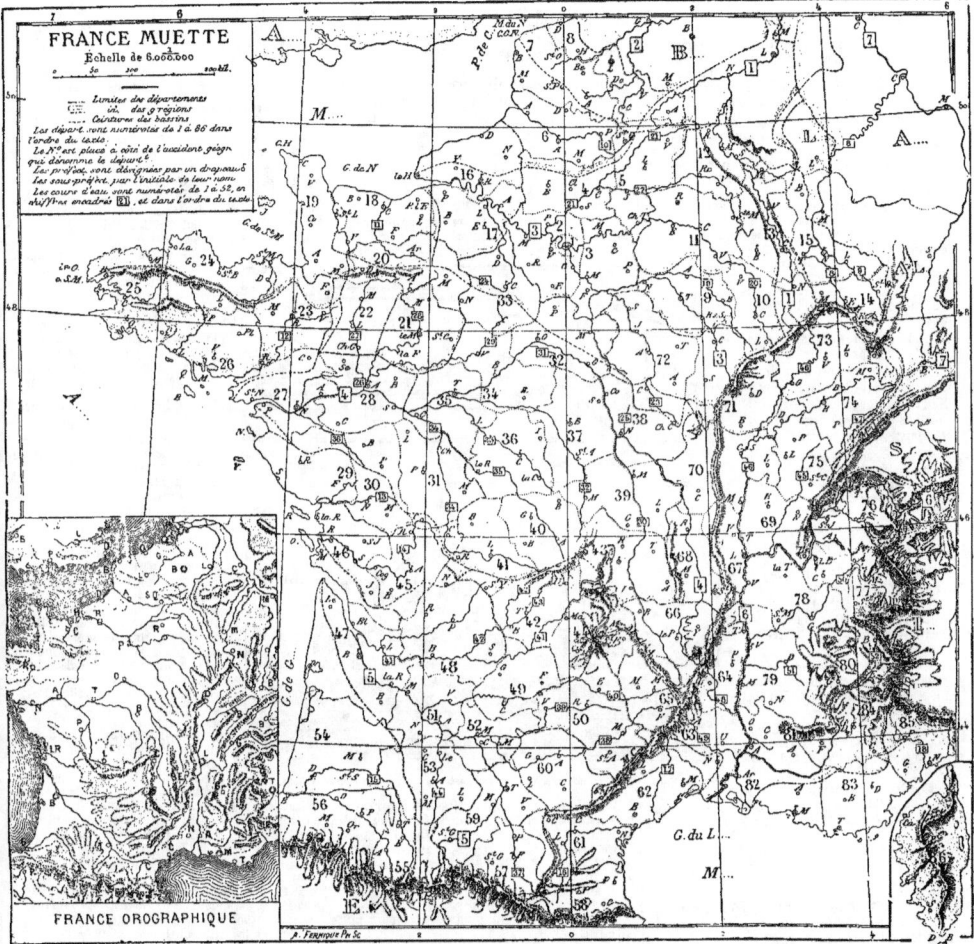

FRANCE OROGRAPHIQUE

J. Fermique Ph Sc.

EXERCICES SUR LA FRANCE MUETTE

UTILITÉ DES CARTES MUETTES

La carte ci-dessus est dite *muette*, parce qu'elle ne donne aucun nom des choses qu'elle représente. Nous la plaçons ici afin que les élèves s'habituent à reconnaître la carte de la France, comme de tout autre pays, *par ses caractères propres*, c'est-à-dire par le contour de ses frontières de terre ou de mer, par la forme de ses rivières ou de ses chaînes de montagnes, etc. L'ensemble de ces caractères donne à chaque pays une *figure* qui le distingue de tout autre, comme les traits du visage distinguent les hommes entre eux... En outre, l'élève doit apprendre à reproduire ces figures par les tracés cartographiques.

USAGE DE LA CARTE MUETTE CI-DESSUS

La légende explique les signes employés sur cette carte, qui est destinée à des exercices oraux de récapitulations. Voici quelques questions types.

Devoir 55. — Quel est le dép. 50 (ou numéro 50)? Indiquez-en le chef-lieu (distingué par le petit drapeau), ainsi que les sous-préfectures (lettres initiales de leurs noms), les cours d'eau (numéros d'ordre), et les montagnes (initiales).

Devoir 56. — Nommez le département 58, — les sous-préfectures du département 71, — le cours d'eau n° 28 (département 21), — le fleuve n° 4 (département 58), — la montagne qui traverse le département 62 : — l'île N. (département 20).

Devoir 57. — 1. Nommez au N. de la France, avec leurs chefs-lieux, les départements 2, 6, 8; — au N.-E., les dép. 9, 14, 15. — 2. A l'O., les dép. 23, 25, 28, 31; — au centre, les dép. 33, 37, 40, 44. — 3. Au S.-O., les dép. 48, 50, 53, 55; — au S., les dép. 59, 60, 63, 65.

Devoir 58. — 1. Nommez à l'E., avec leurs chefs-lieux, les dép. 74, 72, 67, 69; au S.-E., les dép. 76, 79, 85. — 2. Citez les dép. traversés par une ligne droite allant de Saint-Brieuc à Draguignan. — 3. De quelles

anciennes provinces sont formés les dép. 43, 30, 84, 33, 39? — les dép. 72, 48, 56, 20, 11?

Devoir 59. — 1. Nommez les dép. du N.-O., baignés par la Manche;— ceux du S.-E., baignés par la mer M.; — les départements traversés par le 48e parallèle. — 2. Citez avec leurs préfectures et sous-préfectures les dép. 28, 44, 56; — les dép. 32, 73, 84. — 3. Dites les cours d'eau 42 (dép. 48), 35 (dép. 36), ceux qui arrosent les dép. 28, 52, 60, 2.

Devoir 60. — 1. Indiquez les affluents du fleuve 3. — 2. les départements qu'il traverse et les villes principales qu'il arrose. — 3. Quels dép. et villes principales baigne le fleuve 4? — 4. Quels sont ses affluents?

Devoir 61. — 1. Quels sont les affluents du fleuve 6? — 2. les villes qu'il baigne en France, et les départ. qu'il sépare? — 3. les monts qui forment la ceinture de son bassin? — 4. Quels monts ou collines traversent les dép. 13, 20, 43, 44?

DÉFENSE NATIONALE

I. La marine.

152. Comme l'armée de terre, la **marine de guerre** est appelée à défendre le territoire, spécialement les côtes; en outre sa mission spéciale est de protéger au loin nos colonies, nos nationaux et notre commerce.

153. La marine militaire comprend :

1° Le **personnel**, qui se compose d'environ 25 000 hommes d'équipages et de 15 000 hommes de troupes. Le recrutement se fait par l'*inscription maritime*, qui comprend tous les pêcheurs et les matelots ordinaires;

2° Le **matériel**, qui se compose non seulement de la *flotte*, mais encore des *ports fortifiés* avec leurs *arsenaux* et leurs chantiers de construction.

La flotte comprend plus de 430 bâtiments de guerre, dont 60 cuirassés. C'est la plus forte du monde, après la flotte anglaise.

154. Divisions maritimes. — Les côtes de la France forment 5 *arrondissements maritimes*, dont les chefs-lieux sont les grands ports militaires de *Cherbourg, Brest, Lorient, Rochefort* et *Toulon*.

Chaque arrondissement est commandé par un vice-amiral, *préfet maritime*, et se subdivise en *sous-arrondissements*, qui sont au nombre de 12.

Cherbourg commande la côte depuis la Belgique jusque près de Granville. — Sous-arrondissements : *Dunkerque, Le Havre* et *Cherbourg*.

Brest commande depuis Granville jusqu'au delà de Concarneau. — Sous-arr. : *Saint-Servan* et *Brest*.

Lorient commande depuis près de Concarneau jusqu'à Noirmoutier. — Sous-arr. : *Lorient* et *Nantes*.

Rochefort commande depuis l'île d'Yeu jusqu'aux Pyrénées. — Sous-arr. : *Rochefort* et *Bordeaux*.

Toulon commande toute la côte de la Méditerranée. — Sous-arr. : *Marseille, Toulon, Bastia*.

II. L'armée.

155. Service militaire. — Tout Français ayant 20 ans révolus au 1er janvier doit le service militaire personnel.

La *durée du service* est de 25 ans, savoir : 2 ans dans l'*armée active*, 11 ans dans la *réserve* de l'armée active, 6 ans dans l'*armée territoriale*, et 6 ans dans la réserve de l'armée territoriale.

Sont *exemptés* les jeunes gens que leurs infirmités rendent impropres au service.

Le *patriotisme*, la *bravoure*, l'*ardeur* au combat, sont des qualités naturelles du soldat français; en y joignant l'esprit de discipline et la science militaire, notre armée vaut plus que les forteresses pour l'indépendance et la grandeur de la patrie.

L'ensemble des forces militaires de la France en temps de guerre est de plus de *quatre millions d'hommes*. Sur le pied de paix, l'armée active est d'environ 565 000 hommes.

Depuis 1878, l'*armée active* compte 350 000 h. d'*infanterie*, 85 000 de *cavalerie*, 40 000 d'*artillerie*; le reste pour le génie, les équipages, l'administration, la gendarmerie; avec 120 000 chevaux et 3 000 pièces de campagne.

156. Divisions militaires. — Le territoire de la France est divisé, pour l'organisation de l'armée active et de l'armée territoriale, en 19 *régions* et en *subdivisions de régions*. L'Algérie forme une 20e région.

Chaque région est occupée par un corps d'armée qui y tient garnison, et commandée par un général de division appelé *chef de corps*.

Les chefs-lieux ou quartiers généraux des 20 régions militaires sont :

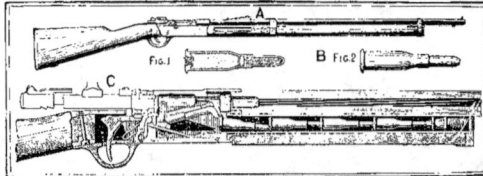

A. Fusil à répétition système Lebel. — B. Fig. 1. Coupe, et 2. Cartouche Lebel. — C. Mécanisme du fusil. Tonnerre fermé auget relevé la cartouche pénétrant dans le canon.

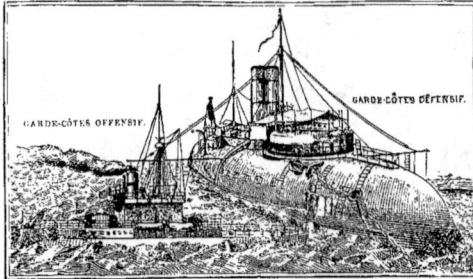

Marine de guerre moderne. Vaisseaux cuirassés, avec tourelles pour les canons.

1. **Lille,**	20. Nancy (détaché de Châlons).	13. Clermont,	
2. **Amiens,**		14. Grenoble,	
3. **Rouen,**	7. Besançon,	15. Marseille,	
4. Le **Mans,**	8. Bourges,	16. Montpellier,	
5. **Orléans,**	9. Tours,		
6. **Châlons-**	10. Rennes,	17. Toulouse,	
sur-	11. Nantes,	18. Bordeaux,	
Marne,	12. Limoges,	19. Alger.	

Paris et **Lyon** ont un gouvernement militaire particulier.

III. Les fortifications.

157. Places fortes. — Les frontières continentales de la France sont défendues par plusieurs places fortes, dont les principales sont :

Au nord, Dunkerque, Lille, Maubeuge, La Fère, Laon, Reims et Givet;

A l'est, Verdun, Toul, Epinal, Belfort, Langres, Besançon, Dijon, Lyon, Albertville, Grenoble et Briançon;

Au sud, Nice, Perpignan et Bayonne.

158. Frontières maritimes. — *Au point de vue de l'art militaire*, le littoral de la Manche, de l'Atlantique et de la Méditerranée forme de trois côtés les frontières maritimes de la France.

Ces frontières sont **défendues par une série de ports fortifiés**, dont les principaux sont **Cherbourg, Brest, Lorient, Rochefort** et **Toulon**, qui servent d'appui et de refuge à notre flotte, et où sont établis les chantiers de construction, les arsenaux maritimes et les magasins. Les préfets maritimes y résident.

159. Frontières de terre. — Les limites du N.-E., de l'E. et du S.-O. de la France sont des *frontières de terre* ou *continentales* : la première est formée de plaines ou de collines; les deux autres, de montagnes.

Au point de vue des relations pacifiques et commerciales, les montagnes sont des obstacles. En dehors des tunnels, on ne peut les franchir que par les dépressions appelées *cols* ou *passages* dans les Alpes, *ports* dans les Pyrénées, et situées parfois à une hauteur de 1 000 à 3 000 m.

Au point de vue de la guerre, les montagnes sont des remparts naturels qui protègent contre l'invasion, et dont le génie militaire assure la défense en construisant des forteresses sur les passages accessibles aux armées.

IV. — Défense des frontières.

160. 1° La **frontière du Nord**, la plus vulnérable puisqu'elle est formée de plaines, mais protégée par la neutralité de la Belgique, est du reste défendue par de nombreuses places fortes, dont les trois principales sont actuellement **Dunkerque, Lille** et **Maubeuge.**

En arrière se trouvent **La Fère, Laon** et **Reims.**

Toutes les places du nord et de l'est surtout pour but de couvrir **Paris**, la place centrale, le cœur du pays, d'ailleurs défendu d'une manière formidable par une enceinte bastionnée et par plus de 40 forts détachés. Grâce à son étendue et à ses ressources exceptionnelles, Paris est la première place de guerre de l'Europe.

2° La **frontière du Nord-Est**, ou des *Vosges* et de l'*Ardenne*, laissée à découvert par la perte de l'Alsace-Lorraine, est défendue par un système de fortifications échelonnées de Rocroi à Belfort. Ces ouvrages se groupent principalement autour de cinq centres : **Reims**; **Verdun**, sur la Meuse; **Toul** et **Epinal**, sur la Moselle; **Belfort**, qui ferme la large dépression ou *trouée de Belfort*, séparant le Jura des Vosges.

3° La **frontière du Jura**, assez élevée, mais accessible, est défendue par la place de **Belfort** avec *Montbéliard*; par celle de **Besançon**, qui couvre la vallée du Doubs, et par plusieurs forts, tels que ceux de *Joux* et de *Salins*. — En arrière de ces places, **Langres** et **Dijon** complètent la défense de la région du Jura.

4° Les passages des **Alpes**, difficilement praticables, surtout en France, sont défendus par des forts importants et quelques villes de guerre, telles que **Briançon**, qui protège le col du Mont-Genèvre; *Mont-Dauphin*, qui commande la vallée de la Durance. **Albertville** et **Grenoble** surveillent la vallée de l'Isère et y joignant l'esprit le chemin de la grande *place de* **Lyon.** — La place de **Nice** ferme le passage d'Italie par le littoral de la Méditerranée.

5° Les **Pyrénées**, impraticables aux armées dans leur partie centrale, sont défendues à l'O. par les places fortes de **Bayonne** et *Saint-Jean-Pied-de-Port*, qui commandent les routes de Saint-Sébastien, de Pampelune et le sol de

Roncevaux ; — à l'E., par le fort de *Bellegarde*, et par *Mont-Louis* et **Perpignan**, qui commandent les routes de Figuières et de Barcelone.

160 *bis*. Les places fortes des pays frontières du N.-E. sont : en BELGIQUE, **Anvers**, sur l'Escaut; **Namur** et **Liège**, sur la Meuse. En ALLEMAGNE, **Metz**, sur la Moselle; **Cologne**, **Coblentz**, **Mayence**, Germersheim, Rastatt, **Strasbourg**, sur le Rhin.

Devoir 62. — 1. Que comprend la *marine militaire*? — 2. Qu'appelle-t-on arsenaux, flotte, personnel de la marine? — 3. Quels sont les arrondissements maritimes? — 4. Jusqu'où commandent les places de Cherbourg et de Toulon? — 5. Comment se fait le recrutement des soldats de marine?

Devoir 63. — 1. A qui incombe le service militaire en France? — 2. Quelle est la durée du service? — 3. Quel est l'effectif de l'armée en temps de paix ou de guerre? — 4. Quelles sont les différentes armes? — 5. Nommez les 20 régions militaires. — 6. Tracez-en la carte.

Devoir 63 *bis*. — 1. Quelle distinction fait-on des montagnes et des plaines au point de vue de la guerre? — 2. Citez les places fortes qui défendent la frontière du côté de la Belgique. — 3. du côté de l'Allemagne. — 4. de la Suisse. — 5. Sur quelles rivières ou montagnes s'appuient les places de Lille, de Toul, de Dijon, de Besançon? — 6. Comment les Alpes et les Pyrénées sont-elles défendues? — 7. Citez quelques forts célèbres de la banlieue de Paris.

FRANCE ÉCONOMIQUE

161. La *géographie économique* comprend **l'agriculture**, qui occupe les trois quarts de la population laborieuse ; **l'industrie** (extraction et fabrication) et le **commerce,** qui occupent chacun environ 3 millions et demi de personnes.

I. AGRICULTURE

162. L'agriculture, ou l'art de cultiver les plantes et d'élever les animaux nécessaires à l'homme, est l'industrie la plus importante et la plus universellement exercée en France.

La végétation des plantes est subordonnée au *climat* et à la *nature du sol.*

163. Le climat est la disposition habituellement chaude ou froide, sèche ou humide, de l'atmosphère d'une contrée.

La chaleur et l'humidité dépendent de la latitude du pays et de l'altitude du sol, du voisinage des mers et des montagnes, et de l'origine des vents dominants.

En France, la **température** (ou chaleur) moyenne annuelle est de 11° centigrades (9° dans le nord, 13° dans le sud).

164. — Les deux **vents dominants**, en France, sont ceux du S.-O. et du N.-E.

Le *vent du S.-O.* est chaud, parce qu'il vient du midi ; humide, parce qu'il traverse l'Océan, où il se charge de vapeurs et de nuages : il produit le *climat marin,* qui est moins chaud en été, moins froid en hiver que le climat continental.

Le *vent du N.-E.* est froid, parce qu'il vient des contrées polaires, et sec, parce qu'il traverse le continent : il produit le *climat continental,* qui est sec et excessif, très froid en hiver, très chaud en été.

165. Les **sept climats.** — On a divisé la France en *sept climats* ou régions climatologiques :

1. Le climat **vosgien** ou du N.-E. comprend la Lorraine, une partie de la Champagne et de la Franche-Comté ; continental, sec et excessif, il produit céréales et pâturages.

2. Le climat **séquanien** comprend le nord, presque tout le bassin de la Seine et la partie centrale de celui de la Loire ; marin, doux et pluvieux, il est favorable aux céréales (blé, etc.), aux betteraves, aux prairies, aux arbres fruitiers, et, dans l'E., à la vigne.

3. Le climat **armoricain,** le plus marin de tous, est favorable aux herbages et aux arbres fruitiers ; il embrasse la Bretagne, la Normandie occidentale, le Maine, l'Anjou et la Touraine.

4. Le climat **girondin** comprend presque tout le bassin de la Garonne, ceux de l'Adour et de la Charente ; humide et assez chaud, il est favorable au maïs et à la vigne.

5. Le climat du **Plateau central** est froid, rude et inégal ; il comprend cette région montagneuse et peu fertile, qui renferme des forêts, des pâturages, et cultive le seigle et le sarrasin.

6. Le climat **rhodanien** comprend le bassin du Rhône, moins la partie méridionale ; il est très variable : chaud dans les vallées qui produisent céréales, vignes ou mûriers ; froid et pluvieux dans les montagnes.

7. Le climat **méditerranéen** règne autour de la Méditerranée ; plus chaud que les autres, c'est le climat des cultures arbustives, telles que : l'olivier, l'amandier, le figuier, l'oranger.

166. Zones de culture. — On divise la France en *quatre zones culturales* spéciales :

1° La **zone de l'olivier,** correspondant au climat méditerranéen, a pour limite septentrionale une ligne qui va de Perpignan à Carcassonne, Privas et Digne. — Elle renferme la petite *zone de l'oranger,* située entre Toulon et Nice.

2° La **zone du maïs** commence également à la Méditerranée et se termine au nord par une ligne qui va de l'embouchure de la Gironde vers Strasbourg. — Elle renferme la *zone du mûrier,* qui s'arrête à l'est du Plateau central.

3° La **zone de la vigne** s'étend de la Méditerranée jusqu'à une ligne dirigée de Saint-Nazaire à Mézières.

4° La **zone du pommier** à cidre comprend le reste du pays, depuis la limite septentrionale de la vigne jusqu'à la Manche.

167. Régions altitudinales. — Au point de vue de l'altitude et de l'agriculture, on distingue : les *régions de montagnes,* où dominent les roches nues, les forêts et les pâturages secs ; — les *régions de plateaux,* où les pâturages et les bruyères alternent avec les cultures de seigle et de sarrasin ; — les *régions de plaines* et de vallées, où dominent les prairies abondantes et les riches cultures de froment et de plantes industrielles.

168. Végétaux. — Les principaux produits végétaux de l'agriculture française sont : la *vigne,* le *froment,* le seigle, le *maïs,* l'orge, l'avoine, la pomme de terre, la *betterave,* les plantes textiles, oléagineuses, potagères et maraîchères, le mûrier et les arbres fruitiers.

169. Les **vignobles.** — La vigne est la richesse agricole caractéristique du sol français.

La production des vins comprend six groupes principaux : la Bourgogne, la Champagne, le Bordelais, les Charentes, le Midi et le Rhône, le Centre.

170. Les **boissons.** — Le *vin* est la boisson ordinaire dans le midi et dans le centre de la France, jusqu'à Paris. Dans les provinces du N.-O., il est remplacé par le *cidre,* qui est le produit de la fermentation du jus de pommes. Dans les provinces du N. et du N.-E., il est remplacé par la *bière,* boisson fermentée préparée avec de l'orge, et à laquelle on ajoute la fleur du houblon comme moyen de conservation.

171. Céréales. — Le **froment** est la céréale qui nous donne le meilleur pain ; il est cultivé dans presque toute la France, particulièrement dans les régions du Nord et du N.-O., dans la Beauce, la Brie, etc.

Le *seigle* et le *sarrasin* suppléent au fro-

ment dans les pays peu fertiles, surtout en Bretagne et sur le Plateau central.

Le **maïs,** excellent pour le bétail, est très cultivé surtout dans les bassins de la Garonne et de la Saône.

L'**orge,** dont on fait la bière, et l'**avoine,** qui constitue la meilleure nourriture des chevaux, se cultivent surtout dans le Nord et le Nord-Est.

171 bis. Plantes industrielles. — La **betterave** se cultive en grand dans les départements du nord pour la fabrication du sucre et de l'alcool.

Les *plantes textiles* sont, en France, le *lin* et le *chanvre,* dont l'écorce fournit la filasse ou les fibres propres à la filature.

Les *plantes oléagineuses,* dont la graine donne de l'huile, sont le lin, le chanvre, le *colza,* la navette, l'œillette ou pavot noir. On les cultive surtout dans le nord et le nord-ouest.

Les *plantes potagères* et *maraîchères* sont : la *pomme de terre,* dont on fait aussi la fécule et l'alcool, les *légumes :* choux, carottes, navets, pois, haricots, fèves, etc. ; la salade, le céleri et autres plantes de jardin.

Les *arbres fruitiers* les plus importants sont : l'*olivier,* le *citronnier,* l'*oranger,* le *figuier,* l'*amandier,* le *châtaignier,* le *pommier,* le *poirier,* le *prunier,* le *cerisier,* le *pêcher,* l'*abricotier,* le *noyer.*

Les forêts se trouvent dans les Vosges, l'Argonne, l'Ardenne, le Morvan, le Jura, les Pyrénées.

Devoir 64. — **1.** Qu'est-ce que l'*agriculture ?* — **2.** Comment la chaleur et l'humidité influent-elles sur la végétation d'un pays ? — **3.** Quels sont les caractères du climat séquanien... du climat méditerranéen ?

Devoir 65. — **1.** Jusqu'où s'étend la limite de la culture de l'olivier ? — du maïs ? — de la vigne ? — du pommier ? — **2.** Quels sont les centres de production des vins français ? — **3.** Comment et dans quelle ré-

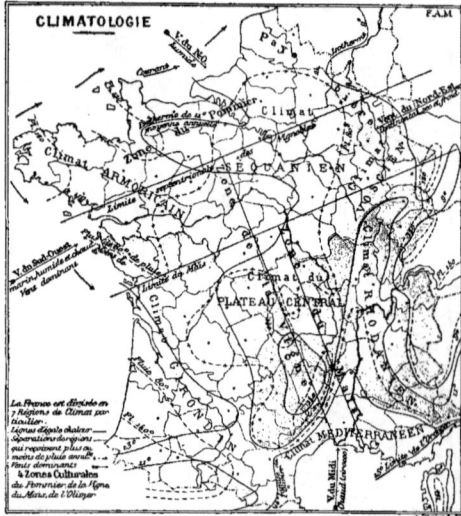

CLIMATOLOGIE

FRANCE

PRODUCTIONS AGRICOLES

Pays de Vignobles
Pays à Cidre
Pays à Bière
Cultures dominantes
ANIMAUX DOMESTIQUES
Grands marchés agricoles
COMMERCE
Importation ou Exportation
indiquée par la direction des
flèches
Les Régions Agricoles

II. INDUSTRIE

174. Produits industriels. — Les principaux produits de l'industrie française peuvent se grouper de la manière suivante :

1° Les produits des *carrières* : les ardoises, les marbres, la pierre de taille, le plâtre, la craie, etc.

2° Les produits des *mines* : la houille et le fer, abondants surtout dans le Nord, etc.

3° Les produits des *usines* : les machines à vapeur, les locomotives, les navires en fer, les fusils, les armes blanches, les canons, les couteaux.

4° Les *tissus*, comprenant les cotonnades, les toiles de lin et de chanvre, les draps et les lainages, les soieries, etc.

5° Les *articles de toilette, d'ameublement*, etc. : les vêtements, les chaussures, les chapeaux, les meubles, les horloges, les glaces, les porcelaines, les papiers, les livres et les instruments de tout genre.

175. Houille. — Les principaux *bassins houillers* sont :

1° *Dans le Nord*, le bassin de Valenciennes et d'Anzin (Nord), avec celui de Lens et de Béthune (P.-de-C.), prolongements du grand bassin belge de Sambre et Meuse.

2° *Dans le centre*, les bassins du Creusot (Saône-et-Loire) et de Saint-Étienne;

3° *Dans le Sud*, le bassin d'Alais et de La Grand'Combe (Gard).

176. Fer. — Les départements les plus riches en minerais de fer sont : Meurthe-et-Moselle, la Haute-Marne, le Calvados, Saône-et-Loire, l'Ardèche, les Pyrénées-Orientales, le Var, le Cher.

Métallurgie. — Les principaux *produits en fer* sont : les *machines à vapeur*, les *métiers à tisser*, les *locomotives*, les *machines* de tous genres, sortant des usines de Paris, Lyon, Saint-Étienne, Saint-Chamond, Rive-de-Gier, Le Creusot, Lille, Saint-Quentin;

Les *navires en fer*, des chantiers des cinq ports militaires, de Marseille, du Havre, d'Indret, près de Nantes;

Les *fusils* de Saint-Étienne, de Tulle, de Châtellerault; les *armes blanches* de Châtellerault;

Les *canons* de Bourges, du Creusot, de Ruelle (Charente);

Les *couteaux* de Langres, de Châtellerault, de Thiers.

177. Cotonnades. — Les centres de *fabrication de cotonnades* sont :

1° *Dans la Normandie*, Rouen, Evreux, Flers; — 2° *Dans le Nord*, Saint-Quentin, Lille; — 3° *Dans l'Est*, Nancy, Epinal, Bar-le-Duc, Troyes; — 4° *Dans le centre*, Tarare, Villefranche, Roanne.

178. Toiles. — Les centres de *fabrication de toiles* sont :

1° *En Flandre et en Picardie*, où domine le lin, Lille, Valenciennes, Amiens, Abbeville, Saint-Quentin;

2° *Dans la Normandie et le Maine*, où domine le chanvre, Lisieux, Alençon, Vimoutiers, Le Mans, Laval, Angers, Cholet.

Lille et Bailleul, Alençon, Bayeux, Caen, Mirecourt et Le Puy fabriquent des *dentelles*; Nancy, des *broderies* renommées.

---

172. Animaux. — Les principaux animaux domestiques sont, en France, le *cheval*, l'*âne*, le *mulet*, le *bœuf* et la *vache*, le *mouton*, la *chèvre*, le *porc*, le *lapin*, les *oiseaux* de basse-cour, les *abeilles*, le *ver à soie*.

Le **cheval**. Les races principales sont les chevaux boulonnais, normands, percherons, bretons, limousins, ardennais, etc.

Les *ânes* et les *mulets* les plus estimés sont ceux des Pyrénées et du Poitou.

Le *bœuf* et la *vache*. Les *races de trait* sont surtout dans les montagnes du centre; les *races laitières* et *de boucherie* sont celles des prairies grasses du N.-O. et de l'E. : Normandie, Charollais, etc.

Le *mouton*, qui nous donne la laine, s'élève en troupeaux nombreux dans le Nord et dans le centre; les races mérinos, à laine fine, se trouvent surtout dans le bassin de la Seine. — Beaucoup de *brebis* et de *chèvres* sont élevées pour le lait et le fromage dans les pays de montagnes.

173. Marchés agricoles. — Les *grands marchés agricoles* sont généralement établis au centre des pays de production, ou dans les villes importantes par leur consommation.

Paris et ses environs ont des marchés pour tous les genres de produits.

Pour les *grains*, Lille, Arras, Rouen, Corbeil, Chartres, Meaux, Melun, Dijon, Lyon, Limoges, Toulouse, et la plupart des grandes villes. — Mais la production nationale étant insuffisante, Marseille, Cette, Le Havre, importent des *blés* de Russie et de Roumanie et des farines d'Amérique.

Pour les *graines oléagineuses*, Cambrai, Douai, Arras, Lille.

Pour les *huiles*, Paris, Lille (huiles de colza et de lin), Marseille, Aix et Nice (huile d'olive).

Pour le *lin* et le *chanvre*, Lille, Le Mans, Angers, Briançon.

Pour les *chevaux*, Caen et Falaise (Calvados).

Pour les *mulets*, Melle et Tarbes.

Pour les *bœufs*, la Villette (Paris), Lille, Rouen, Cholet.

Pour les *moutons*, Le Blanc (Indre), Montargis (Loiret).

Le *ver à soie* est une grosse chenille non velue qui se nourrit de la feuille du mûrier et produit la soie en cocons. On l'élève surtout dans la vallée du Rhône.

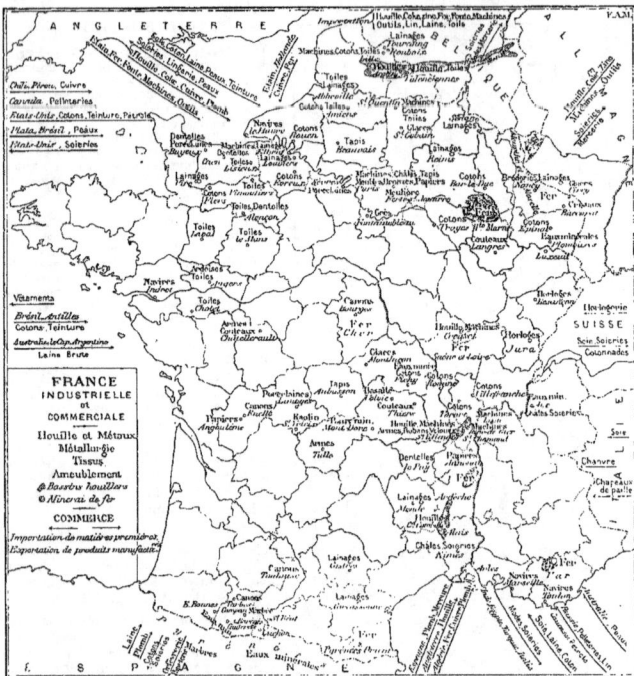

FRANCE
INDUSTRIELLE
et
COMMERCIALE

Houille et Métaux
Métallurgie
Tissus
Ameublement
⊕ Bassins houillers
⊙ Minerai de fer
COMMERCE

Importation de matières premières.
Exportation de produits manufacturés.

---

179. Lainages. — Les centres de *fabrication de lainages* sont :

1º *Dans le N.-O.*, Elbœuf, Louviers et Vire.
2º *Dans le Nord*, Roubaix, Tourcoing.
3º *Dans le N.-E.*, Sedan, Reims et Nancy.
4º *Dans le Sud*, Mende, Castres et Mazamet.

On remarque les *châles* de Paris, de Lyon et de Nîmes; — les *tapis* des Gobelins (Paris), d'Aubusson et de Beauvais.

Soieries. — Les *soieries* façonnées ou à dessins, les étoffes brochées d'or et d'argent de Lyon, les *rubans* et les *velours* de Saint-Étienne, sont renommés dans le monde entier. Nîmes, Tours et Paris sont les autres centres de production.

180. Objets d'ameublement. — Les *meubles* et les *bronzes d'art* de Paris.
Les *montres* de Besançon et du Jura.

Les *glaces* de Saint-Gobain (Aisne), de Cirey (Meurthe-et-M.), de Montluçon.
Les *cristaux* de Baccarat (Meurthe-et-M.).
Les *porcelaines fines* de Sèvres (Seine-et-Oise), de Limoges, de Bayeux.
Les *papiers peints* de Paris.
Les *papiers* d'Angoulême, d'Annonay (Ardèche), d'Essonnes (S.-et-O.), de l'Isère et des Vosges.

181. Centres manufacturiers. — Les principaux centres manufacturiers de la France sont :

1º *Paris*, qui est le centre industriel de production et de consommation le plus actif du continent. Sa fabrication embrasse tous les genres de produits et atteint une valeur égale au quart de la fabrication de la France entière.

2º *Lyon*, par ses soieries, et *Saint-Étienne*, par sa houille et ses produits métallurgiques, forment le second centre manufacturier de la France.

3º *Lille, Roubaix, Tourcoing*, par leurs tissus; les nombreux villages de la Flandre, par

leurs cultures industrielles; *Valenciennes, Anzin, Lens*, etc., par leur houille et leurs fers, forment le troisième centre.

4º *Rouen, Elbœuf* et leurs environs, par leurs tissus; *le Havre*, par son industrie navale, forment actuellement le 4º centre.

5º *Marseille* forme le 5º centre manufacturier.

III. COMMERCE
I. Voies de communication

182. Les voies de communication servant au transport des marchandises sont les *routes*, les *chemins de fer*, les *rivières et canaux navigables*, et la *navigation maritime*.

183. Routes. — On distingue les routes nationales, les routes départementales et les chemins vicinaux.

1º Les *routes nationales* sont de grandes voies de communication entretenues aux frais de l'Etat.

2º Les *routes départementales* sont entretenues par les départements qu'elles traversent.

3º Les *chemins vicinaux* sont établis et entretenus par les communes intéressées.

184. Chemins de fer. — (48 000 km.)
La France a sept grands *réseaux* de chemins de fer, qui appartiennent à des compagnies différentes, et dont 6 partent de Paris. Ils se relient aux frontières avec les chemins de fer étrangers.

185. Le réseau de l'OUEST comprend :
La ligne de *Paris à Brest*, par Versailles, Chartres, Le Mans, Laval, Rennes et Saint-Brieuc.
La ligne de *Paris à Cherbourg*, par Mantes, Evreux et Caen.
La ligne de *Paris au Havre*, par Mantes et Rouen.

186. Le réseau du NORD comprend :
La ligne de *Paris à Calais*, par Amiens et Boulogne.
La ligne de *Paris à Dunkerque*, par Arras et Lille.
La ligne de *Paris à Bruxelles*, par Saint-Quentin et Mons, et à *Berlin*, par Liège.

187. Le réseau de l'EST comprend :
La ligne de *Paris à Strasbourg*, par Châlons-sur-Marne, Bar-le-Duc et Nancy.
La ligne de *Paris à Mulhouse*, par Troyes, Chaumont, Vesoul et Belfort.

188. Le réseau de PARIS-LYON-MÉDITERRANÉE comprend :
La ligne de *Bourgogne*, ou de Paris à Lyon, par Melun, Dijon et Mâcon, avec embranchement de Mâcon à Chambéry, le mont Cenis et Turin (Italie).
La ligne du *Bourbonnais*, de Paris à Fontainebleau, Nevers, Moulins et Lyon, avec embranchement de Saint-Germain-des-Fossés sur Clermont et Nîmes.
La ligne de *Lyon à la Méditerranée*, par Valence, Avignon, Marseille, Toulon et Nice.
Les lignes de Lyon à Saint-Étienne et Roanne, — de Lyon à Genève.

189. Le réseau d'ORLÉANS comprend :
La ligne de *Paris à Nantes*, par Vendôme, Tours et Angers, avec prolongement de Nantes sur Vannes, Quimper et Brest.
La ligne de *Paris à Bordeaux*, par Orléans, Tours, Poitiers et Angoulême.

Devoir 68. — 1. En quoi consiste l'*industrie*? — 2. Qu'est-ce que la houille? — 3. Où la trouve-t-on? — 4. Où sont les bassins d'Anzin, du Creusot et d'Alais? — 5. Dans quels départements trouve-t-on le plus de minerai de fer? — 6. Que produit la métallurgie? — 7. Que fabrique-t-on à Rive-de-Gier? — à Langres? — à Lille? — à Indret? — 8. Où se fabriquent les canons? — les fusils? — les navires en fer?

Devoir 69. — 1. Qu'est-ce que le coton? (filasse donnée par le fruit du cotonnier.) — 2. D'où nous vient-il? (de l'Amérique, de l'Inde.) — 3. Où se fabriquent les cotonnades en France? — 4. Avec quoi se font les toiles, les lainages, les draps, les soieries? — 5. Quels tissus fabrique-t-on à Elbœuf? — à Sedan? — à Nîmes?

— à Paris? — au Mans? — à Tarare? — à Lyon? — 6. De même à Lille? — à Alençon? — à Abbeville? — aux Gobelins (Paris)? — à Saint-Étienne? — 7. Dites dans quels départements se trouvent ces villes.

Devoir 70. — 1. Quels sont les principaux objets d'ameublement? — 2. Que fabrique-t-on à Paris? — à Besançon? — à Sèvres? — à Annonay? — à Limoges? — 3. Quels sont les principaux centres manufacturiers de France? — 4. Par quoi se distingue Lyon? — Saint-Étienne? — Roubaix? — Elbœuf? — le Creusot? — Sedan? — Toulon?

Devoir 71. — Faire la carte industrielle de la France, en indiquant les gisements de houille..., de fer..., les villes manufacturières.

FRANCE
CHEMINS DE FER

Échelle de 5.700.000

Réseaux
☐ Ouest ☐ Nord ☐ Est
☐ Orléans ☐ État ☐ Midi
☐ Lyon-Méditerranée

la Petite et la Grande Ceinture

La ligne du *Centre*, d'Orléans à Châteauroux, Limoges, Figeac et Toulouse.

190. Le réseau du MIDI comprend :
La ligne de *Bordeaux à Cette*, par Agen, Montauban, Toulouse, Carcassonne et Béziers.
La ligne de Bordeaux à Bayonne et Madrid, ou Pau et Tarbes.
La ligne de Narbonne à Perpignan et Barcelone (Espagne).

191. Le réseau de l'ÉTAT comprend :
La ligne de Paris à Chartres, Saumur, Niort, Saintes et Bordeaux.
La ligne de Tours à La Roche-sur-Yon, La Rochelle et Rochefort.

Devoir 72. — 1. Quelles *villes* traverse un voyageur qui va en *chemin de fer* de Paris à Lille ? — 2. de Paris à Marseille par la Bourgogne ? — 3. de Paris à Bordeaux par Tours ? — 4. de Nancy à Lyon et à Brest ? — 5. de Bordeaux à Nice ?

Devoir 73. — 1. Dites par quelles *villes* passe un voyageur qui va en chemin de fer de Paris à Brest. — 2. de Paris à Cherbourg. — 3. de Paris au Havre. — 4. de Paris à Bruxelles. — 5. de Paris à Strasbourg. — 6. de Paris à Marseille par le Bourbonnais. — 7. de Paris à Bordeaux par Châteauroux. — 8. de Bordeaux à Lyon par Cette. — 9. de Lyon à Boulogne.

Devoir 74. — 1. Un voyageur de commerce se rend de Paris au Mans, de là à Dijon, puis à Saint-Étienne : dites quelles *villes* il traversera. — 2. Quel est le chemin de fer direct de Paris à Calais ? — à Lille ? — à Mézières ? — à Strasbourg ? — à Belfort ? — à Béziers ?

Devoir 75. — 1. Dans quelles *directions cardinales* se rendent les chemins de fer de Toulouse à Nîmes ? — à Lyon ? — à Bordeaux ? — à Orléans ? — à Brest ? — 2. Dites par quelles *villes* passe un voyageur se rendant de Paris à Turin, — 3. à Berne, — 4. à Strasbourg, — 5. à Cologne, — 6. à Bruxelles.

Devoir 76. — 1. Dans quels *pays* se rendent les lignes de navigation partant de Marseille ? — 2. du Havre ? — 3. de Bordeaux ? — 4. Dans quel *port* français s'embarque un voyageur se rendant à Panama ? — 5. en Chine ? — 6. à New-York ? — 7. à Douvres ? — 8. dans l'Argentine ?

Devoir 77. — 1. Tracez la carte du *réseau* de... (à indiquer). — 2. Tracez la carte des principales lignes de chemins de fer, d'après le modèle 12e du *cahier cart.* n° 2.

II. Voies navigables.

192. Canalisation. — Les *canaux*, de même que les *rivières canalisées*, sont généralement divisés en plusieurs sections appelées *biefs* et séparées par des *écluses*. D'un bief à l'autre la différence de niveau de l'eau est de 2 à 3 mètres, de sorte que les biefs se succèdent comme les marches d'un escalier.

L'*écluse* est une sorte de bassin (ou *sas*) fermé de deux doubles portes, dont l'une, celle d'amont, communique avec le bief supérieur, et l'autre, celle d'aval, communique avec le bief inférieur. — Lorsque le bateau veut remonter le canal, par exemple, on ouvre d'abord la porte d'aval, pour mettre le bief inférieur en communication avec l'écluse où le bateau entre, puis on ferme cette porte d'aval, et l'écluse se remplit d'eau de manière à élever le bateau au niveau du bief supérieur, dans lequel on le fait parvenir ensuite en ouvrant la porte d'amont. Une manœuvre inverse se fait pour la descente.

Le canal du Midi franchit ainsi la ligne de partage qui sépare les versants de l'Océan et de la Méditerranée. Le bief de partage est situé en travers du col de Naurouse, à 190ᵐ. d'altitude ; la pente du canal jusqu'à Cette (190ᵐ.) est rachetée par 73 écluses ; de 2ᵐ·50 de chute en moyenne ; la pente sur Toulouse (190 m. — 130 = 60 m.) est rachetée par 26 écluses.

192 bis. Cours d'eau navigables. — Les principales rivières françaises navigables ou canalisées sont :

1° Versant de la mer du Nord : la Meurthe, la *Moselle*, la Meuse, la *Sambre*, l'*Escaut*.

2° Versant de la Manche : la Somme, la *Seine*, l'Aube, l'Yonne, la *Marne*, l'*Oise*, l'Aisne, l'Orne.

3° Versant de l'Atlantique : la Loire, l'Allier, le Cher, la Vienne, la Maine, la *Sèvre-Niortaise*, la Charente, la *Garonne*, le Tarn, le Lot, la *Dordogne*.

4° Versant de la Méditerranée : le Rhône, la *Saône*, le *Doubs*, l'Isère.

193. Canaux. — Un canal est une rivière artificielle faite par les hommes pour les besoins de la navigation.

Les *canaux de jonction* unissent les bassins fluviaux et les mers de France.

Entre Seine et Escaut. — Le canal de **Saint-Quentin** va de La Fère, près Chauny, sur l'Oise, à Saint-Quentin, sur la Somme, et à Cambrai, sur l'Escaut ; il est prolongé par les canaux de Flandre jusqu'à Lille, Dunkerque et Calais.

Entre Seine et Meuse. — Le canal de **Sambre-et-Oise** va de La Fère, sur l'Oise, à Landrecies, sur la Sambre ; — le canal des **Ardennes** commence à Pont-à-Bar, sur la Meuse, passe à Rethel et se termine à Vieux-les-Asfeld, sur l'Aisne.

Entre Meuse et Rhône. — Le canal de l'**Est** va de Givet, sur la Meuse, à Corre, sur la Saône.

Entre Seine et Rhin. — Le canal de la **Marne au Rhin** va de Vitry-le-François à Bar-le-Duc, Nancy et Strasbourg.

Entre Seine et Rhône. — Le canal de **Bourgogne** va de La Roche, près Joigny, sur l'Yonne, à Saint-Jean-de-Losne, sur la Saône. — Le canal de la **Marne à la Saône** va de Donjeux à Pontailler.

Entre Seine et Loire. — Le canal du **Nivernais** va d'Auxerre, sur l'Yonne, à Decize, sur la Loire. — Le canal du *Loing* va de la Seine à Buges, près Montargis, et se continue jusqu'à la Loire par le canal de *Briare* et par le canal d'*Orléans*.

Entre Rhône et Loire. — Le canal du **Centre** va de Digoin, sur la Loire, à Chalon-sur-Saône.

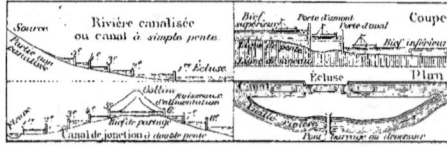

Entre Rhône et Rhin. — Le canal du **Rhône au Rhin** commence à Saint-Symphorien, sur la Saône, va à Dôle, remonte le Doubs, passe à Besançon, traverse la dépression de Belfort, passe à Mulhouse et se termine à Strasbourg.

Entre Rhône et Garonne. — Le canal du **Midi**, ou du Languedoc, va de Toulouse à Carcassonne et à Cette ; il se continue jusqu'à Aigues-Mortes par le canal des *Étangs*, auquel fait suite le canal de *Beaucaire* jusqu'au Rhône.

194. Parmi les autres canaux, on peut citer : les nombreux canaux de la Flandre, tels que ceux de la *Sensée*, de la *Scarpe*, de la *Deule*, rivières canalisées et redressées ; le canal de l'*Ourcq*, qui amène à Paris les eaux du canal du Saint-Denis.

Le canal de l'*Aisne à la Marne* dessert Reims.

Le canal de la *Somme*, ou la Somme canalisée, va d'Abbeville à Saint-Simon, où il joint le canal de Saint-Quentin.

Le canal *latéral de la Haute-Seine* descend de Bar-sur-Seine au confluent de l'Aube (à Marcilly).

Le canal *latéral à la Loire* descend de Roanne à Briare.

Le canal du *Berry* relie la Loire et le Cher et remonte jusqu'à Montluçon.

Le canal *latéral à la Garonne* va de Toulouse à Castets.

Le canal de *Nantes à Brest* a un embranchement sur Lorient.

Le canal d'*Ille-et-Rance* va de Rennes à Saint-Malo.

Le canal d'*Arles à Bouc*, communiquant avec le canal *Saint-Louis*, qui permet la navigation d'éviter la barre et les ensablements du Rhône.

195. Nos grands ports marchands sont :

1° *Sur la mer du Nord*, Dunkerque et Calais.

2° *Sur la Manche*, Boulogne, Dieppe, Le Havre, Rouen, Caen, Saint-Malo.

3° *Sur l'Océan*, Brest, Nantes et Saint-Nazaire, La Rochelle, Bordeaux, Bayonne.

4° *Sur la Méditerranée*, Cette, Marseille.

Par ordre d'importance, Marseille est le premier port, Le Havre le second ; puis viennent Bordeaux, Dunkerque, Boulogne, Rouen, Saint-Nazaire, Nantes, Cette, La Rochelle, Dieppe, Bayonne.

196. Paquebots. — Des services réguliers de *paquebots à vapeur* sont établis entre nos principaux ports et l'étranger.

Marseille est le point de départ de tous les grands services français de la Méditerranée et de la mer Noire, et, par l'isthme de Suez, de l'océan Indien et de l'océan Pacifique. — Marseille a aussi de nombreuses relations avec l'Afrique occidentale, les Antilles, le Brésil et la Plata.

Le Havre est le port principal port d'expédition pour l'Amérique : il fait surtout le commerce de la France avec les États-Unis.

Saint-Nazaire a des relations directes avec les Antilles, à la Havane, — avec le Mexique, à Vera-Cruz, — et par le chemin de fer de Panama, avec la Californie, le Pérou, le Chili et l'île Taïti.

Bordeaux a des relations avec le Sénégal et l'île de la Réunion, — les Indes et l'île de Java, — Lisbonne, le Brésil, le Mexique et la Havane (dans l'île Cuba l'une des grandes Antilles).

III. Objet du commerce français.

197. Le **commerce intérieur** de la France, alimenté par une foule de produits de toute nature, est très considérable. Il se fait en *gros* ou en *détail*, dans les grandes villes. Il se fait en gros ou en détail, dans les magasins et les boutiques, et d'une manière périodique dans les *foires* et les *marchés*.

Le **commerce extérieur** de la France se classe après celui de l'Angleterre, de l'Allemagne et des États-Unis ; il s'élève annuellement à environ 10 000 000 000 de francs.

Il comprend l'*importation*, ou l'introduction en France des marchandises venant de l'étranger, et l'*exportation*, c'est-à-dire la sortie des produits nationaux français ; ou enfin le *transit*, ou passage en France de marchandises étrangères.

198. Les pays qui font *le plus d'échanges* avec la France sont : l'Angleterre (pour 2 milliards de francs), la Belgique (1100 millions), l'Allemagne (1 milliard), les États-Unis (800 millions), l'Espagne, l'Algérie, l'Italie (500 m.), la Suisse, la Russie, l'Argentine (400 m.).

199. Importation. Principaux articles d'importation.

1° Les fibres textiles importées sont : la soie, provenant surtout de la Chine, du Japon et de l'Italie ; — le coton des États-Unis, de l'Inde, de l'Egypte ; — la laine brute de l'Australie, du Cap et de l'Argentine ; — le *lin* de la Belgique et de la Russie ; le chanvre de l'Italie et de la Russie ; l'*alfa* de l'Algérie.

Il faut ajouter les *peaux* de l'Argentine, du Brésil, de l'Australie, les *pelleteries* de la Russie ; divers *tissus* et *fils* de Belgique, d'Angleterre.

2° Les métaux et combustibles comprennent : la houille provenant de l'Angleterre, de la Belgique et de la Prusse ; — le *pétrole*, du Caucase et des États-Unis ; — le *cuivre*, des États-Unis, de l'Espagne, d'Angleterre, du Chili ; — le *plomb*, de l'Espagne ; — le *zinc*, de la Belgique ; — l'*étain*, de Banca (par la Hollande) et d'Angleterre.

Ajoutons les *machines*, outils et ouvrages en *métaux*, de l'Angleterre, de la Belgique, de la Prusse ; — les *bois de construction*, de la Suède, de la Russie, des États-Unis.

3° Les substances alimentaires importées comprennent les *céréales* : froment des États-Unis, de la Russie, de la Roumanie, de l'Algérie ; — le *bétail*, de l'Allemagne et autres pays limitrophes, de l'Indo-Chine ; — les *bestiaux* de l'Allemagne et autres pays limitrophes ; — la *viande de conserve* de l'Argentine et des États-Unis ; — les *poissons de mer* et les *huiles*, des pays du Nord ; — les *denrées coloniales* : *sucre de canne*, des Antilles ; *café*, du Brésil ; *thé*, de Chine ; *épices*, des Moluques, etc. ; — les *vins* et *raisins secs* provenant d'Espagne, d'Algérie, d'Italie, de Grèce.

200. Exportation. Elle comprend : 1° les produits manufacturés, notamment les tissus de soie, que la France expédie en Angle-

FRANCE
VOIES NAVIGABLES

Échelle de $\frac{1}{3\,766\,000}$

0   50   100   150 Kil.

-·-· Limites des bassins hydrographiques.
— Partie navigable des cours d'eau. Les localités indiquent le point de départ de la navigation.
— Partie non navigable des cours d'eau.
— Canal navigable.
Les flèches marquent la direction de l'eau.
Ports de commerce. La surface des cercles est proportionnelle au tonnage effectif.

CANAUX DE FLANDRE

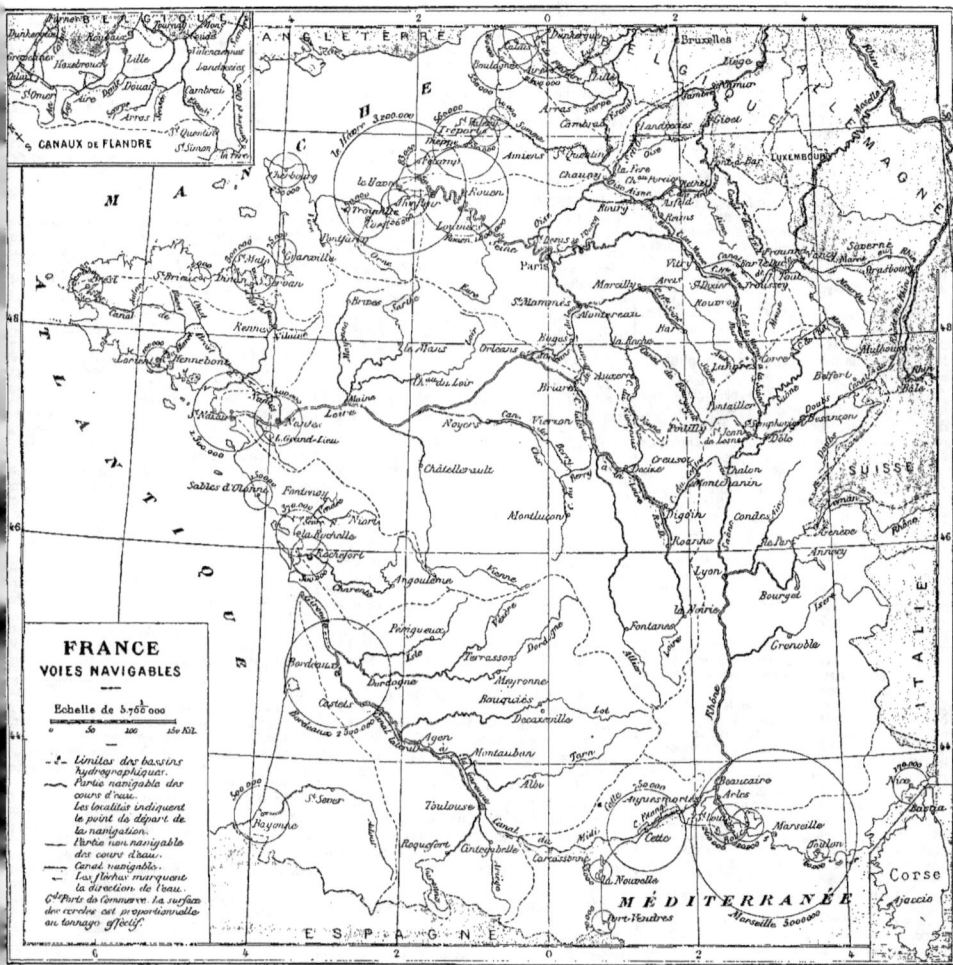

terre, aux États-Unis, en Belgique, etc. (pour 300 millions); — les **draps** et autres *tissus de laine*, de coton, de lin, pour divers pays de l'Europe et du dehors (450 mil.); — les *articles de toilette et de mode*, les *vêtements confectionnés*, les *articles de Paris*, etc., exportés dans le monde entier.

2° Les PRODUITS AGRICOLES, tels que : les *vins* et *liqueurs*, pour les pays du Nord; — la *volaille*, les *œufs*, le *beurre*, etc., pour l'Angleterre, la Belgique et ailleurs; — les *chevaux*, les *bestiaux*, échanges avec les pays voisins; les *matières premières* réexportées.

Devoir 78. — 1. Que comprend le commerce extérieur? — 2. Avec quels pays la France commerce-t-elle le plus? — 3. Qu'appelle-t-on fibres textiles, tissus, métaux, combustibles, produits alimentaires? — 4. D'où nous vient la soie, la laine, la houille, le pétrole, la viande préparée, le café? — 5. A qui la France vend-elle ses soieries, son vin, sa volaille?

Devoir 79. — Nommez les rivières navigables du versant de la Manche, et dites, d'après la carte, où commence la navigation pour chacune d'elles.

Devoir 80. — 1. Par quelles *voies navigables* un bateau peut-il aller de Paris à Lyon? — 2. de Lyon à Toulouse et à Bordeaux? — 3. de Brest à Nantes et à Paris? — 4. de Reims à Calais? — 5. de Brest à Lyon?

Devoir 81. — 1. Comment un *bateau* peut-il aller de Paris à Namur (Belgique)? — 2. à Rouen? — 3. à Nancy? — 4. d'Orléans à Lyon? — 5. d'Auxerre à Strasbourg? — 6. de Paris à Liège par Pont-à-Bar?

Devoir 82. — 1. Citez les *ports* de la Normandie. — 2. de la Bretagne. — 3. de la Méditerranée. — 4. Avec quels pays étrangers sont en relation Bordeaux? Marseille? Le Havre?

Devoir 83. — 1. Dites, d'après la carte, quel est le tonnage total (tonnes de 1 000 kg.) des vaisseaux entrés et sortis en une année des ports de Boulogne, de Saint-Malo, de Rouen, de Bordeaux. — 2. Rangez les ports français par ordre d'importance. — 3. Faire la carte des canaux (cahier n° 2, carte 11).

DÉPARTEMENTS ET VILLES

I. RÉGION DU NORD

I. ILE-DE-FRANCE, 5 départements.

201. Généralités. Pays de *plaines* ondulées, de *vallées* élargies, de *plateaux* bas et de *collines* d'une altitude moyenne de 100 à 200 mètres.

Agriculture progressive. Produits variés : les céréales, notamment les *blés* de la Brie, l'orge, le colza, la betterave à sucre. *Culture maraîchère* dans les environs de Paris. Vaches laitières et moutons.

Industrie très active, dont le siège principal est à Paris, pour tous les genres de produits de luxe, de mode, d'ameublement et d'instruction. Tissus, tapis des Gobelins (Paris), porcelaine, glaces. *Carrières* très nombreuses de pierres à bâtir, de plâtre, de craie (Meudon), de pierres meulières.

202. SEINE. Ch.-l. Paris ‡, sur la Seine, capitale de la France, est la première ville de l'Europe pour les lettres, les sciences, les arts, la beauté des monuments publics, et la seconde ville pour la population, qui est de 2 770 000 habitants. Elle est aussi sur le continent le plus grand centre d'industrie, de commerce, d'opérations financières ; possédant des manufactures, des fabriques et des magasins de toute espèce.

Lutèce, sous les Romains, *Paris*, la ville des *Parisii*, devint la capitale des rois francs sous Clovis, mais fut délaissée sous Charlemagne ; Hugues Capet en fit la capitale du royaume de France. Au XIIIᵉ siècle, son Université fut la première école de l'Europe. Paris subit toutes les vicissitudes de notre histoire ; il fut assiégé notamment par les Normands en 885, par Henri IV en 1590, et par les Allemands en 1870-71, époque où des batailles se sont données sous ses murs, au Bourget, à Champigny, à Buzenval.

Paris est divisé en 20 *arrondissements* ou mairies ; ses fortifications comprennent plus de 40 *forts* détachés et un mur d'enceinte flanqué ayant 36 kilom. de tour.

Comme *monuments*, on cite les églises de Notre-Dame, de Saint-Sulpice, la Sainte-Chapelle, le Panthéon, la Madeleine, le Sacré-Cœur ; — les palais du Louvre, du Luxembourg, le Palais-Royal, l'Hôtel de Ville, l'hôtel des Invalides ; — l'arc de triomphe de l'Étoile, la colonne de la place Vendôme, la colonne de Juillet, la Tour Eiffel, en fer, haute de 300 m.

Saint-Denis, 63 000 h., sur la Seine, ancienne sous-préfecture, constructions mécaniques et produits chimiques. — Église renfermant les tombeaux des rois de France ; elle faisait partie d'une abbaye, aujourd'hui maison d'éducation pour les jeunes filles des membres de la Légion d'honneur.

Boulogne, 30000 hab., bois de plaisance des Parisiens. — *Vincennes*, 35 000 h., château fort historique. — *Saint-Maur*, 23 000 h., traité de 1465. — *Alfort*, 16., possède l'une des trois écoles vétérinaires de France. (Les deux autres sont à Lyon et à Toulouse.)

203. SEINE-ET-OISE. Ch.-l. Versailles ‡, 55 000 h. ; château, parc et jets d'eau, merveilles du règne de Louis XIV ; séjour habituel des rois de France de 1682 à 1789 ; musée historique. — Traité de 1783, où fut reconnue l'indépendance des États-Unis.

S.-pr. : *Corbeil*, 10. ; *Étampes*, 9., et *Pontoise*, 8., commerce de grains et farines [1].

[1] La population des localités est donnée en abrégé, lorsqu'elle est inférieure à 20 000 h.
Ex. : Pontoise, 8. (pour 8 000 h.)

Rambouillet, 6., belle forêt et château. *Mantes*, 8.

Essonnes, 10., la plus grande papeterie de France. — *Sèvres*, 8., sur la Seine, célèbre manufacture de porcelaine. — *Saint-Cloud*, 6., sur la Seine. Henri III y fut assassiné en 1589. La ville et son château furent brûlés par les Prussiens, en 1871. — *Saint-Germain-en-Laye*, 17., forêt ; château transformé en musée d'antiquités celtiques. — *Poissy*, 8., vit naître le roi saint Louis. — *Saint-Cyr*, 4., près de Versailles, école militaire. — *Saint-Clair-sur-Epte* (près Mantes), traité de 912.

204. SEINE-ET-MARNE. Ch.-l. Melun, 13., sur la Seine, commerce de blé et farine.

S.-pr. : *Fontainebleau*, 14., près de la Seine, forêt ; château où Napoléon Iᵉʳ abdiqua en 1814.

Meaux ‡, 14., sur la Marne, illustré par Bossuet. Commerce de grains et de fromages de Brie. — *Coulommiers*, 7. ; *Provins*, 9.

Montereau, 8., sur la Seine, faïence. Assassinat de Jean sans Peur, en 1419. — *La Ferté-sous-Jouarre*, 5. (près Meaux), sur la Marne, carrières de pierres meulières.

205. OISE. Ch.-l. Beauvais ‡, 20000 h., sur le Thérain, belle cathédrale inachevée ; lainages, manufacture nationale de tapis de luxe. Siège de 1472 et défense héroïque de Jeanne Hachette.

S.-pr. : *Compiègne*, 17., sur l'Oise, château et forêt. En 1430, Jeanne d'Arc y fut prise et vendue aux Anglais.

Clermont, 6. ; *Senlis*, 7.

Noyon, 7., rappelle le couronnement de Charlemagne, en 768 ; l'élection de Hugues Capet, en 987, et le traité de paix entre François Iᵉʳ et Charles-Quint, en 1516. — *Creil*, 9., sur l'Oise, faïence et pierres de taille. — *Chantilly*, 5., dentelles de soie appelées *blondes ;* forêt et château remarquables.

206. AISNE. Ch.-l. Laon, 15., ville forte sur une colline escarpée, fut la capitale des derniers rois carolingiens.

S.-pr. : *Saint-Quentin*, 53000 h., sur la Somme, centre industriel pour les cotonnades et les toiles. Victoire des Espagnols sur les Français, en 1557. Bataille de 1871.

Soissons ‡, 13., sur l'Aisne, haricots dits *de Soissons*. Victoire de Clovis, en 486 ; déposition de Louis le Débonnaire, en 833.

Château-Thierry, 7., sur la Marne, patrie de La Fontaine. — *Vervins*, 3., traité de 1598.

La Fère, 5., sur l'Oise, place forte. — *Chauny*, 11. et *Saint-Gobain*, 2. (près Chauny) glaces et produits chimiques.

II. III. PICARDIE ET ARTOIS, 2 départ.

207. Généralités. Pays de *plaines basses* au centre, un peu relevées au N. et à l'O. par les collines dites de Picardie et d'Artois.

Agriculture progressive, analogue à celle de la Flandre ; production des céréales, des plantes industrielles, de la betterave. Excellents chevaux boulonnais. Pommiers à cidre.

Industrie. Fabrication active de lainages, toiles et cotonnades, sucre de betterave. Extraction de la tourbe dans la vallée de la Somme, du minerai de fer et de la houille (Pas-de-Calais).

208. SOMME. Ch.-l. Amiens ‡, 91000 h., sur la Somme, fabrique de *velours* et des toiles. Belle cathédrale. Traité de paix avec l'Angleterre, en 1802.

S.-pr. : *Abbeville*, 20000 h., sur la Somme, port, toiles et tapis. — *Doullens*, 6.

Montdidier, 4., patrie de Parmentier, qui a propagé en France la culture de la pomme de terre.

Péronne, 5., place forte, château historique.

209. PAS-DE-CALAIS. Ch.-l. Arras ‡, 25000 h., commerce de grains et d'huiles. Traité de 1435 entre Philippe le Bon et Charles VII.

S.-pr. : *Boulogne-sur-Mer*, 50000 h., port, passagers pour l'Angleterre, pêche du hareng et de la morue ; ciment et plumes métalliques.

Béthune, 12., houille ; *Montreuil*, 4. ; *Saint-Omer*, 24000 h., pipes ; *Saint-Pol*, 4.

Calais, 67000 h., ville forte et port, passagers pour l'Angleterre, grande fabrication de tulle. Aux Anglais de 1347 à 1558. — *Lens*, 28 000 h., houille, *Azincourt* (près Saint-Pol), *Guinegatte* (près Saint-Omer), *Ardres* (près Calais), lieux historiques.

IV. FLANDRE, 1 département.

210. Généralités. Pays de *plaines basses* et unies à l'ouest et au centre (Flandre), un peu relevées au sud-est par l'Ardenne (Hainaut).

Agriculture la plus progressive de la France, produisant les céréales : froment, orge, avoine ; les *plantes industrielles*: betterave, lin, chanvre, colza. Excellents bœufs flamands, vaches laitières, chevaux de gros trait.

Industrie très active. Exploitation de houille ; métallurgie, hauts fourneaux, fonderies, verreries. Fabrication importante de toiles de lin et de chanvre, cotonnades et lainages, tapis, dentelles. Sucre de betteraves. Pêche maritime.

211. NORD. Ch.-l. Lille, 210000 h., grande place forte, centre très important pour la filature du lin, du chanvre, du coton, la fabrication des toiles, huiles, sucres et machines.

S.-pr. : *Cambrai* ‡, 27000 h., sur l'Escaut, batistes. Traité de 1529, appelé *Paix des Dames.* Épiscopat de Fénelon.

Douai, 34000 h., sur la Scarpe, usines métallurgiques.

Dunkerque, 39000 h., ville forte, port très actif sur la mer du Nord. Patrie de Jean Bart. Bataille des Dunes, en 1658.

Valenciennes, 32000 h., dans le Hainaut français, fabrique des batistes et du sucre de betterave ; houille et métallurgie.

Hazebrouck, 13. ; *Avesnes*, 6.

Anzin, 14., et *Denain*, 23 000 h., mines de houille, métallurgie. — *Roubaix*, 122000 h. ; *Tourcoing*, 82 000 h., et *Wattrelos*, 28 000 h., ont de nombreuses fabriques de tissus de laine et coton mêlés. — *Armentières*, 30 000 h., toiles et linge damassé. — *Maubeuge*, 21 000 h., place forte. — *Bouvines* (près Lille), *Cassel* (près Hazebrouck), *Gravelines*, *Cateau-Cambrésis*, *Malplaquet* (près Maubeuge), *Denain*, lieux historiques.

Devoir 84. (*Devoir type pour chaque province.*) — 1. Où est située la province ou...? — 2. Quelle est sa capitale? — 3. Quel est l'aspect de son sol? — 4-5. Comment et par quel chemin de fer est-il rattaché à la couronne? (Voir p. 20.) — 6. Quels départements forme-t-elle aujourd'hui?

Devoir 85. (*Type pour chaque département.*) — 1. De quelle province est formé le département ou...? — 2. Quelles sont ses bornes? — 3. Quelles sont ses montagnes? — 4. Nommez les préfectures et sous-préfectures, en disant sur quelles rivières elles sont situées. — 5. Citez les villes avec leurs industries. — 6. Indiquez deux ou trois chemins de fer, et, s'il y a lieu, les voies navigables. — 7. Rappelez les faits historiques.

Devoir 86. — Dites ce que vous savez (département, position, population, industrie, commerce, faits historiques, etc.) des villes suivantes : Soissons, Douai, Saint-Cloud, Corbeil, Lille.

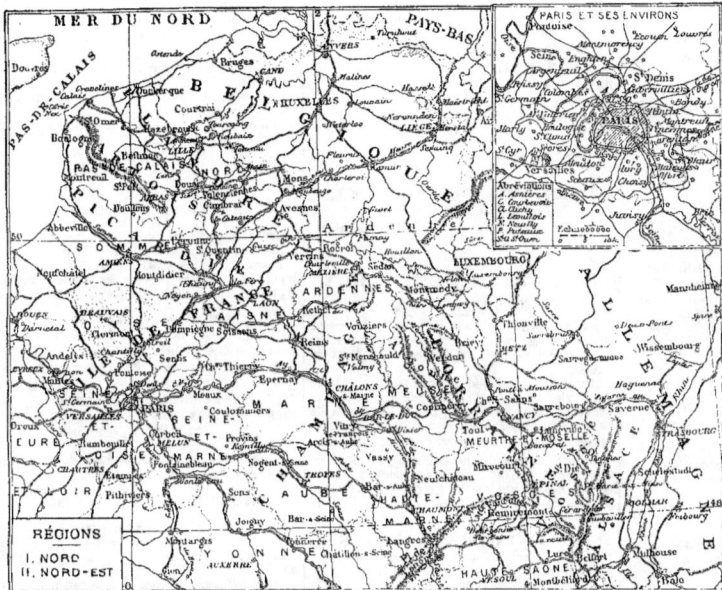

II. RÉGION DU NORD-EST

V. CHAMPAGNE, 4 départements.

212. Généralités. Pays de *plaines* ondulées à l'ouest, unies au centre; relevé au N. et à l'E. par les *collines* de l'Ardenne et de l'Argonne, au S. par le *plateau* de Langres.

Agriculture. Céréales de la Brie champenoise; vins mousseux de Champagne; pâturages et sapinières de la Champagne pouilleuse ou crayeuse. Élevage des moutons.

Industrie. Ardoises; fers et forges; coutelleries, couteaux; draps, lainages, cotonnades.

213. AUBE. Ch.-l. **Troyes** †, 54000 h., sur la Seine, bonneterie et charcuterie. Traité de 1420, par lequel Henri V, roi d'Angleterre, fut déclaré héritier présomptif de la couronne de France.

S.-pr.: Arcis-sur-Aube, 3.; Bar-sur-Aube, 5.; Bar-sur-Seine, 3.; Nogent sur-Seine, 4., commerce agricole. — *Romilly*, 9., bonneterie de laine et de coton.

214. HAUTE-MARNE. Ch.-l. **Chaumont**, 15., sur la Marne. Fabrique de gants.

S.-pr.: Langres †, 10., place forte importante, qui, sur un plateau, à 473 m. d'altitude, est renommée pour ses pierres à émoudre et sa coutellerie, fabriquée surtout à *Nogent-en-Bassigny.*

Wassy, 4., où commencèrent, en 1562, les guerres religieuses.

Saint-Dizier, 15., sur la Marne, a des hauts fourneaux et fait un grand commerce de bois et de fers. — *Bourbonne-les-Bains*, 4., possède des eaux minérales.

215. MARNE. Ch.-l. **Châlons-sur-Marne** †, 27000 h., école des arts et métiers, commerce de céréales et de vins de Champagne. Défaite d'Attila en 451. A 20 km N., camp dit de Châlons.

S.-pr.: **Reims** †, 110000 h., place forte, grande fabrication de lainages, grand commerce de *vins de Champagne*, de biscuits et de pains d'épice. Belle cathédrale, où l'on sacrait les rois de France. Patrie de Colbert et de saint J.-B. de la Salle.

Épernay, 22., sur la Marne, grands vins mousseux dits *de Champagne.*

Sainte-Menehould, 5.; Vitry-le-François, 9. *Ay*, 7., vins mousseux. — *Valmy*, village où les Prussiens furent défaits en 1792.

216. ARDENNES. Ch.-l. **Mézières**, 9., sur la Meuse, rappelle la défense de Bayard contre les Impériaux, en 1521.

S.-pr.: Sedan, 20000 h., sur la Meuse, draps fins. Patrie de Turenne. Bataille du 1er septembre 1870.

Rocroi, 2., place forte, rappelle la victoire de Condé sur les Espagnols, en 1643.

Rethel, 6., fabrique des lainages. Vouziers, 4.

Charleville, 21000 h., sur la Meuse, en face de Mézières. Clouteries et ferronneries. — *Nouzon*, 8., métallurgie. — *Fumay*, 6., sur la Meuse, exploitation très importante d'ardoises. — *Givet*, 7., place forte sur la Meuse.

VI. LORRAINE, 3 départements.

217. Généralités. Pays de *plaines* assez élevées, accidentées par les *collines* de l'Argonne et les *montagnes* des Vosges et des Faucilles.

Agriculture. Céréales, vins de la Moselle; chevaux lorrains, vaches et porcs. Les forêts des Vosges sont les plus belles de France.

Industrie. Marbres et grès, sel gemme; fers et forges; lainages et broderies; cotonnades; papiers, verrerie. Eaux minérales.

218. MEUSE. Ch.-l. **Bar-le-Duc**, 18., sur le canal de la Marne au Rhin. Confitures de groseilles et fabriques de cotonnades.

S.-pr.: **Verdun** †, 22000 h., place forte sur la Meuse, liqueurs et dragées. Traité de 843.

Montmédy, 3., petite place forte; Commercy, 8.

219. VOSGES. Ch.-l. **Épinal**, 28000 h., place forte sur la Moselle, fabriques de cotonnades et d'images communes.

S.-préf.: Saint-Dié †, 21000 hab., sur la Meurthe, tissus communs.

Mirecourt, 5., dentelles et instruments de musique.

Neufchâteau, 4.; Remiremont, 10.

Gérardmer, 10., fait le commerce de fromages dits *géromés.* — *Domremy* (près Neufchâteau), patrie de Jeanne d'Arc, 1409. — *Plombières* (près Remiremont), eaux minérales.

Belfort, 35000 h., place forte défendant le seuil de Valdieu, entre le Jura et les Vosges.

220. MEURTHE-ET-MOSELLE. Ch.-l. **Nancy** †, 111000 h., sur la Meurthe, grande et belle ville, centre de la fabrication des broderies de Lorraine; cotonnades, lainages. École forestière. Siège de 1477, où fut tué Charles le Téméraire.

S.-pr.: Lunéville, 23000 h., sur la Meurthe, faïences; ancien palais des ducs de Lorraine. Traité de paix de 1801, entre la France et l'Autriche.

Toul, 14., sur la Moselle, ville forte. L'un des Trois-Évêchés (avec Verdun et Metz).

Briey, 2., et *Longwy*, 10., villes de l'ancien département de la Moselle, conservées à la France; métallurgie. — *Pont-à-Mousson*, 13., sur la Moselle, hauts fourneaux.

Baccarat, 7., sur la Meurthe; manufacture de cristaux. — *Cirey* (près Baccarat), glaces. — *Saint-Nicolas-du-Port*, 6., et *Varangéville* (près Nancy), salines importantes.

220 bis. ALSACE-LORRAINE

Par le traité de Francfort du 10 mai 1871, la France a cédé à l'empire allemand : 1° les deux départements du Haut-Rhin et du Bas-Rhin, ou l'ALSACE moins Belfort; 2° en LORRAINE, le département de la Moselle, moins Briey et Longwy; 3° deux arrondissements de la Meurthe : *Château-Salins* et *Sarrebourg;* 4° quelques communes des Vosges.

Superficie, 14500 kilomètres carrés; population, à cette époque, 1600000 habitants.

VILLES CÉDÉES. — *Moselle* : Metz, 65000 h.; *Thionville.*

Haut-Rhin : *Colmar, Mulhouse,* 100000 h. *Bas-Rhin* : *Strasbourg,* 170000 h.; *Saverne.*

Devoir 87. — 1. Quels sont les départements formés par la Champagne? — 2. par la Lorraine? — 3. Que savez-vous de Sedan, Langres, Troyes, Rocroi, Valmy, Toul, Domremy, Baccarat?

Devoir 88. — 1. Quel est l'aspect du pays dans la Champagne et la Lorraine? — 2. Citer quelques cours d'eau dans ces provinces. — 3. Où se trouvent, dans le N. et le N.-E., les ardoisières, les houillères? — 4. Dans ces régions, où se fabriquent les tissus, les machines, les couteaux, les plumes métalliques? — 5. Quels départements et quelles villes la France a-t-elle perdus en 1871?

III. RÉGION DU NORD-OUEST

VII. NORMANDIE, 5 départements.

221. Généralités. Pays de *plaines accidentées* au N. et à l'O.; de plateaux et de *collines*, dites de Normandie, au S.

Agriculture soignée : culture des céréales, du colza, du lin et du chanvre; prairies grasses où l'on élève d'excellents chevaux, vaches laitières et bœufs normands; beurre et fromage; poules de Gournay. Pommiers à cidre.

Industrie prospère : forges, constructions navales, épingles et aiguilles; fabrication très active de cotonnades, draps et toiles, pêche, bains de mer.

222. SEINE-INFÉRIEURE. Chef-lieu **Rouen** ✝, 120000 h., grand port marchand sur la Seine, et centre manufacturier très actif, surtout pour les tissus de coton connus sous le nom de *rouenneries*. Beaux monuments gothiques : la cathédrale, Saint-Ouen, etc. Patrie de Corneille; Jeanne d'Arc y fut brûlée vive par les Anglais, en 1431.

S.-pr. : **Le Havre**, 133000 h., à l'embouchure de la Seine, second port de France, desservant Paris et en relation surtout avec les États-Unis; entrepôt pour les cotons; constructions navales.

Dieppe, 23000 h., port, pêche, ivoirerie.
Neufchâtel, 4., fromages. Yvetot, 7.
Elbeuf, 19., sur la Seine, draps fins. — *Fécamp*, 17., port de pêche.

223. EURE. Ch.-l. **Évreux** ✝, 19., sur l'Iton, fabriques de coutils.

S.-pr. : Louviers, 10., forme avec Elbeuf un grand centre manufacturier pour les draps.

Les Andelys, 6.; Bernay, 8.; Pont-Audemer, 6.
Vernon, 9., équipages militaires. — *Ivry-la-Bataille* (au sud-est d'Évreux), bataille de 1590.

224. CALVADOS. Ch.-l. **Caen**, 45000 h., port sur l'Orne et sur un canal maritime; commerce de chevaux, dentelles appelées *blondes*.

S.-pr. : Bayeux ✝, 8., porcelaines et dentelles.
Falaise, 8., bonneterie, foire aux chevaux dite de Guibray.
Lisieux, 16., toiles dites *cretonnes*.
Vire, 7., lainages; Pont-l'Évêque, 3.
Honfleur, 10., port. — *Trouville*, 6., bains de mer. — *Isigny* (près Bayeux), beurre.

225. MANCHE. Ch.-l. **Saint-Lô**, 12., sur la Vire, haras, gros draps.

S.-pr. : Cherbourg, 41000 h., port militaire sur la Manche, chef-lieu d'une préfecture maritime. Digue défensive de 3712 m. de longueur.
Coutances ✝, 7., a donné son nom au Cotentin.
Avranches, 7.; Mortain, 2.; Valognes, 6.
Le mont Saint-Michel est un rocher isolé, surmonté d'une abbaye. Deux fois par jour, la marée en fait une île, et le flot s'avance sur la plage avec « la vitesse d'un cheval au galop ».

226. ORNE. Ch.-l. **Alençon**, 18., sur la Sarthe, dentelles dites *point d'Alençon*.

S.-pr. : Mortagne, 4., toiles. Aux environs est la célèbre abbaye de la Trappe.
Argentan, 6.; Domfront, 5., chevaux percherons.
Sées ✝, 4., sur l'Orne supérieure. — *Laigle*, 5., aiguilles et épingles. — *Flers*, 14., cotonnades. — *Vimoutiers* (près Argentan), toiles dites cretonnes.

VIII. MAINE, 2 départements.

227. Généralités. Pays de *plaines* basses au S., ailleurs *collines* dites du Maine, du Perche et de Normandie.

Agriculture et industrie. Culture des céréales et du chanvre; élevage de bœufs manceaux et de chevaux percherons; porcs, volaille estimée, marbre, toiles et coutils; pommiers à cidre.

228. SARTHE. Ch.-l. **Le Mans** ✝, 66000 h., sur la Sarthe, toiles et volailles. Batailles de 1793 et 1871.

S.-pr. : La Flèche, 11., sur le Loir, prytanée militaire; poulardes et chapons dits *du Mans*.
Mamers, 6., et Saint-Calais, 4., toiles.
Sablé, 6., marbre; à 2 km. N.-E., abbaye de Solesmes.

229. MAYENNE. Ch.-l. **Laval** ✝, 30000 h., sur la Mayenne, coutils nouveautés.

S.-pr. : Mayenne, 10., et Château-Gontier, 7., sur la Mayenne, toiles.

IV. RÉGION DE L'OUEST

IX. BRETAGNE, 5 départements.

230. Généralités. Pays de *plaines basses* au S.-O. sur la Loire, de plateaux ailleurs, et traversé au centre par les *collines* dites de Bretagne.

Agriculture. Sol médiocrement fertile : culture du seigle, du sarrasin, du chanvre; landes et prairies, où l'on élève du bétail nombreux de petite taille et beaucoup de chevaux; abeilles; huîtres; pommiers à cidre.

Industrie. Granit de Bretagne et des îles Chausey; ardoises; sel marin; tourbe, houille et fer des bords de la Loire, constructions navales dans les grands ports, toiles, pêche de la sardine.

231. ILLE-ET-VILAINE. Ch.-l. **Rennes** ✝, 76000 h., au confluent de l'Ille et de la Vilaine. Toiles à voiles; commerce de beurre, miel et volailles.

S.-pr. : Saint-Malo, 11., qui, avec Saint-Servan, 13., à l'embouchure de la Rance, pêche la morue sur les bancs de Terre-Neuve; toiles. Patrie de Jacques Cartier, qui découvrit le Canada; du marin Duguay-Trouin et de Châteaubriand.
Fougères, 24000 h., cordonnerie; Montfort, 3.; Redon, 2., et Vitré, 10.
Cancale, 7., huîtres.

232. CÔTES-DU-NORD. Ch.-l. **Saint-Brieuc**, ✝, 23000 h., à 3 km. de la mer, a un port sur le Gouet. Aux environs, exploitation de granit.

S.-pr. : Dinan, 11., près de là est né Duguesclin; Guingamp, 9.; Lannion, 6.; Loudéac, 5.

233. FINISTÈRE. Ch.-l. **Quimper** ✝, 20000 h., port sur l'Odet; belle cathédrale.

S.-pr : Brest, 85000 h., port militaire, sur une magnifique rade ne communiquant avec l'Océan que par l'étroit passage du Goulet; câble transatlantique qui relie la France à l'Amérique.
Châteaulin, 4., ardoises.
Morlaix, 16., toiles et tabac; Quimperlé, 9.
Concarneau, 8., huîtres et sardines. — L'île d'*Ouessant*.

234. MORBIHAN. Ch.-l. **Vannes** ✝, 24000 h., port de pêche près du Morbihan.

S.-pr. : Lorient, 46000 h., à l'embouchure du Blavet, port militaire.
Pontivy, 9.; Ploërmel, 6.
Auray, 7., pèlerinage à sainte Anne, patronne de la Bretagne. — *Port-Louis*, 4., à l'entrée de la rade de Lorient, pêche de la sardine. — *Quiberon*, sur la presqu'île de ce nom, désastre des émigrés, en 1795. — Les îles *Groix* et *Belle-Ile*.

235. LOIRE-INFÉRIEURE. Ch.-l. **Nantes** ✝, 133000 h., port marchand, à 60 km. de l'embouchure de la Loire. Raffineries de sucre, fabriques de conserves alimentaires; lainages. Édit de 1598, en faveur des protestants.

S.-pr. : Saint-Nazaire, 36000 h., à l'embouchure de la Loire, avant-port de Nantes pour les vaisseaux de gros tonnage, en relation avec l'Amérique centrale.
Ancenis, 5.; Châteaubriant, 7.; Paimbœuf, 2.
Indret, 4., dans une île, près de Nantes, construction de machines à vapeur pour les bâtiments de l'État. — *Guérande*, 7., marais salants.

X. ANJOU, 1 département.

236. Généralités. Pays de *plaines* basses au centre, se relevant un peu vers le S.

Agriculture et industrie. Céréales; bœufs choletais; vins de la Loire; pépinières d'arbres fruitiers; houille de Chalonnes; ardoises; toiles.

237. MAINE-ET-LOIRE. Ch.-l. **Angers** ✝, 83000 h., sur la Maine, école des arts et métiers, fabriques de toiles et cordages pour la marine. Facultés catholiques. Dans les environs se trouvent d'importantes carrières d'ardoises, et de grandes pépinières d'arbres fruitiers.

S.-pr. : Cholet, 21000 h., cotonnades et mouchoirs, bœufs renommés.
Saumur, 14., sur la Loire, école de cavalerie.
Baugé, 3.; Segré, 4.

XI. POITOU, 3 départements.

238. Généralités. Pays de *plaines* basses et unies à l'O., entouré au centre par les *collines* du Poitou et le plateau de Gâtine.

Agriculture. Prairies et pâturages où l'on élève des ânes et des mulets renommés, des bœufs et des chevaux.

Industrie. Granit du plateau de Gâtine; sel des marais salants de la Vendée; houille de Chantonnay (Vendée); armes et couteaux, gants.

239. VENDÉE. Ch.-l. **La Roche-sur-Yon**, 14., fut bâtie par Napoléon Ier en 1805.

S.-pr. : Les Sables-d'Olonne, 13., pêche de la sardine, et bains de mer.
Fontenay-le-Comte, 11.
Luçon, 2., Richelieu en fut évêque.
Îles de *Noirmoutier*, salines, et d'*Yeu*, pêcheries.

240. DEUX-SÈVRES. Ch.-l. **Niort**, 24000 h., sur la Sèvre-Niortaise, fabriques de gants et de confitures d'angélique.

S.-pr. : Melle, 3., commerce de mulets.
Bressuire, 5.; Parthenay, 8.

241. VIENNE. Ch.-l. **Poitiers** ✝, 40000 h., ancienne ville des Gaules, près de laquelle se donnèrent trois batailles célèbres : *Vouillé*, où Clovis défit les Visigoths, en 507; *Poitiers*, où Charles Martel écrasa les Sarrasins, en 732; *Maupertuis*, où le prince Noir fit prisonnier Jean le Bon, en 1356.

S.-pr. : Châtellerault, 18., sur la Vienne, coutellerie renommée et manufacture nationale d'armes de guerre.
Civray, 3.; Loudun, 3.; Montmorillon, 5.

Devoir 89. — 1. Quelles sont les provinces des régions du Nord-Ouest et de l'Ouest? — 2. Quelles sont les bornes du Calvados, de la Vendée, du Morbihan? — 3. Quels faits historiques rappellent les villes de Poitiers, Saint-Malo, Rouen, Luçon? — 4. Que fabrique-t-on à Alençon, Châtellerault, Laigle, Lisieux? — 5. Indiquez les localités où le chemin de fer de Brest à Paris passe par Le Mans.

RÉGIONS
III. NORD-OUEST
IV. OUEST
V. CENTRE (Partie Nord)

V. RÉGION DU CENTRE

XII. ORLÉANAIS, 3 départements.

242. Généralités. Pays de *plaines* ondulées ou de plateaux bas, coupés au S. par la *vallée* de la Loire, se relevant au N.-O. par les *collines* du Perche.
Agriculture. Culture importante du *blé* dans la Beauce, vins de la Loire; élevage des chevaux percherons et de nombreux moutons; miel. Forêt d'Orléans; pins de la Sologne.
Industrie. Vinaigre, lainages et chapellerie.

243. LOIRET. Ch.-l. **Orléans** †, 69 000 h., sur la Loire, couvertures, chapellerie et vinaigre. Orléans fut assiégé, en 1428, par les Anglais, et délivré l'année suivante par *Jeanne d'Arc*. Bataille de 1870.

S.-pr. : **Gien**, 8., sur la Loire, faïence.
Montargis, 13., sur le Loing, commerce de miel et de safran.
Pithiviers, 6., commerce de safran, pâtés d'alouettes et miel du Gâtinais.
Patay, où Jeanne d'Arc défit les Anglais, en 1429. Bataille de 1870, où s'illustrèrent les zouaves pontificaux.

244. EURE-ET-LOIR. Ch.-l. **Chartres** †, 24 000 h., sur l'Eure, commerce de grains et farines. Belle cathédrale gothique, où Henri IV fut sacré en 1594. Patrie du général Marceau.

S.-pr. : **Châteaudun**, 7., sur le Loir; défense héroïque en 1870.
Dreux, 10., près de l'Eure, victoire du duc de Guise sur le prince de Condé en 1562.
Nogent-le-Rotrou, 8., chevaux percherons.

245. LOIR-ET-CHER. Ch.-l. **Blois** †, 24 000 h., sur la Loire, magnifique château royal. Le duc Henri de Guise et le cardinal de Lorraine y furent assassinés en 1588.

S.-pr. : **Vendôme**, 10., sur le Loir; **Romorantin**, 8.
Chambord, château bâti par François Ier.

XIII. TOURAINE, 1 département.

246. Généralités. Pays de *plaines* accidentées, coupé au centre par la vallée de la Loire.
Agriculture. La vallée de la Loire est très bien cultivée en plantes potagères, arbres fruitiers et vignobles, ce qui a fait surnommer la Touraine le jardin de la France; mais le reste du pays est moins riche. Colonie agricole de Mettray.
Industrie. Soieries, imprimerie, poudrerie.

247. INDRE-ET-LOIRE. Ch.-l. **Tours** †, 68 000 h., sur la Loire; grande imprimerie et soieries. Restes du monastère de *Marmoutier*, fondé par saint Martin, et du château de *Plessis-lez-Tours*, où mourut Louis XI.

S.-pr. : **Chinon**, 6., sur la Vienne, et **Loches**, 5., sur l'Indre, châteaux historiques.
Amboise, 5., sur la Loire, château rappelant la conjuration de 1560. — *Le Ripault* (près Tours), poudrerie.

XIV. BERRY, 2 départements.

248. Généralités. Pays de *plaines* accidentées à l'O., de plateaux bas et de *collines* à l'E. et au S.
Agriculture. Culture de céréales; vins du Cher; élevage des moutons dits berrichons; poissons des étangs de la *Brenne* et de la Sologne.

Industrie. Minerai de fer abondant; houille; forges importantes de Bourges et des environs; fonderie de canons, porcelaine; lainages.

249. INDRE. Ch.-l. **Châteauroux**, 25 000 h., sur l'Indre, draps pour la troupe, tabac.

S.-pr. : **Issoudun**, 14., parchemineries.
Le Blanc, 7., et **La Châtre**, 5.

250. CHER. Ch.-l. **Bourges** †, 45 000 h., arsenal, fonderie de canons, approvisionnements militaires; draps et toiles peintes. Belle cathédrale; palais de Jacques Cœur.

S.-pr. : **Saint-Amand**, 9.; **Sancerre**, 3.
Vierzon, 12., sur le Cher, porcelaine et verrerie. — *Mehun*, 6., houille.

XV, XVI. NIVERNAIS et BOURBONNAIS
2 départements

251. Généralités. Pays de *plateaux* accidentés, relevés à l'E. par les *monts du Morvan*, au N. par les *collines* du Nivernais.
Agriculture. Prairies nourrissant des bœufs morvandeaux renommés; forêts du Morvan, qui approvisionnent Paris de bois de chauffage; vins du Bourbonnais.
Industrie. Houille, métallurgie active, glaces, faïence et porcelaine; eaux minérales.

Devoir 90. — 1. Quelles sont les provinces de la région du Centre? — 2. Quelles sont les bornes du Loiret, du Cher, de la Haute-Vienne? — 3. Comment le Berry et l'Auvergne ont-ils été rattachés à la couronne? — 4. Dites l'industrie des villes d'Orléans, Pithiviers, Issoudun, du Ripault, Montluçon, Felletin, Saint-Yrieix. — 5. Souvenirs historiques de Tours, Blois, Bourges, Clermont.

252. **NIÈVRE**. Ch.-l. **Nevers** †, 28000 h., au confluent de la Nièvre et de la Loire, chaudronnerie, céramique; commerce de fers.

S.-pr. : Cosne, 9., sur la Loire, fabrique de limes.

Clamecy, 5., sur l'Yonne, flottage de bois.

Château-Chinon, 2.

Fourchambault, 6.; *La Chaussade, Imphy*, près de Nevers, métallurgie très active. — *Decize*, 5., houille.

253. **ALLIER**. Ch.-l. **Moulins** †, 23000 h., sur l'Allier, marchés aux grains et bestiaux. Tombeau du maréchal de Montmorency. Patrie de Villars.

S.-pr. : Montluçon, 35000 h., sur le Cher, glaces et produits chimiques.

Gannat, 5.; Lapalisse, 3.

Commentry, 11., forges et mines de houille. — *Vichy*, 14., sur l'Allier; *Néris*, 3., et *Bourbon-l'Archambault*, 4. (près Moulins), eaux minérales.

XVII, XVIII. MARCHE, LIMOUSIN 3 départements.

254. Généralités. Pays de *plaines* ondulées à l'O. et au S., relevées au centre et à l'E. par les *monts du Limousin*.

Agriculture. Pâturages et élevage de chevaux dits *limousins*, d'excellents mulets et de nombreux bestiaux; châtaigneraies.

Industrie. Granit, kaolin, porcelaine, houille, armes et tapis.

255. **CREUSE**. Ch.-l. **Guéret**, 8., à 5 km. de la Creuse.

S.-pr. : Aubusson, 7., sur la Creuse, tapis.

Bourganeuf, 4.; Boussac, 1.

Ahun (près Guéret), 2., houille; *Felletin*, 3., tapis.

256. **HAUTE-VIENNE**. Ch.-l. **Limoges** †, 88000 h., sur la Vienne, grande fabrication de porcelaine et de lainages. Commerce de grains.

S.-pr. : Saint-Yrieix, 8., exploitation de kaolin et manufacture de porcelaine, ainsi qu'à *Saint-Junien*, 11.

Bellac, 5.; Rochechouart, 4.

257. **CORRÈZE**. Ch.-l. **Tulle** †, 21000 h., sur la Corrèze, manufacture nationale d'armes à feu.

S.-pr. : Brive, 21000 h., sur la Corrèze, pâtés truffés; Ussel, 5.

XIX. AUVERGNE, 2 départements.

258. Généralités. Pays de *montagnes* et de volcans éteints (monts d'Auvergne), coupé du S. au N. par la large vallée de l'Allier ou plaine de la Limagne.

Agriculture. Fruits et froment dans la riche vallée de la Limagne; sur les plateaux, seigle, sarrasin, pâturages nourrissant un bétail rustique; châtaigneraies.

Industrie. Exploitation de lave et basalte, asphalte, houille, plomb, chaudronnerie, coutellerie, dentelles communes, pâtes alimentaires et fruits confits.

259. **PUY-DE-DOME**. Ch.-l. **Clermont-Ferrand** †, 58000 h., pâtes alimentaires, pâtes d'abricots et confitures. Ferronnerie. Fontaine pétrifiante de Saint-Allyre. Patrie de Grégoire de Tours et de Pascal. La première croisade y fut prêchée par le pape Urbain II, en 1095. Dans les environs était Gergovia, où César fut battu par Vercingétorix.

S.-pr. : Thiers, 18., coutellerie.

Riom, 11., cour d'appel.

Ambert, 8.; Issoire, 6.

Volvic, basalte. — *Pontgibaud*, plomb argentifère. — *Le Mont-Dore*, eaux minérales.

260. **CANTAL**. Ch.-l. **Aurillac**, 18., chaudronnerie; commerce de fromages et de bœufs.

S.-pr. : Saint-Flour †, 6., étoffes et colle forte.

Mauriac, 4.; Murat, 3.

Chaudesaigues, eaux thermales les plus chaudes de France (80° centigrades).

VI. RÉGION DU SUD-OUEST

XX, XXI. ANGOUMOIS, SAINTONGE et AUNIS, 2 départements.

261. Généralités. Pays de *plaines* basses à l'O., un peu relevées à l'E. par les *collines* de l'Angoumois.

Agriculture. Culture de céréales, prairies naturelles et artificielles; vignobles pour *eaux-de-vie; huîtrières*.

Industrie. Exploitation des *marais salants;* pierres de taille; papeterie; constructions navales; fonderie de canons.

262. **CHARENTE**. Ch.-l. **Angoulème** †, 38000 h., sur la Charente, papeteries importantes.

S.-pr. : Cognac, 20000 h., sur la Charente, entrepôt des eaux-de-vie dites de *Cognac*.

Barbezieux, 4.; Confolens, 3.; Ruffec, 3.

Ruelle, 2., fonderie de canons pour la marine.

263. **CHARENTE-INFÉRIEURE**. Ch.-l. **La Rochelle** †, 34000 h., port marchand (port de *la Pallice*) sur l'Océan. Richelieu l'enleva en 1628 aux protestants, après un siège mémorable. Patrie du physicien Réaumur.

S.-pr. : Rochefort, 37000 h., port militaire sur la Charente, à 20 km de l'Océan; constructions navales.

Saintes, 19.; Saint-Jean-d'Angély, 7.; Jonzac, 3.; eaux-de-vie.

Marennes, 6., huîtres vertes.

Iles de *Ré* et d'*Oléron*, sel et huîtres.

XXII. GUYENNE, 6 départements.

264. Généralités. Pays de *plaines* basses à l'O., sur la Gironde, accidentées au centre, se relevant au N. et à l'E. en larges *plateaux montagneux* (Plateau central), coupés de vallées profondes.

Agriculture. Culture du maïs, du lin, du tabac; *vins* très renommés de Bordeaux, du Médoc; *eaux-de-vie* d'Armagnac; pâturages et châtaigneraies dans le Plateau central; élevage de moutons, de bêtes à cornes, de porcs, fromages; prunes d'ente, truffes.

Industrie. Pierres meulières; minerai de fer; houille, forges, constructions navales.

265. **GIRONDE**. Ch.-l. **Bordeaux** †, 252000 h., sur la Garonne, à 100 km de l'Océan, troisième port de France, grand commerce de vins, d'eaux-de-vie et liqueurs; relations avec l'Afrique et l'Amérique du Sud.

S.-pr. : Libourne, 19., port au confluent de la Dordogne et de l'Isle.

Lesparre, 4., près des vignobles du Médoc.

Bazas, 3.; Blaye, 5., et La Réole, 4.

Arcachon, 9., sur le bassin de même nom, huîtres, bains de mer, station sanitaire.

266. **DORDOGNE**. Ch.-l. **Périgueux** †, 32000 h., sur l'Isle, commerce de porcs, de truffes et de pâtés truffés.

S.-pr. : Bergerac, 16., sur la Dordogne, vins, pierres meulières.

Nontron, 4.; coutellerie.

Ribérac, 4.; Sarlat, 7.

---

267. **LOT**. Ch.-l. **Cahors** †, 13., dans une presqu'île du Lot. Vins, huiles et truffes.

S.-pr. : Figeac, 6.; Gourdon, 4.

268. **AVEYRON**. Ch.-l. **Rodez** †, 16., tricots et couvertures de laine, belle cathédrale.

S.-pr. : Millau, 19., sur le Tarn, gants de peau.

Saint-Affrique, 7., commerce de fromage estimé, fabriqué dans les caves de *Roquefort*.

Villefranche-de-Rouergue, 8.; Espalion, 4.

Aubin, 10., et *Decazeville*, 12., houille et forges.

269. **LOT-ET-GARONNE**. Ch.-l. **Agen** †, 23000 h., sur la Garonne, prunes d'ente. Patrie du naturaliste Lacépède.

S.-pr. : Marmande, 10.; Villeneuve-sur-Lot, 14.; Nérac, 6.

Tonneins, 7., manufacture de tabac.

270. **TARN-ET-GARONNE**. Ch.-l. **Montauban** †, 29000 h., sur le Tarn, minoteries et soie pour tamis. Cette ville, pendant les guerres de religion, était une des principales places d'armes des protestants. Richelieu la prit en 1629, et en fit raser les fortifications.

S.-pr. : Moissac, 8., sur le Tarn, et Castelsarrasin, 8., grains et farines.

XXIII. GASCOGNE, 3 départements.

271. Généralités. Pays de *plaines* au N.-O., dans les Landes, de plateaux au centre et de *hautes montagnes* au S., dans les Pyrénées.

Agriculture et industrie. Culture du maïs et du lin; pâturages nourrissant des mulets, des moutons, des chèvres et un bétail rustique; pins des Landes donnant la résine; chênes-liège. Marbres; minerai de fer; fonderies. Eaux minérales.

272. **GERS**. Ch.-l. **Auch** †, 14., sur le Gers, belle cathédrale.

S.-pr. : Condom, 7., eaux-de-vie d'Armagnac.

Lectoure, 5.; Lombez, 2.; Mirande, 4.

273. **LANDES**. Ch.-l. **Mont-de-Marsan**, 12., liège et résine.

S.-pr. : Dax, 10., sur l'Adour, eaux et boues thermales, résine et bouchons de liège.

Saint-Sever, 5.

Près de Dax, ancien village de Pouy, aujourd'hui *Saint-Vincent-de-Paul*, où naquit le saint de ce nom. — *Aire* †, 4., sur l'Adour.

274. **HAUTES-PYRÉNÉES**. Ch.-l. **Tarbes** †, 26000 h., sur l'Adour, commerce de chevaux, arsenal d'artillerie.

S.-pr. : Bagnères-de-Bigorre, 9., sur l'Adour; eaux thermales. — Argelès, 2.

Barèges, Cauterets et *Saint-Sauveur* (au S. d'Argelès), eaux minérales. — *Gavarnie*, village bâti près d'un vaste cirque de rochers, où le Gave de Pau forme une cascade de 422 mètres d'élévation. — *Lourdes*, 9., sur le Gave de Pau, grotte de Massabielle, lieu de pèlerinage célèbre à Notre-Dame.

Devoir 91. — 1. Décrivez la Guyenne au point de vue du sol. — 2. Quels départements forme-t-elle? — 3. Quelle est l'industrie de Rochefort, Ruelle, Dax, Bagnères, Lesparre, Bergerac? — 4. Dites ce que vous savez de Bordeaux, Montauban, Lourdes.

Devoir 92. — 1. Quelles provinces et quels départements comprend la région du Sud? — 2-3. Quelles sont les montagnes et les rivières de cette région? — 4. Rapportez quelques faits historiques sur Muret, Albi, Nîmes et Le Puy.

RÉGIONS
V. CENTRE (partie Sud)
VI. SUD OUEST
VII. SUD

XXIV. BÉARN, 1 département.

275. Généralités. Pays pyrénéen, *montagneux* au S., s'abaissant vers le N. en collines et en plateaux.

Agriculture et industrie. Maïs et vignobles; pâturages où l'on élève de petits chevaux navarrais et des mulets. Calcaires et marbres; toiles de lin; chocolats et jambons. Eaux minérales.

276. BASSES-PYRÉNÉES. Ch.-l. **Pau**, 36 000 h., sur le Gave de ce nom, commerce de chevaux et de mulets. Château où naquit Henri IV. Station hivernale.

S.-pr.: **Bayonne** †. 28 000 h., sur l'Adour, port marchand et place forte. Chocolat renommé et commerce d'excellents jambons.

Orthez, 6., centre de la préparation des jambons dits de Bayonne.

Oloron, 9., bérets; Mauléon, 4.

Biarritz, 15., bains de mer très fréquentés. — *Eaux-Bonnes* et *Eaux-Chaudes* (au S. d'Oloron), villages renommés pour leurs eaux minérales.

VII. RÉGION DU SUD

XXV, XXVI. COMTÉ DE FOIX et ROUSSILLON, 2 départements.

277. Généralités. Pays pyrénéens *montagneux.* — Pâturages; élevage de bétail, moutons et mulets. Dans le bas Roussillon, vignes, oliviers, mûriers, miel. Marbres des Pyrénées; minerai de fer excellent, fers et aciers.

278. ARIÈGE. Ch.-l. **Foix**, 7., sur l'Ariège, forges et aciéries.

S.-pr.: **Pamiers** †, 11., fers et aciers. **Saint-Girons**, 6.

279. PYRÉNÉES-ORIENTALES. Ch.-l. **Perpignan** †, 39 000 h., place forte, miel, vins et bouchons de liège.

S.-pr.: **Prades**, 4.; **Céret**, 4.

Port-Vendres, 3., port en relation avec l'Algérie. — Rivesaltes, 6., vins muscats.

XXVII. LANGUEDOC, 8 départements.

280. Généralités. Pays généralement *montagneux*, excepté sur les côtes de la Méditerranée, qui sont basses et bordées de lagunes. Il est formé au S.-O. par le massif des Pyrénées, au centre par la montagne Noire et les Garrigues, au N. par le haut Plateau central et la chaîne des Cévennes.

Agriculture. Culture du maïs, du blé, du tabac, surtout de la vigne: le bas Languedoc est le pays de France qui produit le plus de vins, en partie convertis en alcools ou eaux-de-vie de Montpellier, de Béziers. Culture du mûrier et élève du ver à soie; culture de l'olivier, de l'amandier, du figuier, dans la plaine; châtaignier sur le Plateau central; pâturages, élevage des moutons et des abeilles; miel de Narbonne.

Industrie. Marbres; production importante de sel dans les salines qui bordent la Méditerranée. Houille, zinc, fer. Dentelles, cotonnades, lainages, soieries; papiers.

281. HAUTE-GARONNE. Ch.-l. **Toulouse** †, 130 000 h., à la jonction de la Garonne et du canal du Midi; grand marché pour les vins, les blés, les volailles; fabriques de faux et de limes, minoteries. Belle église romane de Saint-Sernin. Capi-

tole ou hôtel de ville, académie des Jeux-Floraux; école vétérinaire.

S.-pr.: **Muret**, 4., victoire de Simon de Montfort sur les Albigeois, en 1213.

Saint-Gaudens, 7.; Villefranche-de-Lauragais, 4.

Bagnères-de-Luchon, 3., eaux sulfureuses. — Saint-Béat (près de Bagnères), marbre blanc.

282. TARN. Ch.-l. **Albi** †, 23 000 h., sur le Tarn, a donné son nom à la secte des Albigeois. Patrie du navigateur La Pérouse.

S.-pr.: **Castres**, 28 000 h., et *Mazamet*, 14., fabrication de gros drap pour l'armée.

Gaillac, 8.; **Lavaur**, 7.

Carmaux, 11., houille et verrerie.

283. AUDE. Ch.-l. **Carcassonne** †, 31 000 hab., sur l'Aude, confiseries. La Cité, ou ville haute, est un curieux ensemble de constructions féodales.

S.-pr.: **Narbonne**, 27 000 h., commerce de miel r-nommé.

Limoux, 7., sur l'Aude, vin blanc dit *blanquette de Limoux.*

Castelnaudary, 9.

284. HÉRAULT. Ch.-l. **Montpellier** †, 77 000 h., école de médecine; vins et eaux-de-vie dites *de Montpellier.*

S.-pr.: **Béziers**, 32 000 h., commerce de vins et d'eaux-de-vie. Patrie de Paul Riquet, à qui l'on doit le canal du Midi.

Lodève, 8., draps pour l'armée; Saint-Pons, 3.

Cette, 34 000 h., port marchand sur la Méditerranée. — Lunel, 8., et Frontignan, 4., vins muscats. — Pézenas, 7., commerce de spiritueux.

285. GARD. Ch.-l. **Nîmes** †, 81 000 h., châles, soieries, vins, eaux-de-vie, graines oléagineuses. Antiquités romaines: les Arènes, la Maison-Carrée, la tour Magne, le temple de Diane.

S.-pr.: **Alais**, 27 000 h., mines de houille et de fer, forges et fonderies; Uzès, 5.; Le Vigan, 5.

La Grand'Combe, 12., et Bessèges, 9., mines importantes de houille, forges et aciers. — Aigues-Mortes, 5., où saint Louis s'embarqua pour ses croisades. — Beaucaire, 9., sur le Rhône, foire autrefois célèbre.

286. ARDÈCHE. Ch.-l. **Privas**, 7., commerce de cuirs et de soie.

S.-pr.: **Tournon**, 5., sur le Rhône; Largentière, 2.

Annonay, 17., papiers, peaux de chevreaux pour la ganterie. Patrie des frères Montgolfier, inventeurs des ballons. — Aubenas, 7., sur l'Ardèche, marché de soie. — Viviers †, 3., sur le Rhône. — Vals, eaux minérales.

287. LOZÈRE. Ch.-l. **Mende** †, 7., sur le Lot, serges.

S.-pr.: **Florac**, 2.; Marvejols, 4.

288. HAUTE-LOIRE. Ch.-l. **Le Puy** †, 21 000 h., près de la Loire, bâti en amphithéâtre sur la pente du mont Corneille, que surmonte la statue colossale de Notre-Dame de France; centre de fabrication de dentelles.

S.-pr.: **Brioude**, 5., près de l'Allier; Yssingeaux, 8.

VIII. RÉGION DE L'EST

XXVIII. LYONNAIS, 2 départements.

289. Généralités. Pays *montueux*, formé à l'O. par le Forez, au centre par la chaîne du Lyonnais.

Agriculture. Peu de céréales. Vins du Beaujolais; pâturages, moutons et chèvres; fromages du Mont-d'Or.

Industrie. Houille du bassin de Saint-Étienne. — Métallurgie; forges, ateliers de construction, verrerie; cotonnades, riches soieries, chapellerie, rubans et velours; eaux minérales.

290. RHONE. Ch.-l. **Lyon** ✝, 473 000 h., au confluent du Rhône et de la Saône, grande place forte, troisième ville de France par sa population et son commerce; c'est, avec Milan, le centre principal de l'industrie de la soie en Europe. Patrie de Jacquart, inventeur du métier à tisser les étoffes brochées, dit métier *à la Jacquart.*

S.-pr.: Villefranche-sur-Saône, 15., cotonnades.

Tarare, 12., au pied du mont Tarare; mousselines. — *Saint-Cyr*, près de Lyon, fromages de chèvres dits du *Mont-d'Or.* — *Givors*, 12., sur le Rhône, verreries.

291. LOIRE. Ch.-l. **Saint-Étienne**, 147 000 h., sur le Furens, grande ville industrielle: rubanerie en soie, usines métallurgiques, armes et charbon de terre.

S.-pr.: Roanne, 36 000 h., sur la Loire, cotonnades; Montbrison, 8.

Rive-de-Gier, 16., et *Firminy*, 18. (près Saint-Étienne), houille, usines à fer, verreries. — *Saint-Chamond*, 13., houille, métallurgie, lacets de soie. — *Saint-Galmier*, 3. (à l'E. de Montbrison), eaux minérales.

XXIX. BOURGOGNE, 4 départements.

292. Généralités. Pays de *collines*, *plateaux* et *monts* au N. et à l'O., plaine de la Saône au centre; collines et montagnes du Jura, au S.-E.

Agriculture. Céréales, maïs, vins renommés dits de Bourgogne, moutarde. Elevage d'excellents bœufs charolais, de moutons,bergougnons, de poulardes bressanes; forêts dans les montagnes; étangs poissonneux, mais insalubres, dans la Dombes.

Industrie. Pierres lithographiques, chaux et ciment, pierres de taille, asphalte, manganèse, houille, métallurgie, verreries, tuileries.

293. AIN. Ch.-l. **Bourg**, 20 000 h., poulardes, belle église de Brou.

S.-pr.: Belley ✝, 6., pierres lithographiques. Gex, 3., fromages. Nantua, 3.; Trévoux, 3. *Seyssel*, sur le Rhône, asphalte.

294. SAONE-ET-LOIRE. Ch.-l. **Mâcon**, 19., sur la Saône. Vins dits *du Mâconnais.* Patrie de Lamartine.

S.-pr.: Autun ✝, 16., antiquités romaines. Chalon-sur-Saône, 29 000 h., commerce de vins.

Charolles, 4., bœufs renommés; Louhans, 4. *Le Creusot*, 34 000 h., possède l'établissement métallurgique le plus important de France; bassin houiller s'étendant à Montceau-les-Mines, 27 000 h.; *Blanzy*, 5., et *Montchanin*, 5. Tournus, 5., pierres de taille. — *Paray-le-*

Monial, 4., pèlerinage au sacré Cœur. — Cluny, 4., ancienne abbaye de bénédictins, aujourd'hui école pratique de contremaîtres.

295. COTE-D'OR. Ch.-l. **Dijon** ✝, 75 000 h., place forte sur le canal de Bourgogne; vins, vinaigre, pains d'épice et moutarde; patrie de saint Bernard, de Bossuet.

S.-pr.: Beaune, 14., centre de production des meilleurs vins de Bourgogne (*Clos-Vougeot, Nuits, Pommard, Volnay,* etc.).

Châtillon-sur-Seine, 5., forges; congrès de 1814; Semur, 4.

Alise, au pied du mont Auxois, sur lequel on pense qu'était Alésia, où Vercingétorix se rendit à César, l'an 52 avant J.-C.

296. YONNE. Ch.-l. **Auxerre**, 21 000 h., sur l'Yonne, commerce de vins et de bois de chauffage. Belle cathédrale gothique.

S.-pr.: Sens ✝, 15., sur l'Yonne. Belle cathédrale.

Avallon, 6., et Joigny, 6.5, vins. Tonnerre, 5., vins et pierre statuaire. — *Chablis*, 2. (entre Auxerre et Tonnerre); vins blancs renommés. — *Fontenay-en-Puisaye* (au S.-O. d'Auxerre), bataille de 841, entre les fils de Louis le Débonnaire.— *Vézelay*, où saint Bernard prêcha la deuxième croisade en 1146.

XXX. FRANCHE-COMTÉ, 3 départements.

297. Généralités. Pays de *plaines* unies à l'O., sur la Saône, accidentées et se relevant à l'E. par les montagnes du Jura, et au N. par les Vosges.

Agriculture. Culture des céréales, du maïs et de la vigne; vins; pâturages et excellents bestiaux dits comtois; fromages dits de Gruyères; forêts des Vosges et du Jura.

Industrie. Sel gemme; eaux minérales; houille, forges; fabrication active d'horlogerie de Besançon et du Jura; tabletterie.

298. HAUTE-SAONE. Ch.-l. **Vesoul**, 10., ville d'entrepôt, au pied d'une butte conique dont les pentes sont couvertes de vignobles.

S.-pr.: Gray, 7., nombreux moulins à farine. Lure, 6., draps.

Luxeuil, 5., eaux minérales, ancienne abbaye. — *Ronchamp*, houille.

299. DOUBS. Ch.-l. **Besançon** ✝, 56 000 h., place forte sur le Doubs. Centre de notre fabrication d'horlogerie fine et commune.

S.-pr.: Montbéliard, 10., sur le Doubs; horlogerie; patrie de Cuvier. — Forges d'*Audincourt.*

Pontarlier, 9., sur le Doubs, est défendu par le *fort de Joux.* Commerce de bois de sapin. Baume-les-Dames, 3.

300. JURA. Ch.-l. **Lons-le-Saunier**, 13., qui doit son surnom à ses salines.

S.-pr.: Dôle, 15., sur le Doubs, ville industrielle; patrie de Pasteur.

Saint-Claude ✝, 2., tabletterie et ouvrages au tour, appelés *articles de Saint-Claude.* Poligny, 4., et Arbois, 4., vins blancs. Salins, 6., sel gemme; Morez, 5., horlogerie.

IX. RÉGION DU SUD-EST

XXXI. SAVOIE, 2 départements.

301. Généralités. Pays *alpestre*, ou entièrement couvert par les ramifications des grandes Alpes, qui sont surmontées de *glaciers* et de neiges perpétuelles, et entrecoupées de vallées profondes.

Agriculture. Peu de céréales; *alpages* ou pâturages des montagnes; élève de bestiaux, de chèvres, de moutons, de vers à soie et d'abeilles; fabrication de fromages.

Industrie peu développée : soieries, eaux minérales, etc.

302. HAUTE-SAVOIE. Ch.-l. **Annecy** ✝, 14., sur le lac de ce nom, évêché illustré par saint François de Sales.

S.-pr.: Thonon, 6., sur le lac de Genève. Bonneville, 2.; Saint-Julien, 1.

303. SAVOIE. Ch.-l. **Chambéry** ✝, 23 000 h., soieries.

S.-pr.: Albertville, 6., place forte. Moutiers-en-Tarentaise ✝, 3., sur l'Isère. Saint-Jean-de-Maurienne ✝, 3., sur l'Arc. *Aix-les-Bains*, 9., près du lac du Bourget, eaux sulfureuses. — *Modane*, village où commence le grand tunnel dit du *Mont-Cenis*, long de 12 km. et traversant les Alpes pour déboucher en Italie à La Bardonnèche, sur la Riparia et la route de Turin.

XXXII. DAUPHINÉ, 3 départements.

304. Généralités. Pays *alpestre*, presque entièrement couvert par les ramifications des Alpes, dont les hauts sommets sont couronnés de *glaciers* et de neiges perpétuelles. Des vallées profondes s'ouvrent à l'O., sur la grande vallée du Rhône.

Agriculture. Céréales, surtout dans la vallée du Graisivaudan; cultures de chanvre, mûriers, noyers, vignes; alpages; élevage de moutons, vaches, chèvres, vers à soie, abeilles.

Industrie. Fer et forges; toiles, lainages, soieries; gants; liqueurs.

305. ISÈRE. Ch.-l. **Grenoble** ✝, 73 000 h., place forte sur l'Isère. Fabrication de gants et de liqueurs. Bayard est né aux environs, à Pontcharra.

S.-pr.: Vienne, 25 000 h., sur le Rhône, ville ancienne; fabriques de draps. Saint-Marcellin, 3.; La Tour-du-Pin, 4. *Voiron*, 13., toiles. — *La Grande-Chartreuse*, célèbre monastère situé dans une vallée agreste et sauvage appelée le *Désert*; liqueur très estimée. — N.-D. de la *Salette*, lieu de pèlerinage, situé à 1 800 m. d'altitude, dans le massif du Pelvoux.

306. DROME. Ch.-l. **Valence** ✝, 27 000 h., sur le Rhône, soie et vin.

S.-pr.: Die, 4., sur la Drôme, vin blanc appelé *clairette de Die.* Montélimar, 13., commerce de soie et de nougats (gâteaux de noix ou d'amandes). Nyons, 4. *Romans*, 18., sur l'Isère, cordonnerie.

307. HAUTES-ALPES. Ch.-l. **Gap** ✝, 11., près de la Durance à 740 m. d'altitude.

S.-pr.: Briançon, 7., à 1 320 m. d'altitude, place forte qui défend la vallée de la haute Durance. Embrun, 3., sur la Durance, jadis fortifié.

XXXIII, XXXIV. PROVENCE, le COMTAT et NICE, 5 départements.

308. Généralités. Pays *alpestre* très élevé dans les parties orientales, qui s'abaissent en montagnes moyennes au centre et en légères collines à l'O., pour se terminer par la plaine et le delta du Rhône.

Agriculture. De la vigne, du mûrier, de l'olivier, de l'amandier, de l'oranger, du tabac; des fleurs odoriférantes à Nice; forêts, pâturages et élevage de moutons dans les Alpes.

Industrie. Peu développée dans les montagnes, plus active dans le Comtat et sur la côte; tignite; forges et constructions navales; lainages, chapellerie, huiles et savons; filature de la soie; parfums; marais salants.

Devoir 93. — 1. Quelles sont les provinces de la région de l'Est? — 2. Comment ces provinces ont-elles été rattachées à la couronne? — 3-4. Qu'appelle-t-on Morvan, La Creusot, Alise, Jura, Rive-de-Gier? — 5. Où trouve-t-on, dans cette région, des rubans, des bœufs renommés, de la tabletterie?

309. VAUCLUSE. Ch.-l. **Avignon** †, 49 000 h., sur le Rhône, a été le séjour des papes de 1309 à 1376. Château et cathédrale remarquables.

S.-pr. : **Orange**, 10., arc de triomphe et autres antiquités romaines; — **Apt**, 6., faïencerie; — **Carpentras**, 10., lainages, confiseries.

Vaucluse, village où jaillit la fontaine qui donne naissance à la *Sorgue*.

310. BOUCHES-DU-RHONE. Ch.-l. **Marseille** †, 520 000 h., sur la Méditerranée, fondée par une colonie grecque, 600 ans avant Jésus-Christ, est le premier port et la seconde ville de France. Elle exporte des vins, huiles, savons, soieries, et importe du blé, des denrées coloniales, etc. Son port est en communication surtout avec l'Algérie, l'Inde et la Chine. Nombreuses savonneries et huileries, raffineries de sucre. Elle rappelle le dévouement de Belsunce, son évêque, pendant la peste de 1720. Sanctuaire de N.-D. de la Garde.

S.-pr. : **Aix** †, 29 000 h., école des arts-et-métiers. Eaux thermales, amandes, huiles d'olives.

Arles, 29 000 h., sur le Rhône, à l'entrée de l'île de la Camargue, antiquités romaines.

La Ciotat, 12., constructions navales. — *Tarascon*, 9., sur le Rhône, commerce de saucissons et d'huiles.

311. VAR. Ch.-l. **Draguignan**, 10., corroieries.

S.-pr. : **Brignoles**, 11., prunes renommées. **Toulon**, 104 000 h., grand port militaire sur la Méditerranée. Cette ville fut livrée aux Anglais, en 1793, et reprise après un siège où se révéla le génie militaire de Bonaparte.

Hyères, 18., près d'une vaste rade fermée par les îles de même nom, jouit d'un climat délicieux et fait le commerce d'oranges, de citrons et d'huiles. Patrie de Massillon. — *Fréjus* †, 4., près de la baie de Fréjus, dite aussi de Saint-Raphaël, où Bonaparte débarqua en 1799. Nombreuses ruines romaines. — *La Seyne*, 20 000 h., sur la rade de Toulon, constructions navales.

312. BASSES-ALPES. Ch.-l. **Digne** †, 7., commerce de fruits secs et confits.

S.-pr. : **Barcelonnette**, 2.; **Castellane**, 2.; Forcalquier, 3.; Sisteron, 4.

313. ALPES-MARITIMES. Ch.-l. **Nice** †, 135 000 h., place forte, port marchand sur la Méditerranée; parfums, huiles et fruits; principale station hivernale de la Côte d'Azur. Patrie de l'astronome Cassini et du maréchal Masséna.

S.-pr. : **Grasse**, 20 000 h., parfums, huiles et fleurs; Puget-Théniers, 1.

Cannes, 31 000 h., port, rappelle le débarquement de Napoléon à son retour de l'île d'Elbe — *Menton*, 13., est, comme Nice, Grasse et Cannes, une station hivernale très fréquentée.

Carte du massif du Mont-Cenis.
Tunnel de Modane à La Bardonnèche, sous le col de Fréjus.

314. MONACO, 4., est la capitale d'une petite principauté de 15 000 h., qui reste indépendante, bien qu'enclavée dans le département des Alpes-Maritimes.

XXXV. CORSE, 1 département.

315. Généralités. La Corse est une *île haute*, presque entièrement couverte de montagnes très élevées au centre, et s'abaissant à l'E. sur une côte basse et bordée de lagunes.

Agriculture et industrie. Céréales, vins, tabac, oliviers, orangers, châtaigniers; forêts et chênes-lièges; chèvres et vers à soie. Marbre et porphyre; forges et fonderies.

316. CORSE. Ch.-l. **Ajaccio** †, 22 000 h., ville maritime fortifiée, fait le commerce de corail. Patrie de Napoléon Ier.

S.-pr. : **Bastia**, 28 000 h., place forte et port au N. de l'île; pâtes alimentaires dites *pâtes d'Italie*, marbreries, forges et fonderie du Toga.

Calvi, 2., place forte, port.

Corte, 5., statue du patriote Pascal Paoli; Sartène, 5.

Bonifacio, 4., sur le détroit qui sépare la Corse de la Sardaigne. — *Porto-Vecchio*, 3., sur une magnifique baie, au S.-E. — *Ile-Rousse*, 2., petit port au N. de l'île.

Devoir 94. — 1. Quelles sont les provinces de la région du S.-E.? — 2. Qu'appelle-t-on *pays alpestre*, et quels sont ses caractères généraux? — 3. Dites la situation et l'industrie des villes ci-après : Montélimar, Digne, La Ciotat, Hyères. — 4. Quels faits historiques rappellent Grenoble, Annecy, Toulon, Fréjus, Ajaccio, Marseille?

Devoir 95. — 1. Rangez par ordre d'importance les quinze villes de France qui ont plus de 100 000 hab. — 2. les quinze villes qui ont de 60 à 100 000 hab.

Les exercices cartographiques.

« *En France, nous ne connaissons pas de meilleur système cartographique que celui des Frères*, » dit le DICTIONNAIRE DE PÉDAGOGIE de M. Buisson.

Les élèves ont à *compléter* et à *colorier* d'abord les cartes semi-muettes des cahiers, puis à les reproduire *à vue*, enfin *par cœur*. C'est le moyen de les graver dans la mémoire par l'imagination et le travail de la main.

LES CAHIERS N° 2 (France) et N° 5 (Parties du monde) répondent à la matière de cette GÉOGRAPHIE-ATLAS.

MAROC — Échelle du 15 000 000°

COLONIES FRANÇAISES

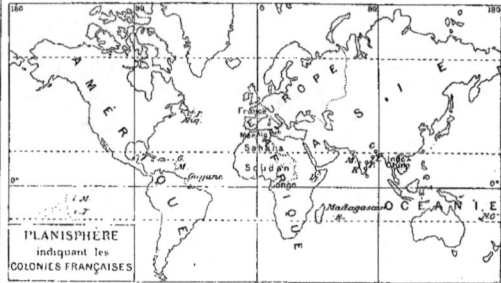

PLANISPHÈRE indiquant les COLONIES FRANÇAISES

I. AFRIQUE FRANÇAISE

(SUPPLÉMENT)

MAROC

(480 bis). Par accord conclu avec les puissances en 1900, la France possède (avec l'Espagne) la prééminence dans le protectorat de l'empire du Maroc, mais elle doit lui conserver son intégrité territoriale.

Le **Maroc**, situé au N.-O. de l'Afrique et à l'O. de l'Algérie, est une contrée montagneuse, traversée par les chaînes de l'Atlas, où les monts Aïachi et Miltsin atteignent 4 500 m. de hauteur.

Il est arrosé par la *Moulouïa*, qui se jette dans la Méditerranée, le *Sébou*, le *Tensift* et le *Draa* (rivière sèche), tributaires de l'Atlantique.

Gouverné par un sultan, sous le contrôle des grandes puissances, le Maroc compte une population d'environ 5 000 000 d'habitants : Berbères, Maures, Arabes et nègres, tous mahométans.

Villes. Fez, 150 000 h., Mékinez et Maroc, sont les trois capitales du sultan.

Tanger, sur le détroit de Gibraltar, El-Araïch, Rabat, Casablanca (au S. de Rabat) et Mogador, sur l'Océan, sont les ports principaux. Le port fortifié de *Ceuta* appartient à l'Espagne.

Le pays est fertile au nord-ouest de l'Atlas, mais l'agriculture et l'industrie sont négligées. Au sud, c'est le désert du Sahara avec quelques oasis. Le commerce, peu actif, exporte du bétail pour Gibraltar, des cuirs maroquinés, des laines, des fruits et légumes ; il importe surtout des tissus anglais, par Tanger.

---

317. Utilité des colonies. — Les avantages des colonies sont surtout de *développer le commerce*, la *marine*, ainsi que l'influence morale et politique de la métropole, à laquelle elles offrent en outre une patrie nouvelle pour l'excédent de sa population. Elles lui procurent des *matières premières pour l'industrie*, telles que le coton, la soie, les métaux, ainsi que des denrées que l'Europe ne cultive pas, comme le café, les épices. Les colonies reçoivent, en retour, de la métropole des *produits manufacturés* : vins, tissus, armes, machines, etc.

Devoir 96. — 1. Nommez les *colonies françaises* en Afrique. — 2. Dans quel océan et dans quelle partie du monde se trouvent la Martinique ? — Madagascar ? — Saïgon ? — le Sénégal ? — la Nouvelle-Calédonie ? — Taïti ? — la Guadeloupe ? — 3. Qu'est-ce que la Cochinchine ? — le Tonkin ? — la Réunion ?

ALGÉRIE

318. Bornes. L'**Algérie** est bornée au N. par la Méditerranée ; — à l'O., par le Maroc ; — au S., par le Sahara ; — à l'E., par la Tunisie.

La *superficie* de l'Algérie du Nord est d'environ 200 000 kilomètres carrés.

La *côte*, peu échancrée, est en général rocheuse et escarpée ; les baies, mal abritées, rendent la navigation assez difficile.

319. Tableau général.

COLONIES ET DATES D'ACQUISITION	SUPERFICIE	POPULATION
	kilom. car.	habitants.
AFRIQUE		
Algérie 1830	300 000	4 785 000
— *Territ. du Sud*. 1890	2 700 000	
Tunisie, protectorat. 1881	120 000	2 000 000
Sénégal-Mauritanie XIXᵉ s.	600 000	
Haut-Sénégal-Niger . 1880	700 000	
Guinée 1843	300 000	9 000 000
Côte d'Ivoire . . . 1843	400 000	
Dahomey 1892	200 000	
Congo français . . . 1880	2 000 000	5 000 000
Réunion. 1630	2 512	170 000
Comores. 1885	2 000	50 000
Madagascar 1895	600 000	3 000 000
Somalie française . . 1862	120 000	200 000
ASIE		
Territoires indiens. XVIIIᵉ s.	508	280 000
Cochinchine 1862	60 000	3 000 000
Cambodge, protector. 1863	130 000	1 600 000
Annam, protectorat. 1874	140 000	5 000 000
Tonkin 1885	120 000	5 800 000
Laos 1895	200 000	650 000
Kouang-Tchéou . . . 1898	3 000	180 000
OCÉANIE		
Nouvelle-Calédonie . 1851	20 000	50 000
Taïti et Marquises. . 1847	2 355	25 000
AMÉRIQUE		
Guyane. . . . . XVIIᵉ s.	100 000	30 000
Martinique. . . . id.	987	160 000
Guadeloupe et dép. id.	1 643	175 000
S-Pierre et Miquelon XVIᵉ s.	325	6 000
Totaux, environ. . . .	9 000 000	42 000 000

Devoir 97. — Décrivez un voyage aux colonies en allant de l'ouest à l'est, puis un autre de l'est à l'ouest, en consultant le planisphère ci-dessus.

Le cap *Bougiarone*, à l'E., est le plus septentrional.

Montagnes. L'Algérie est traversée de l'ouest à l'est par les monts *Atlas*, composés de deux chaînes parallèles très ramifiées, que sépare un haut *Plateau*. La chaîne du N. renferme les massifs de l'Ouaransénis et du *Djurdjura* ; celle du sud, le *djebel Amour* et le *djebel Aurès*, avec le mont Chélia, 2 328 m., point culminant.

Fleuves. Les cours d'eau de l'Algérie ne sont pas navigables ; mais par des barrages on les fait servir à l'irrigation du sol. Les principaux sont, de l'O. à l'E. : la *Tafna*, grossie de l'*Isly* ; la *Macta*, formée de l'Habra et du Sig ; le *Chéliff*, le plus grand de tous (650 km) ; l'*Isser*, le *Sahel*, le *Rummel* et la *Seybouse*.

Sauf la *sebkha d'Oran*, les lacs sont plus ou moins temporaires ; tels sont : les chotts *Chergui* et le chott *Melrhir*, dont le niveau est inférieur de 27 m. à celui de la mer.

Régions physiques. 1° Le *Tell*, compris entre la mer et l'Atlas, est une région montueuse où croissent toutes les cultures de l'Europe méridionale ; — 2° le *Plateau*, entre les deux chaînes de l'Atlas, présente des champs d'alfa, des lacs temporaires et des pâturages d'été ; — 3° le *Sahara algérien*, au S. de l'Atlas, est une plaine sablonneuse, torride et déserte, présentant cependant quelques *oasis* plantées de palmiers et habitées : celles de Laghouat, Zaatcha, Biskra, etc.

Population. L'Algérie a une population de 5 300 000 habitants, formée de Berbères ou Kabyles, d'Arabes nomades, de Maures et de nègres, tous mahométans. On compte 800 000 Européens, dont plus de la moitié de Français.

320. Administration. L'Algérie, colonie autonome, est administrée par un gouverneur général. Elle forme les **trois départements** ou provinces d'*Alger*, *Constantine* et *Oran*, divisés en 17 arrondissements.

En outre, au sud les **quatre Territoires**

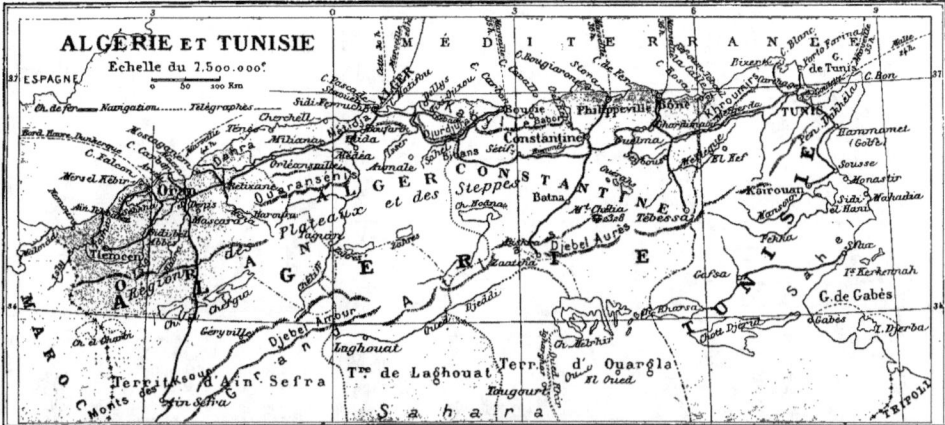

ALGÉRIE ET TUNISIE
Échelle du 7.500.000.

militaires d'*Ain-Sefra*, des *Oasis*, de *Ghardaïa* (Laghouat) et de *Tougourt* (Ouargla), qui comprennent une grande partie du Sahara.

L'Algérie constitue, avec la France, notre **19e région de corps d'armée**, dont le quartier général est à Alger.

Elle est divisée en **trois diocèses**, dont un archevêché, Alger, et deux évêchés, Oran et Constantine.

Pour l'instruction publique, elle forme l'*académie d'Alger*. Les musulmans ont des écoles coraniques.

Département d'Alger, ch.-l. *Alger*; sous-préfectures *Médéa, Miliana, Orléansville, Tizi-Ouzou.*

Alger, 130000 h., ville forte bâtie en amphithéâtre sur la Méditerranée, est la capitale de l'Algérie et l'entrepôt général du commerce de la colonie. Jadis repaire de pirates, elle fut prise par les Français en 1830.

Staouëli, près d'Alger, première victoire des Français en 1830. Couvent et ferme des Trappistes. — *Boufarik*, 9., centre agricole. — *Blida*, 35., commerce d'oranges.

Médéa, 16., est un important marché, ainsi qu'*Aumale*, 6., poste militaire. — **Miliana**, 9., et **Orléansville**, 12., dans la vallée du Chéliff, sont des marchés agricoles. — **Tizi-Ouzou** et *Fort-National* surveillent la Grande-Kabylie.

Laghouat est le chef-lieu d'un *territoire militaire* qui comprend aussi *El-Goléa.*

Département d'Oran, ch.-l. *Oran*; sous-préfectures *Mascara, Mostaganem, Sidi-bel-Abbès, Tlemcen.*

Oran, 100000 h., grand port de commerce, en partie peuplé d'Espagnols.

Tlemcen, 40., ville forte sur un plateau. — **Sidi-bel-Abbès**, 9., et *Mascara*, 22., ancienne capitale d'Abd-el-Kader, et *Saint-Denis-du-Sig*, 12., sont des centres agricoles florissants. — **Mostaganem**, 18., port près du Chéliff. — **Aïn-Sefra**, 10., ch.-lieu d'un *territoire militaire* où se trouve **Figuig**, et qui est suivi du *territoire des Oasis*, chef-lieu **Insalah**, dans le Touat.

Département de Constantine, ch.-l. *Constantine*; sous-préfectures *Batna, Bône, Bougie, Guelma, Philippeville, Sétif.*

Constantine, 57000 h., est une ville forte située sur un plateau rocheux. Elle fut prise d'assaut en 1837. Céréales.

Philippeville, 25., est un port actif, ainsi que **Bône**, 40. — *La Calle*, 5., pêche le corail.

Bougie, 17., exporte de l'huile d'olive et des fruits. — **Guelma**, 7., et **Sétif**, 20., dans l'intérieur, font le commerce de bestiaux.— **Batna**, 7., place militaire.

Biskra, 10., à l'entrée du désert, station d'hiver, dattes et olives.

Tougourt est le chef-lieu d'un *territoire militaire* à l'est.

321. L'**industrie algérienne** s'occupe surtout de l'élevage des moutons, bêtes à cornes, chameaux, et d'une excellente race de chevaux *arabes*. Dans le Tell on cultive les **céréales**, la vigne, le tabac, l'olivier, l'oranger, les légumes; sur le Plateau, on récolte l'alfa, plante textile; les oasis, fertilisées par les puits artésiens, produisent les dattes.

L'Algérie exploite des minerais de fer, de cuivre et autres, des marbres, des phosphates, du sel dans ses lacs et des sources thermales (*hammam*). Mais elle a peu d'industrie manufacturière.

Le *commerce intérieur* possède une artère de chemins de fer parallèle à la côte, allant d'Oran à Alger, Constantine et Tunis avec des lignes perpendiculaires, dites de *pénétration*, vers le sud.

Le *commerce extérieur* s'élève à 650 millions de francs et se fait pour les 3/4 avec la France, par Marseille.

Importation de **tissus** de coton et de laine, de machines et autres objets *manufacturés*, de vins, sucres, café, houille.

Exportation de **céréales** et farines, oranges, figues et dattes, primeurs pour Paris, vins, huile d'olive, bestiaux, laines, tabac, liège, alfa, minerais.

Le transit pour le Sahara et le Soudan est très faible; il se fait par caravanes.

TUNISIE

322. La **Tunisie** est *bornée* au N. et à l'E. par la Méditerranée, à l'O. par l'Algérie, dont elle est le prolongement physique.

Sa **superficie** est d'environ 120000 kilomètres carrés.

Le littoral tunisien, plus découpé que celui de l'Algérie, présente plusieurs golfes, îles et caps, outre la presqu'île Dakhéla.

La Tunisie est traversée au N. par l'extrémité E. de l'*Atlas* et arrosée par la *Medjerda*, qui se jette dans le golfe de Tunis. Au S., s'étendent les chotts *Rharsa* et *Djérid.*

Les productions naturelles sont analogues à celles de l'Algérie et déjà activement exploitées.

La Tunisie compte environ 2000000 d'h., de races berbère et arabe, de religion mahométane. Il y a 80000 juifs et 130000 Européens.

La Tunisie, ci-devant régence ou province turque, est depuis 1881 sous le protectorat français. Elle est gouvernée par un *bey* héréditaire, sous le contrôle du *résident général de France*. — Elle forme l'archevêché de Carthage et Tunis.

323. Tunis, 200000 h., au fond d'une baie, est la capitale et un port actif, dont *La Goulette* était jadis l'avant-port. Fabriques d'armes, de bijoux, selles, maroquins, tapis, essences de fleurs.

Bizerte, 15., port militaire et marchand.

Kairouan, 20., est la cité sainte des musulmans tunisiens. — *Sousse*, 10., son port, exporte de l'huile d'olive.

Sfax, 50., port actif, expédie surtout des phosphates. — *Gabès*, 12., oasis et petit port sur le golfe de ce nom. — *Gafsa*, 4., station de caravanes dans le Beled-Djérid, fertile en dattes. — L'île *Djerba* compte 40000 indigènes industrieux.

Outre ses produits agricoles, la Tunisie fournit le fer de la Kroumirie, le zinc, le plomb, les phosphates, le marbre, le chêne-liège; elle fabrique des tissus et vêtements de soie et de laine, des poteries, etc.

Des **chemins de fer** relient Tunis à l'Algérie.

Devoir 98. — Qu'est-ce que l'*Algérie?* — 2. Comment est-elle divisée? — 3. Nommez les préfectures et les sous-préfectures. — 4. Quels sont ses ports? — ses montagnes? — son fleuve principal? — 5. Que savez-vous de la *Tunisie?* — Faites la carte de l'Algérie avec la Tunisie, en indiquant les chemins de fer.

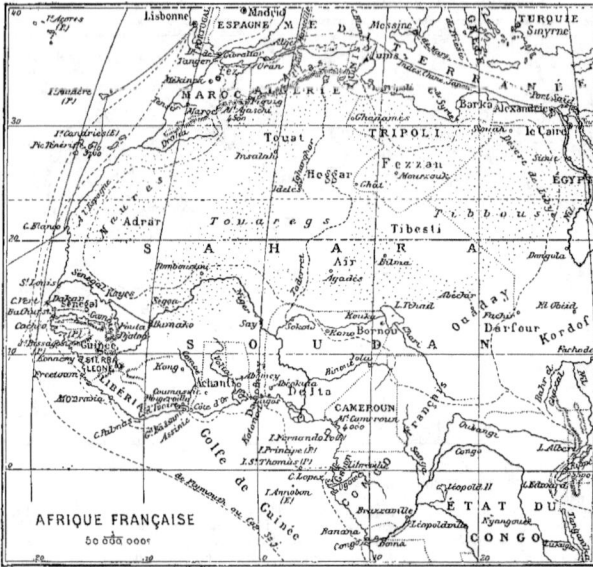

AFRIQUE FRANÇAISE
50 000 000e

RÉUNION
6.668.000e

idolâtres. Montueux vers la côte, il est arrosé par l'*Ogôwé*, le *Congo* inférieur et ses affluents l'*Oubanghi* et la *Sanga*, le *Chari*, qui se jette dans le lac *Tchad*. Il comprend : la colonie du Gabon, ch.-l. *Libreville*, port; la colonie du Moyen-Congo, ch.-l. *Brazzaville*, résidence du gouverneur général; la colonie de l'**Oubanghi-Chari** et le territoire militaire du *Tchad*, qui s'étend jusqu'au *Ouaday* inclusivement.

AFRIQUE ORIENTALE

329. La grande île **Madagascar** est située dans l'océan Indien, au S.-E. de l'Afrique, dont la sépare le canal de Mozambique. Son climat, très chaud, est malsain sur la côte marécageuse, plus salubre sur les plateaux de l'intérieur, que domine l'*Ankaratra*, 2 600 m. Il y a plusieurs fleuves peu navigables. Madagascar compte 3 000 000 d'indigènes : Hovas, de race brune, Sakalaves et autres Malgaches, de race nègre. Depuis 1897, elle est administrée par un gouverneur général français. Ses villes sont : *Tananarive*, 65., chef-lieu, situé sur le plateau, mais relié à la côte par un chemin de fer; *Fianarantsoa*, 6.; *Tamatave*, 15., port principal, à l'E.; *Antsirane*, port militaire au N., sur la baie de *Diégo-Suarez*; *Majunga*, port au N.-O.

Exportation de riz, bœufs, poudre d'or, bois de teinture.

L'île *Sainte-Marie* à l'E., *Nossi-Bé* au N.-O., ainsi que les îles *Comores*, *Mayotte* notamment, dépendent du gouverneur de Madagascar.

330. La Réunion ou île *Bourbon*, colonie ancienne, est très montagneuse, volcanique et riche en cultures tropicales. Elle est surtout peuplée de créoles et de noirs affranchis (170 000 h.). Ses villes principales sont : *Saint-Denis*, 30., ch.-lieu; *Saint-Pierre*, 24., et *Saint-Paul*, 25., ports, qui expédient en France du sucre de canne, du rhum, de la vanille. Un chemin de fer fait presque le tour de l'île.

331. La Côte française des Somalis, an-

géric, ainsi qu'à La Goulette, Bizerte, Sousse et Kairouan, Sfax et Gafsa.

Le *commerce extérieur* est d'environ 160 millions de francs, dont les $\frac{2}{3}$ pour l'exportation et les $\frac{3}{5}$ pour l'importation des marchandises européennes.

SAHARA

324. Le **Sahara français**, majeure partie du Grand Désert africain, renferme les plateaux montagneux du Hoggar et du Tibesti, ainsi que de vastes plaines sablonneuses. Il est sillonné de vallées sèches, telles que les oueds *Igharghar* et *Tadernet*. — On distingue : au N., les oasis de *Figuig*, *Tougourt* et autres; à l'O., l'*Adrar* et la *Mauritanie*, peuplés de Maures commerçants; au centre, le *Touat*, le *Hoggar* et l'*Aïr*, où dominent les Touaregs, nomades et pillards; à l'E., le *Tibesti*.

AFRIQUE OCCIDENTALE

325. Sous le titre d'**Afrique occidentale**, on comprend les *colonies* du Haut-Sénégal-et-Niger, du Bas-Sénégal, de la Guinée, de la Côte d'Ivoire et du Dahomey.

Le gouverneur général civil, résidant à *Dakar*, correspond avec les commissaires spéciaux des cinq colonies.

Cette contrée s'étend de l'Atlantique au lac *Tchad*, dans le bassin du *Sénégal* et celui du haut et moyen *Niger*; quatre fois plus étendue que la France, elle est peuplée de 8 à 10 millions d'habitants, de race berbère mélangée aux nègres.

326. La *colonie* du Haut-Sénégal et Niger a pour chef-lieu *Bamako*, sur le Niger, relié par chemin de fer avec *Kayes*, sur le Sénégal. On y rattache le territoire militaire du *Niger* avec le grand marché de *Tombouctou*, 10., au nord du coude du Niger.

— La *colonie du Bas-Sénégal* comprend le bassin du bas *Sénégal* jusqu'à *Kayes* et celui de la *Gambie* supérieure. Elle renferme 3 000 Européens, avec les villes de *Saint-Louis*, 25., ch.-l., port sur le Sénégal, et *Dakar*, 15., port militaire et marchand, plus accessible. — Climat torride, insalubre. — Exportation d'arachides, de caoutchouc, de gomme. Au N. du Sénégal, s'étend le *territoire civil de la Mauritanie*, rattaché à cette colonie.

327. La *colonie de la Guinée* comprend les rivières maritimes dites *du Sud*, les bassins supérieurs du Sénégal et du Niger, avec le massif du *Fouta-Djalon*. Relativement favorable à la colonisation, elle a pour chef-lieu *Konacry*, bon port.

— La *colonie de la Côte d'Ivoire* renferme : *Bingerville*, ch.-lieu; les établissements de *Grand-Bassam*, *Assinie* et autres, situés sur le littoral, bas et insalubre; le bassin du Comoé et le plateau montueux de Kong, v. pr. *Kong*, 15.

— La *colonie du Dahomey* renferme *Abomey*, 20., ancienne capitale de rois sanguinaires; les ports de *Porto-Novo*, chef-lieu, *Kotonou* et *Ouydah*, sur la côte des Esclaves. Elle s'avance jusqu'à *Say*, sur le Niger.

328. Le **Congo français**, dans l'ouest de l'Afrique centrale, est un territoire de 2 200 000 km², peuplé d'environ 5 millions de nègres, pour la plupart sauvages et

Devoir 93. — 1. Que comprend le *Soudan français?* — 2. Où se trouve le *Congo français?* — 3. Dites ce qu'on entend par : *Mayotte*, *Dahomey*, *Gabès*, *Tlemcen*, *Bône*, *Orléansville*, *Tananarive*.

cien territoire d'Obock, est située au fond du golfe d'Aden, avec 200 000 h., de races arabe et abyssine mélangées. Ch.-lieu *Djibouti*, bon port, relié avec Harar par un chemin de fer, qui aboutira à Addis-Abéba.

II. ASIE FRANÇAISE

332. L'**Inde française** (280 000 h.) comprend cinq villes avec leurs territoires, savoir : *Mahé*, port sur la côte de Malabar; *Karikal, Pondichéry*, 50., ch.-lieu, et *Yanaon*, ports sur la côte de Coromandel; *Chandernagor*, 33., port sur l'Ougly, au N. de Calcutta. — Exportation de cotonnades dites guinées, d'arachides, d'indigo.

Indo-Chine française.

333. L'**Indo-Chine française**, la plus importante de nos colonies après l'Algérie-Tunisie, est située au sud de la Chine sur l'océan Pacifique. Elle comprend la Cochinchine, le Cambodge, l'Annam, le Tonkin et le Laos oriental, ayant ensemble une superficie d'environ 600 000 kilom. carrés.

L'intérieur du pays est un *plateau* de 500 à 1 000 m. d'altitude moyenne, surmonté de chaînes montagneuses, surtout dans l'Annam. La Basse-Cochinchine et le Tonkin sont caractérisés par les deltas du *Song-Koï*, ou *Fleuve Rouge*, et du *Mékong*, très fertiles en riz et très peuplés.

Le *climat*, chaud et humide, surtout dans les deltas, est débilitant et sera toujours un grand obstacle au séjour des Européens.

La *population* totale est évaluée à 16 millions d'habitants, de races brune et jaune mélangées, qui sont celles des Hindous et des Chinois; ils sont généralement bouddhistes; on compte 600 000 catholiques.

334. Administration. L'Indo-Chine française est administrée par un *gouverneur général civil*, ayant sous ses ordres le *lieutenant-gouverneur* de la Cochinchine et les quatre *résidents supérieurs* des autres pays.

La **Cochinchine** conquise en 1862, a pour chef-lieu *Saïgon*, 50., belle ville, principal port d'importation, port de guerre.—*Cholon*, 100., peuplé surtout de Chinois, décortique et exporte le riz, dont il est le grand entrepôt.

Le royaume « protégé » du **Cambodge** a pour capitale *Pnom-Penh*, 50., située sur le Mékong, non loin de la ville de *Oudong* et du lac Tonlé-Sap, où abonde le poisson. — *Battambang*, 50., est à l'ouest.

Le royaume « protégé » d'**Annam** a pour capitale *Hué*, 60., située à trois lieues de la mer et à proximité du port de *Tourane*.

Le **Tonkin** est très peuplé à l'est. · *Hanoï*, 130., à l'origine du delta du Song-Koï, est le chef-lieu du pays et la capitale de l'Indo-Chine. — *Nam-Dinh*, 30., dans le S. du delta; *Haïphong*, port principal avec *Port-Courbet*, station navale dans le N.-E.

Le **Laos** *oriental* comprend des territoires sur la rive gauche du *Mékong*. La rive droite appartient au Siam.

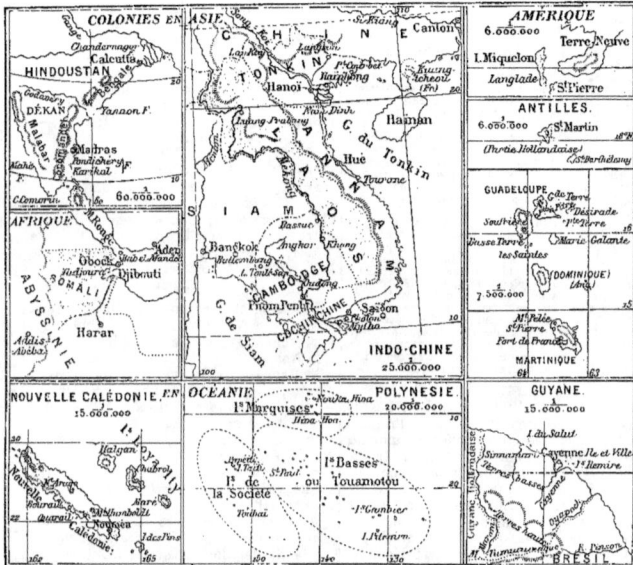

335. L'**industrie** des Indo-Chinois consiste principalement dans la culture du riz et du coton, l'élève du bétail et des vers à soie, la pêche par les Cambodgiens dans le lac Tonlé-Sap. L'industrie moderne se développe.

Le **commerce**, en Cochinchine et au Tonkin, consiste dans l'exportation du *riz*, principalement, et l'importation de cotonnades, wagons, etc. Il s'y fait en grande partie au moyen des *canaux* naturels et par les Chinois, qui trafiquent surtout avec leur pays et les places anglaises de Hong-Kong et Singapour.

Des *chemins de fer* se dirigent d'Hanoï vers Lang-Son et Lao-Kay, sur la frontière chinoise, au sud vers Hué, etc.

En Chine, le territoire de *Kouang-Tchéou*, port franc.

III. OCÉANIE FRANÇAISE

336. La **Nouvelle-Calédonie**, située à l'est de l'Australie, est une longue île ayant pour annexes l'île des Pins et les îles *Loyalty*. La population est de 50 000 habitants, y compris les condamnés français travaillant dans les pénitenciers de Nouméa et autres.

Nouméa, 7., le chef-lieu, a un port fortifié, qui exporte le minerai de nickel en échange de denrées alimentaires.

Les îles **Taïti** ou de la *Société*, ch.-l. *Papéiti*, les îles *Marquises* et les îles *Basses* ou *Touamotou* sont des archipels de la Polynésie orientale.

Devoir 99 bis. — 1. De quoi se compose l'*Indo-Chine* française? — 2. Quelle est sa population? — 3. son importance commerciale? — 4. Qu'entend-on par : *Loyalty, Marquises, Antilles, Miquelon, Guyane, Cambodge, Yanaon?*

IV. AMÉRIQUE FRANÇAISE

337. La **Guyane** française, située au N. du Brésil, est une contrée basse et fertile sur la côte. mais insalubre. Au sud sont les monts *Tumucumaque*. Il y a plusieurs établissements pénitenciers. Le chef-lieu est *Cayenne*, 12., port dans une petite île; exportation d'or.

Les **Antilles** françaises comprennent deux îles importantes et plusieurs petites :
1° La **Martinique**, ch.-l. *Fort-de-France*, 15., port militaire. La ville maritime de *Saint-Pierre*, détruite en 1902 par une éruption volcanique, se rebâtit activement.
2° La **Guadeloupe**, formée de deux îles très rapprochées : la Basse-Terre, ch.-l. *Basse-Terre*, port, et la Grande-Terre, ville princ. *Pointe-à-Pitre*, 17., port.
3° La *Désirade*, *Marie-Galante*, les *Santes*, qui dépendent du gouvernement de la Guadeloupe, ainsi que l'île *Saint-Barthélemy* et la moitié de l'île *Saint-Martin*, situées plus au N.

Les Antilles exportent beaucoup de sucre de canne et de rhum.

Les petites îles **Saint-Pierre et Miquelon**, situées au S. de Terre-Neuve, sont un rendez-vous de pêche pour les bâtiments français qui viennent chaque année faire la pêche à la morue, très abondante dans les parages terre-neuviens.

Devoir 100 (oral). — 1. Quelles sont celles de nos colonies qui peuvent être peuplées par les Européens, et pourquoi? — 2. Quelles sont celles dont le climat est trop chaud pour les Européens? — 3. Quels sont les inconvénients du climat du Tonkin ou de la Guyane? — 4. Quelles denrées trouve-t-on à la Réunion, aux Antilles, qu'en Algérie ne produit pas, et pourquoi? — 5. Dans quel voisinage se trouve l'Indo-Chine, et d'où vient son importance coloniale?

EUROPE

Géographie physique.

366. Caractères physiques : 1° L'Europe est caractérisée par sa faible étendue relative et par le démembrement de sa masse continentale. Ses contours, très sinueux, présentent beaucoup de presqu'îles et enferment de nombreuses mers intérieures. Ses côtes, basses dans le N., montagneuses dans le S., sont riches en bonnes positions commerciales.

2° Le profondeur des mers septentrionales, entourées de plaines, est peu considérable. On observe en moyenne 100 à 200 mètres dans la mer du Nord, la Baltique, la mer Blanche et le nord de la Caspienne. — Au contraire, les mers méridionales, entourées de montagnes, atteignent 4 400 m. de profondeur dans la Méditerranée, et 6 000 m. dans l'Atlantique.

3° Le relief du sol européen, généralement moins élevé que celui des autres continents, forme deux divisions de premier ordre : la haute Europe du Sud-Ouest, qui a de 500 à 1 000 m. d'altitude moyenne, et atteint 4 810 m. au point culminant du grand massif des Alpes ; — la grande plaine de la basse Europe du Nord-Est, qui atteint à peine 300 m. d'altitude : c'est l'une des plus vastes du globe, car elle s'étend depuis l'Oural et la mer Caspienne jusqu'aux Pyrénées.

4° Une dépression remarquable au-dessous du niveau général de l'Océan est formée en Russie par une partie du bassin de la mer Caspienne, dont le niveau est de 25 m. au-dessous de celui de la mer Noire.

367. L'Europe (10 000 000 de km².) est la plus petite des trois divisions de l'Ancien Continent et des cinq parties du monde, car elle égale à peine le tiers de l'Afrique et le quart de l'Amérique ou de l'Asie.

368. Bornes. L'Europe est bornée au N. par l'océan Glacial boréal ; — à l'E. par l'Asie (ou par les monts Ourals, le fleuve Oural et la mer Caspienne) ; — au S. par le Caucase, la mer Noire et la Méditerranée ; — à l'O. par l'océan Atlantique.

369. Contrées. Les 21 principales contrées de l'Europe sont :

À l'ouest. la France, les Iles Britanniques, la Belgique, les Pays-Bas, ou la Hollande, et le grand-duché de Luxembourg ;

Au centre, l'Allemagne, l'Autriche-Hongrie et la Suisse ;

Au nord, le Danemark, la Suède, la Norvège et la Russie ;

Au sud, le Portugal, l'Espagne, l'Italie, la Turquie, la Grèce, la Bulgarie, la Roumanie, la Serbie et le Monténégro.

370. Mers. 1° L'océan Glacial boréal, formant la mer Blanche.

2° L'océan Atlantique, formant la mer Baltique, la mer du Nord, la mer d'Irlande et la Manche.

3° La mer Méditerranée, formant la mer Tyrrhénienne, la mer Adriatique, la mer Ionienne, l'Archipel (ou mer Egée), la mer de Marmara, la mer Noire et la mer d'Azov.

4° La Caspienne est considérée comme une mer isolée ; c'est le plus grand lac du globe.

371. Golfes. Dans la Baltique, le golfe de Bothnie, entre la Suède et la Russie ; — les golfes de Finlande et de Riga, en Russie. — Dans la mer du Nord, le Zuiderzée, au nord des Pays-Bas. — Dans l'Atlantique, le golfe de Gascogne, entre la France et l'Espagne. — Dans la Méditerranée, le golfe du Lion, en France ; — les golfes de Gênes, de Tarente et de Venise, en Italie ; et le golfe de Lépante, en Grèce.

372. Détroits. 1° Dans l'Atlantique, le Skager-Rak, le Cattégat et le Sund, entre le Danemark, la Norvège et la Suède. — Le Pas de Calais, entre la France et l'Angleterre (34 km de largeur) ; — le canal du Nord et le canal Saint-Georges, entre la Grande-Bretagne et l'Irlande.

2° Dans la Méditerranée, le détroit de Gibraltar, entre l'Espagne et l'Afrique ; — le détroit de Bonifacio, entre la Corse et la Sardaigne ; — le Phare de Messine, entre l'Italie et la Sicile ; — le canal d'O-trante, entre l'Italie et la Turquie ;

Les Dardanelles, ou détroit de Gallipoli, et le Bosphore, ou canal de Constantinople, entre la Turquie d'Europe et la Turquie d'Asie ; — le détroit de Kertch, ou d'Iénikalé, entre la Crimée et la Caucasie.

373. Iles et archipels. 1° Dans l'océan Glacial, la Nouvelle-Zemble (inhabitée), appartenant à la Russie ; — les îles Lofoten, à la Norvège.

2° Dans la mer Baltique, les îles Seeland, Fionie, et autres îles de l'archipel Danois ; — les îles Oland et Gotland, à la Suède ; — les îles Aland et Œsel, à la Russie.

3° Dans l'Atlantique, l'Islande et les îles Féroé, au Danemark ; — l'archipel des îles Britanniques, comprenant la Grande-Bretagne, l'Irlande et les Hébrides ; — l'île Jersey, à l'Angleterre.

4° Dans la Méditerranée, les îles Baléares, à l'Espagne ; — la Corse, à la France ; — la Sardaigne, la Sicile, à l'Italie ; — l'île de Malte, à l'Angleterre ; — les îles Ioniennes, les Cyclades et Négrepont, à la Grèce ; — l'île de Crète (Candie) — et les îles du N. de l'Archipel, à la Turquie.

374. Presqu'îles. Les quatre grandes presqu'îles sont : la péninsule scandinave, (Suède et Norvège) ; — la péninsule hispanique (Espagne et Portugal) ; — la péninsule italique ; — celle des Balkans (Turquie, Grèce, etc.).

On cite trois petites presqu'îles : le Jutland, en Danemark ; — la Morée, au sud de la Grèce ; — la Crimée, au sud de la Russie.

375. Isthmes. On ne compte en Europe que deux isthmes remarquables par leur peu de largeur : celui de Corinthe (6 km), qui joint la Morée au continent (il est percé par un canal), et celui de Pérécop (8 km), qui unit la Crimée à la Russie.

376. Caps. Dans l'océan Glacial, le cap Nord, en Laponie. — Dans l'Atlantique, les caps Lindesness, en Norvège ; Falsterbo, en Suède, et Skagen, au N. du Jutland ; — les caps Duncansby, en Écosse ; Landsend, en Angleterre ; — Saint-Mathieu, en France ; — Finisterre, en Espagne ; — Saint-Vincent, en Portugal. Dans la Méditerranée, les caps Spartivento et Leuca, en Italie ; — Matapan, en Morée.

377. Montagnes. Les principales sont : 1° Dans l'Europe centro-méridionale. Les Alpes, entre la France, l'Italie, la Suisse et un Autriche. Le point culminant est le mont Blanc, 4810 m. d'altitude ; — le Jura, entre la France et la Suisse ; — les Vosges, entre la France et l'Allemagne ; — les Cévennes et les monts d'Auvergne, en France. Les monts de Bohême et les Carpathes, en Autriche-Hongrie ; — les Balkans, en Bulgarie ; — les monts de la Grèce ; — les Apennins, en Italie.

2° Au sud-ouest. — Les Pyrénées, 3404 m., entre la France et l'Espagne ; — les monts Ibériens et la Sierra Névada, en Espagne.

3° Au nord. — Les monts Grampians, en Écosse ; — les monts Scandinaves, en Norvège et en Suède.

4° À l'est. — L'Oural, 1 700 m., et le Caucase, 5 600 m., entre la Russie et l'Asie.

378. Volcans. Les volcans les plus remarquables de l'Europe sont : le Vésuve, près de Naples ; — l'Étna, en Sicile ; — et l'Hékla, en Islande.

Les plateaux remarquables sont ceux de l'Espagne (750 m.), de la France centrale, de l'Allemagne méridionale, de la Bohême, de la Transylvanie, de la Turquie et de la Scandinavie. Les plateaux russes, très vastes, ont à peine 150 m. d'altitude moyenne.

Les grandes plaines de l'Europe sont : la Russie, qui est une des plus vastes plaines du monde ; — les plaines de la Suède méridionale, de l'Allemagne septentrionale, des Pays-Bas hollandais et danois, de la Belgique et de la France occidentale ; — les plaines isolées de la Hongrie et du Pô.

379. Bassins maritimes. L'Europe peut se diviser en deux grands versants généraux du Nord-Ouest et du Sud-Est, comprenant sept grands bassins ou versants maritimes, savoir : le versant de l'océan Glacial, le bassin de la mer Baltique, le bassin de la mer du Nord, le versant propre de l'Atlantique, le versant de la mer Méditerranée, le versant de la mer Noire et le versant de la mer Caspienne.

Chacune de ces divisions hydrographiques est circonscrite par une ligne de partage des eaux.

380. La ligne de partage des deux versants généraux s'étend de l'océan Glacial au détroit de Gibraltar. Elle passe par les monts Ourals et les plateaux de la Russie (Valdaï), les plaines de la Pologne, les monts Carpathes, les monts de Bohême, la Forêt-Noire, les Alpes suisses, le Jura, les Cévennes, les Pyrénées, les monts Ibériens et la Sierra Névada.

381. Cours d'eau. 1° Dans le versant de l'océan Glacial : la Petschora et la Dwina, au nord de la Russie.

2° Bassin de la Baltique : le Dal et la Tornéa, en Suède ; — la Néva, la Duna, le Niémen, en Russie ; — la Vistule, en Pologne, — et l'Oder, en Prusse.

3° Bassin de la mer du Nord : le Glommen, en Norvège ; la Gotha, en Suède ; — l'Elbe et le Wéser, en Allemagne ; — le Rhin, qui traverse la Suisse, l'Allemagne et les Pays-Bas (1 300 km) ; — la Meuse et l'Escaut, arrosant la France, la Belgique et les Pays-Bas ; — la Tamise et l'Humber, en Angleterre.

4° Versant propre de l'Atlantique : le Shannon, en Irlande ; le Severn, en Angleterre ; — la Seine, la Loire et la Garonne, en France ; — le Douro, le Tage, la Guadiana et le Guadalquivir, dans la péninsule hispanique.

5° Versant de la Méditerranée : l'Ebre en Espagne ; — le Rhône, en France ; — l'Arno, le Tibre et le Pô, en Italie ; — la Maritza, en Turquie.

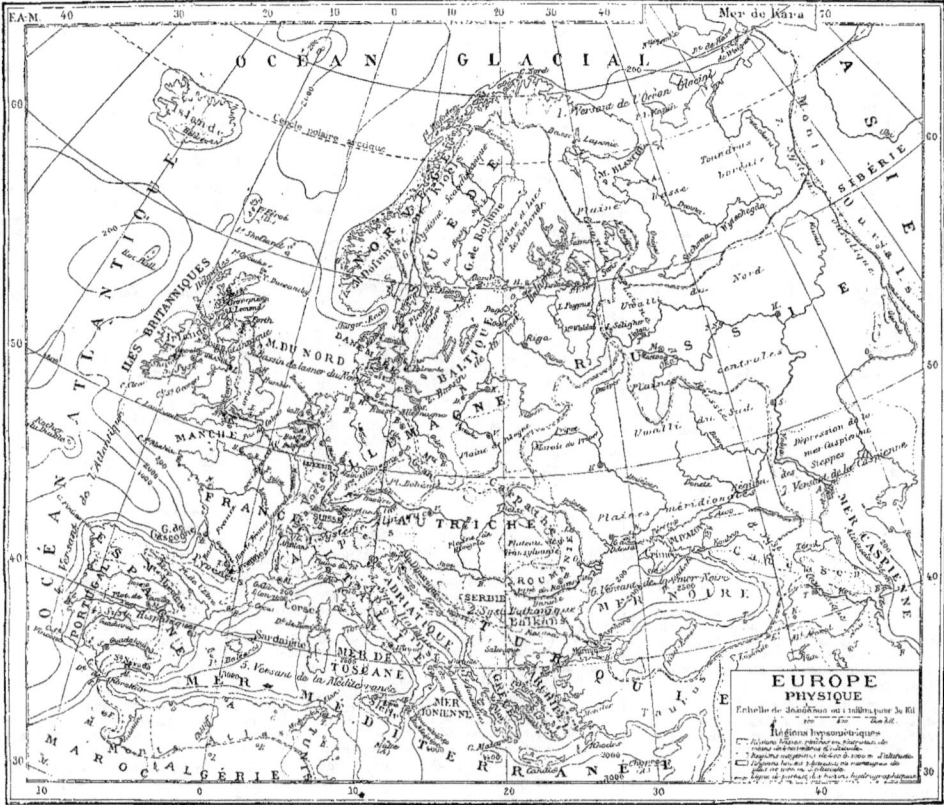

EUROPE
PHYSIQUE

6° Versant de la mer Noire : le **Danube**, le second fleuve de l'Europe (2 800 km), qui parcourt l'Allemagne, l'Autriche, et sépare la Bulgarie de la Roumanie; — le *Dniester*, le *Dniéper* et le *Don*, en Russie.

7° Versant de la mer Caspienne : le **Volga** (3 400 km), le plus long fleuve de l'Europe, en Russie; — enfin l'*Oural*, que l'on prend pour limite entre l'Europe et l'Asie.

382. Lacs. En Russie, le lac Ladoga, le plus grand de l'Europe, et le lac *Onéga*; — en Suède, les lacs *Wéner*, *Wetter* et *Mélar;* — en Suisse, les lacs de *Genève* et de *Constance;* — en Italie, les lacs *Majeur* et de *Garde;* — en Hongrie, le lac *Balaton*.

383. Climat et productions naturelles. (Voir p. 50.)

EUROPE

Devoir 104. — Qu'est-ce que l'Europe? — 2. Quelle est son étendue en kilom. carrés? — 3. Combien de fois est-elle plus petite que l'Asie? — 4. plus grande que la France? — 5. En combien de contrées est-elle divisée? — 6. Nommez les grandes mers. — 7. Entre quelles contrées se trouve la mer du Nord? — la Baltique? — l'Adriatique? — 8. Dans quelle contrée se trouve le golfe de Finlande? — celui de Tarente?

Devoir 105. — 1. Citez un détroit entre l'Espagne et l'Afrique. — 2. deux détroits entre l'Angleterre et l'Irlande. — 3. deux en Turquie. — 4. Quel accident géographique porte le nom de Gotland (île)? — Sund? — Gênes? — Bothnie? — Marmara? — 5. Où se trouve le golfe du Lion? — les Dardanelles? — les îles ioniennes? — le Jutland? — Malte? — 6. Suivez la côte du cap Nord au cap Saint-Mathieu en indiquant les caps, les golfes, les embouchures de fleuves.

Devoir 106. — Coloriez et complétez les écritures de la carte 1 du cahier cartographique n° 2.

Devoir 107. — 1. Tracez la côte de l'Europe depuis le cap Nord jusqu'au détroit de Gibraltar, avec toutes les îles de l'Ouest, d'après le modèle du cahier carto-

graphique. — 2. Achevez les contours de la carte de l'Europe. — 3. Tracez les montagnes et les fleuves sur votre carte commencée, et faites les écritures.

Devoir 108. — 1. Où est l'isthme de Corinthe? — le Jura? — le Rhin? — le cap Saint-Vincent? — 2. Dites la nature et la situation des choses suivantes : Pyrénées, — Tamise, — Dago, — Lion, — Roumanie, — Malte, — Tage, — Niemen. — 3. Nommez les fleuves de la Russie et les mers où ils se jettent. — 4. De même pour les fleuves de l'Espagne, — de l'Italie.

Devoir 109. — 1. A quel pays appartient l'Oder? — l'Oural? — le cap Leuca? — le cap Matapan? — l'île de Sardaigne? — la Laponie? — Gibraltar? — le lac Onéga? — 2. Qu'appelle-t-on lac? — fleuve? — golfe? — détroit? — mer? — 3. Donnez deux exemples de chaque chose. — 4. Le Rhin est-il plus grand que la Loire et que le Danube? — 5. Quels sont les plus grands fleuves de la Russie? — de l'Allemagne?

Devoir 110. — 1. Un navigateur va de Saint-Pétersbourg à Odessa : dites quelles mers et quels détroits il traversera. — 3. Faites les mêmes réponses pour un voyage de retour, c'est-à-dire d'Odessa à Saint-Pétersbourg.

EUROPE POLITIQUE

I. — NOTIONS GÉNÉRALES

384. Population. La population totale de l'Europe est d'environ 430 000 000 d'habitants. Sa superficie est de 10 000 000 de kilom. carrés (ou 19 fois la superficie de la France). — Sa *densité* ou *population relative* moyenne est donc de 43 hab. par km car. La Russie en compte 23, la France 73, l'Allemagne, 117, l'Angleterre 141, et la Belgique 248.

385. Ethnographie. L'Europe est peuplée par la race blanche, qui se divise en trois familles principales :

1° La *famille latine*, comprenant les Français, les Belges-Wallons, les Espagnols, les Portugais, les Italiens et les Roumains.

2° La *famille teutonne*, qui comprend les Allemands, les Hollandais, les Belges-Flamands, les Scandinaves et les Anglais.

3° La *famille slave*, qui comprend les Russes, les Polonais, les Bohèmes, les Serbes, les Bulgares, etc.

386. Religions. Le *catholicisme* domine au S.-O., en Italie, en Espagne, en Portugal, en France, en Belgique et en Autriche.

Le *protestantisme*, au N.-O., en Allemagne, en Angleterre, en Suisse, en Hollande, en Danemark, en Suède et en Norvège.

Le *schisme grec*, à l'E., en Russie, en Turquie et en Grèce.

On compte environ 8 millions de *mahométans*, en Turquie et en Russie; et 9 millions de *juifs*, dispersés particulièrement dans l'Europe orientale.

387. Gouvernement. La forme dominante des gouvernements en Europe est la *monarchie constitutionnelle représentative*. Il y a aussi plusieurs républiques.

L'Europe, malgré sa faible étendue relative, est, grâce surtout aux bienfaits de la religion chrétienne, la partie du monde la plus civilisée, la plus riche, la plus puissante. Elle étend sa domination sur une grande partie du reste du globe.

388. Divisions politiques. L'Europe se divise en 70 États; mais beaucoup d'entre eux, en général peu considérables, étant réunis dans la *confédération* suisse ou dans l'*empire fédératif* d'Allemagne, on ne considère que 21 puissances distinctes, dont six sont dites les *grandes puissances*.

389. Tableau des États de l'Europe.

ÉTATS	SUPERFICIE		POPULATION	
	ABSO-LUE	COM-PARÉE	ABSO-LUE	RELA-TIVE
Pour 1908.	km. car.		habitants	hab.
FRANCE, *république*....	537 000	1	39 500 000	73
ANGLETERRE, *royaume*.	315 000	0,6	45 000 000	141
Belgique, *roy.*	29 400	0,05	7 400 000	248
Pays-Bas, *roy.*	33 000	0,06	5 700 000	173
Luxembourg, *grand-duché*.	2 600	»	240 000	92
ALLEMAGNE, *empire*..	540 000	1	61 000 000	117
AUTRICHE-HONGRIE, *emp.*	675 000	1,3	51 000 000	78
Suisse, *républ.*	41 400	0,08	3 500 000	84
Danemark, *royaume*..	40 000	0,07	2 600 000	65
Norvège, *royaume*...	325 000	0,6	2 300 000	7
Suède, *royaume*	450 000	0,8	5 400 000	12
RUSSIE, *empire*....	5 500 000	10	125 000 000	23
Portugal, *roy.*	90 000	0,16	5 500 000	61
Espagne, *roy.*	500 000	1	20 000 000	40
ITALIE, *roy.*	287 000	0,5	34 000 000	118
Turquie, *emp.*	170 000	0,3	6 000 000	35
Bulgarie, *roy.*	100 000	0,2	4 300 000	43
Grèce, *roy.*	65 000	0,1	2 600 000	43
Roumanie, *roy.*	131 000	0,2	6 700 000	51
Serbie, *roy.*	50 000	0,1	2 700 000	54
Monténégro, *principauté*.	9 000	»	250 000	28
EUROPE, environ.	10 000 000	19	430 000 000	43

---

390 à 393. (Angleterre, page 48 (1).)

III. BELGIQUE

394. Le *royaume* de **Belgique** compte plus de 7 400 000 hab., qui appartiennent aux *familles* teutonne et latine, professent la *religion* catholique, et parlent les *langues* flamande et française.

395. Villes. Bruxelles, 600 000 h., capitale de la Belgique ; — **Anvers**, 300 000 hab., sur l'Escaut, est le principal port de commerce ; — *Gand*, 165 000 hab., centre d'industrie cotonnière et linière ; — *Liége*, 170 000 hab. *Charleroy* et *Mons* exploitent de riches bassins houillers et produisent beaucoup de fer. — *Ostende*, port et station balnéaire.

396. Industrie. La Belgique est une contrée généralement basse, très fertile et très bien cultivée, riche en mines de houille et en carrières. Eu égard à son étendue, c'est le pays le plus peuplé de l'Europe. Elle se place au premier rang par la valeur proportionnelle des produits commerciaux.

397. Colonie. Le *Congo belge*, dans l'Afrique centrale, est reconnu neutre et indépendant par les grandes puissances. Le roi des Belges, Léopold II, à qui l'on doit sa fondation, en 1885, l'a cédé à la Belgique en 1908.

IV. PAYS-BAS

398. Le *royaume* des **Pays-Bas** ou de Hollande a 5 500 000 hab., appartenant à la *famille* teutonne et aux *cultes* protestant et catholique.

399. Villes. La Haye, 250 000 h., capitale de la Hollande ; — **Amsterdam**, 560 000 hab., sur le golfe du Zuiderzée, célèbre pour la taille et le commerce du diamant ; second port marchand. Le premier port est **Rotterdam**, 400 000 h., à l'embouchure de la Meuse.

400. Industrie. Les Pays-Bas, comme leur nom l'indique, forment une région plate et très basse, dont les parties occidentales, nommées *polders*, sont à un niveau inférieur à celui des hautes marées, et doivent être maintenues à l'abri des inondations par des digues. C'est une contrée agricole, en même temps que la mer et de nombreux canaux en font une contrée essentiellement maritime et commerçante.

401. Colonies. En *Amérique*, la Guyane hollandaise et quelques-unes des Antilles ; — en *Océanie*, l'importante île *Java*, cap. Batavia ; les îles Sumatra, Bornéo, de la Nouv.-Guinée (en partie), Célèbes et Moluques.

402. Le grand-duché de **Luxembourg**, 240 000 hab., de langue allemande, fut détaché de la Belgique en 1839, et forme un État indépendant. La capitale est *Luxembourg*, ancienne forteresse fédérale.

VII. SUISSE

410. La république ou *confédération* Suisse a 3 400 000 hab., qui appartient en majorité à la *famille* teutonne, professent les *cultes* protestant et catholique, et parlent l'allemand, le français ou l'italien.

Villes. Berne, 70 000 h., est le siège du gouvernement fédéral de la Suisse ; — **Genève**, 120 000 h., sur le lac de ce nom, centre d'une grande fabrication d'horlogerie fine ; — *Bâle*, 130 000 h., sur le Rhin, et *Zurich*, 170 000 h., villes de commerce et d'industrie.

411. Industrie. La Suisse, célèbre par la beauté de ses montagnes, par ses vallées pittoresques, ses glaciers, ses lacs et ses cascades, est essentiellement un pays de pâturages et de troupeaux. C'est en même temps un pays industriel et très commerçant.

---

(1) Afin de présenter le texte du (Danemark, Norvège, Suède et Russie) en face de la carte correspondante, on a dû reculer l'Angleterre, *p.* 48; mais leurs numéros restent dans l'ordre du *Tableau* 389.

VIII. DANEMARK

412. Le *royaume* de **Danemark** compte 2 600 000 hab., qui appartiennent à la *famille* teutonne et professent le *culte* protestant luthérien.

Villes. Capitale **Copenhague**, 470 000 hab., ville forte, située sur le Sund, dans l'île Seeland, est le centre du commerce et de l'industrie du Danemark.

413. Industrie. Le Danemark est une contrée basse, formée d'îles et de presqu'îles. C'est un pays agricole et marchand, ayant beaucoup d'analogie avec la Hollande. Il *exporte* des œufs, du beurre, des chevaux et des produits de pêche maritime.

414. Colonies. L'Islande et les îles Fœroë, en Europe; — le Groenland, au nord de l'Amérique, et les îles Saint-Thomas et Sainte-Croix, dans les Antilles.

IX. NORVÈGE

415. Le *royaume* de **Norvège**, séparé de la Suède en 1905, a 2 300 000 hab., qui appartiennent à la *famille* teutonne et au *culte* luthérien.

Villes. Christiania, 250 000 hab., capitale, port. — *Bergen*, sur l'Océan, port, pêcheries.

Industrie. Les Norvégiens, établis sur un littoral très étendu, rocheux, découpé en *fiords*, s'occupent surtout de la pêche, des constructions navales, du commerce maritime ; ils exportent du poisson, du bois, du minerai de fer.

X. SUÈDE

416. Le *royaume* de **Suède** compte 5 400 000 hab., qui appartient à la *famille* teutonne et au *culte* luthérien.

Villes. Stockholm, 320 000 hab., capitale, très bon port sur la Baltique. — **Göteborg**, 140 000 hab., sur le Cattégat, port, cotonnades.

Industrie. La Suède, basse et assez fertile au S.-E., produit du minerai de fer et des bois de sapin pour l'*exportation*.

XI. RUSSIE

417. L'*empire* de **Russie** compte en Europe une *population* de 125 000 000 d'hab., qui appartiennent généralement à la *famille* slave et professent la *religion* grecque schismatique.

418. Villes. St-Pétersbourg, 1 500 000 hab., cap. de l'empire russe, sur le golfe de Finlande, à l'embouchure de la Néva. — **Moscou**, 1 200 000 hab., ancienne capitale, centre principal de l'industrie russe. Elle fut prise par les Français en 1812. — **Varsovie**, 800 000 hab., sur la Vistule, est l'ancienne capitale de la Pologne.

Riga, 350 000 h., port, exportation de lin, graine de lin et bois de sapins dits de Riga.

Odessa, 450 000 hab., port sur la mer Noire, exporte les blés de la Russie. — *Astrakhan*, à l'embouchure du Volga, est l'entrepôt des marchandises de l'Asie centrale russe. — *Kiew*, dans l'Ukraine.

419. Industrie. La Russie d'Europe est une vaste plaine, froide et stérile dans le nord, aride au sud-est, mais très fertile au centre, et produisant pour l'*exportation* du froment, de l'avoine, du lin, des peaux, des fourrures. Elle exploite de grandes forêts de sapins et de riches mines d'or, de platine, de fer et de pierres précieuses, dans l'Oural.

420. L'empire russe comprend, en *Asie*, la CAUCASIE, la SIBÉRIE et le TURKESTAN occidental. L'ensemble de son territoire égale 23 000 000 de km car., soit plus de deux fois la superficie de l'Europe.

EUROPE
POLITIQUE

Echelle de 3o ooo ooo ou millim pour 3o Kil.

Devoir 111. — 1. Un vaisseau marchand longe les côtes de l'Europe depuis la mer Noire jusqu'à la mer Blanche; dites quels pays il rencontrera, et quels ports il pourra visiter. — 2. Quelles mers et quels pays traverserait un voyageur qui irait en ligne droite de Dublin à Constantinople? — 3. de Gibraltar à Saint-Pétersbourg? — 4. de Stockholm à Tunis (en Afrique)? — 5. Quels sont les pays de l'Europe baignés par la mer Baltique?

Devoir 112. — 1. Quels sont les mers ou les golfes qui baignent l'Espagne? — la France? — l'Italie? — la Turquie? — l'Allemagne? — les Iles Britanniques? — 2. Quelles sont les mers qui sont mises en communication par le Sund? — le Pas de Calais? — le canal Saint-Georges? — le détroit de Gibraltar? — le Bosphore? — et par chacun des autres détroits de l'Europe?

Devoir 113. — 1. Quelles sont les iles appartenant à la France? — à l'Angleterre? — à la Russie? — à l'Espagne? — à l'Italie? — 2. Quels sont les fleuves et les montagnes de la Russie? — de l'Allemagne? — de la France? — de l'Autriche?

Devoir 114. — 1. Classez les États de l'Europe par ordre d'étendue. — 2. Indiquez les bornes particulières de la Russie, — de l'Allemagne, — de l'Autriche, —

de la Turquie, — de l'Espagne, — de la Suède, — de la Norvège, — de la Suisse, — des Iles Britanniques, — de la Grèce.

Devoir 115. — 1. Quelle est l'orientation des États de l'Europe par rapport à la France? — par rapport à l'Autriche? — par rapport au Danemark? — 2. Quelle est l'orientation des capitales de l'Europe par rapport à Paris? — à Rome?

Devoir 116. — 1. Quelles sont les principales *iles Britanniques?* — 2. Quel nom donne-t-on encore à cet État? — 3. Sur quel fleuve se trouve Londres? — 4. Qu'est-ce que Dublin? — 5. Qu'est-ce que Liverpool? — Glasgow? — Belfast? — 6. Quel est le port anglais situé en face de Cherbourg? — 7. Quelles sont les mers qui entourent les Iles Britanniques? — 8. Tracez la carte de ces iles. — 9. Faites le tableau des colonies anglaises.

Devoir 117. — 1. Qu'est-ce que la Belgique? — 2. Quelles langues y parle-t-on? — 3. Quelles sont ses villes? — 4. Parlez de ses produits, de son commerce et de sa colonie. — 5. Faites la carte de la Belgique.

Devoir 118. — 1. Que savez-vous du *Danemark?* — 2. Nommez les mers et les détroits qui l'entourent. — 3. Parlez de son commerce. — 4. Quelle chaîne

de montagnes parcourt la Norvège? — 5. Citez en *Suède-Norvège* trois caps, — deux fleuves, — un golfe, — trois villes. — 6. Quelles sont les colonies danoises?

Devoir 119. — 1. Nommez les mers, les fleuves et les montagnes de la *Russie.* (Voir p. 44.) — 2. Quelle est sa religion, sa population? — 3. Où est Saint-Pétersbourg? — Varsovie? — Odessa? — 4. Qu'exporte la Russie? — 5. Que comprend l'empire russe?

Devoir 120. — 1. Citez en *Allemagne* deux fleuves, — deux chaînes de montagnes, — une mer, — cinq villes. — 2. Citez en *Autriche-Hongrie* trois fleuves ou rivières, — trois chaînes de montagnes, — une mer, — cinq villes. — 3. Qui est roi de Hongrie? — 4. Faites la carte de ces deux grands États. — 5. Nommez les colonies allemandes.

Devoir 121. — 1. Quelle est la population des *Pays-Bas?* — de la *Suisse?* — 2. Qu'est-ce que La Haye? — Berne? — Amsterdam? — 3. Quelle est la population de ces villes? — 4. Nommez deux lacs et deux fleuves en Suisse, — deux ports et un golfe en Hollande, — trois villes dans chacun de ces pays. — 5. Tracez la carte de ces deux pays.

II. ILES BRITANNIQUES

39.0. Les Iles Britanniques forment le *royaume-uni* de Grande-Bretagne et d'Irlande, comprenant l'**Angleterre**, capitale *Londres*; l'Écosse, capitale *Édimbourg*, et l'Irlande, cap. *Dublin*.

Elles ont une *population* de 48 000 000 d'hab., qui, pour la plupart, appartiennent à la *famille* teutonne et à la *religion* protestante, et parlent la *langue* anglaise. Les Irlandais sont catholiques.

391. Villes. En Angleterre, **Londres**, sur la Tamise, capitale de l'empire britannique, est la première ville de l'Europe et du monde pour la richesse, le commerce et la population, qui est de 5 000 000 d'hab. — **Liverpool**, 730 000 hab., est célèbre par son commerce maritime; — **Manchester**, 800 000 hab. (avec Salford), pour ses tissus de coton; — **Birmingham**, 550 000 hab., pour les armes et les machines; — *Sheffield*, pour les aciers et la coutellerie; — *Leeds*, pour les draps; — *Newcastle*, pour la houille; — *Hull, Douvres, Bristol*, ports.

En Écosse : **Édimbourg**, 340 000 hab., capitale; — **Glasgow**, 800 000 hab., port, tissus, constructions navales.

En Irlande : **Dublin**, 380 000 hab., capitale, port : — *Belfast*, port, industrie du lin.

392. Industrie. Le sol des Iles Britanniques, généralement fertile, très bien cultivé, est en outre le plus riche de l'Europe en produits miniers: houille et fer. L'Angleterre est la plus grande puissance industrielle, commerçante, maritime et coloniale, dont l'histoire fasse mention.

393. Colonies. L'empire colonial britannique, le plus vaste et le plus peuplé du monde, comprend en *Europe* : la ville de Gibraltar et l'île de Malte;

En *Asie* : l'Empire des Indes, cap. Calcutta, la Birmanie, les îles Ceylan, Singapour et Hong-Kong; Aden, à l'entrée de la mer Rouge; l'île de Chypre, dans la Méditerranée;

En *Afrique* : l'Égypte (?) et le Soudan égyptien; le Sierra Leone, la Côte d'Or et la Nigérie, à l'ouest; l'île Sainte-Hélène, dans l'Atlantique; la Colonie du Cap, avec l'Orange et le Transvaal; — le Zanguebar septentrional; — la Somalie septentrionale, les îles Maurice, Zanzibar, Seychelles et Socotora, dans l'océan Indien;

En *Amérique* : le Canada, la Guyane anglaise, la Jamaïque et la plupart des petites Antilles;

En *Océanie* : l'Australie, la Tasmanie et la Nouvelle-Zélande; une partie de la Nouvelle-Guinée et de Bornéo.

V. ALLEMAGNE et PRUSSE

403. L'**Allemagne** a une *population* de 63 000 000 d'hab., qui appartiennent à la *famille* teutonne et, professent les *cultes* luthérien et catholique. Elle forme depuis 1871 un *empire fédératif*, dont le roi de Prusse est le chef et *Berlin* la capitale.

L'empire allemand comprend 26 États, dont : un *grand État*, la Prusse, qui compte 38 000 000 d'hab.; six *États moyens*, et dix-neuf *petits États*, ceux-ci n'ayant pas 1 000 000 d'hab.

404. États et villes. 1º Le *royaume de* Prusse, capitale **Berlin**, 2 300 000 h., sur la Sprée, la 3º ville d'Europe pour la population; centre industriel. — Villes principales : **Breslau**, 500 000 hab., sur l'Oder, marché et tissage de laines. — **Cologne**, 470 000 hab., sur le Rhin, fabriques d'eau de Cologne et cathédrale magnifique. — *Kœnigsberg, Dantzig* et *Stettin*, ports sur la Baltique, exportation de bois et de céréales. — *Francfort-sur-le-Mein*, ci-devant siège de la confédération germanique. — *Aix-la-Chapelle*, capitale de l'empire de Charlemagne. — *Hanovre*, capitale du royaume de ce nom, annexé en 1866.

2º Le *royaume de* Bavière, cap. **Munich**, 600 000 h., renommée par ses monuments et par sa bière. — *Nuremberg*, célèbre par sa bimbeloterie.

3º Le *royaume de* Saxe, cap. **Dresde**, 550 000 h., qui rappelle une victoire des Français en 1813. — **Leipzig**, 500 000 h., célèbre par ses foires et sa librairie. Bataille de 1813.

4º Le *royaume de* Wurtemberg, cap. **Stuttgart**, 270 000 hab.

5º Le *grand-duché de* Bade, c. **Carlsruhe**.

6º Les villes libres de **Hambourg**, 800 000 hab.; **Brême** et *Lubeck*, grands ports marchands.

7º L'**Alsace-Lorraine**, 1 800 000 hab., est administrée comme *pays de l'Empire* depuis 1871. — Villes : **Strasbourg**, 170 000 hab., capitale, ville forte et commerçante; — *Mulhouse* et *Colmar*, cotonnades; — *Metz*, en Lorraine, ville forte.

405. Industrie. L'Allemagne est une contrée basse, sablonneuse et peu fertile au nord; accidentée, montagneuse au sud, très bien cultivée. Elle se place après l'Angleterre par l'importance de ses mines de houille, de fer, de zinc, et par son industrie et son commerce.

406. Colonies. En *Afrique*, le Cameroun, au fond du golfe de Guinée; le Damara; une partie du Zanguebar; — en *Océanie*, le N.-E. de la Nouvelle-Guinée, l'archipel Bismarck.

VI. AUTRICHE-HONGRIE

407. L'*empire d'Autriche* et le *royaume de* Hongrie ont un même souverain; ils comptent 51 000 000 d'hab., appartenant aux *familles* teutonne, slave et hongroise, et professant, pour la plupart, la *religion* catholique.

408. Villes. **Vienne**, 2 000 000 d'hab., cap. de l'Autriche, est une belle ville, savante et manufacturière. — **Budapest**, 900 000 hab., cap. de la Hongrie, est formée de deux villes séparées par le Danube; grand marché pour les grains et les farines. — **Prague**, 400 000 hab., cap. de la Bohème, premier centre industriel. — *Brünn*, cap. de la Moravie, soieries et lainages. — *Gratz*, capitale de la Styrie, centre métallurgique. — *Lemberg*, cap. de la Galicie. — *Trieste*, 200 000 hab., port sur l'Adriatique.

409. Industrie. L'Autriche-Hongrie est une contrée généralement montagneuse, renfermant cependant, au centre, la vaste plaine hongroise. — Elle est très riche en mines et en forêts; la Hongrie produit pour l'*exportation* des bestiaux, du blé, et surtout des céréales; l'Autriche est plus industrielle.

XII. PORTUGAL

421. Le *royaume de* Portugal compte 5 000 000 hab., qui appartiennent à la *famille* latine et professent la *religion* catholique.

Villes. Lisbonne, 350 000 hab., cap. du Portugal, à l'embouchure du Tage, qui forme l'une des plus belles rades de l'Europe. C'est un grand port d'importation.

Porto, 170 000 hab., port, exporte des vins renommés. — *Coimbra*, anc. université.

422. Industrie. Le Portugal est une contrée montagneuse, fertile, mais mal cultivée; les mines sont inexploitées. Il produit cependant pour l'*exportation* du vin, du sel, de l'huile d'olive, des fruits, surtout des oranges.

423. Colonies. Les Açores, Madère, parties intégrantes du royaume; — les îles du Cap-Vert, l'Angola, le Mozambique; — en *Asie*, la ville de Goa, sur la côte ouest de l'Hindoustan, et la ville de Macao, sur la côte sud de la Chine.

XIII. ESPAGNE

424. Le *royaume* d'Espagne compte 20 000 000 d'hab., qui appartiennent à la *famille* latine et professent la *religion* catholique.

425. Villes. Madrid, 550 000 h., capitale, rappelle la captivité de François Iᵉʳ et le traité de 1526. — *Valladolid*, soieries, farines. **Barcelone**, 550 000 hab., grand port marchand et militaire, sur la Méditerranée, est le principal centre industriel de l'Espagne. — **Valence**, 220 000 hab., connue pour ses oranges, est le centre de l'industrie de la soie. — *Malaga*, 140 000 hab., et *Alicante* sont renommées pour leurs vins et leurs fruits. — *Cadix, Séville*, 150 000 hab. — *Cordoue, Grenade* et *Murcie*, sont des villes célèbres du midi de l'Espagne. — *Tolède*, sur le Tage, possède une superbe cathédrale. — *Saragosse*, sur l'Èbre, fut prise par les Français en 1809. — *Gibraltar*, 27 000 hab., port très commerçant et forteresse importante, appartient aux Anglais.

426. Industrie. L'Espagne est formée de plateaux arides où dominent les pâturages; ses montagnes sont riches en mines, et ses vallées sont très fertiles. Mais l'insuffisance de routes paralyse l'industrie et le commerce.

427. Colonies. En *Afrique*, la ville de Ceuta, les îles Canaries, la côte du Sahara et l'île Fernando-Po.

XIV. ITALIE

428. Le *royaume* d'Italie a une population de 34 000 000 d'hab., qui appartiennent à la *famille* latine et professent la *religion* catholique.

429. Divisions et villes. Le royaume d'Italie comprend les anciennes divisions politiques suivantes :

1º Le Piémont, villes principales : **Turin**, 350 000 hab., centre industriel, et **Gênes**, 250 000 hab., port marchand le plus actif de l'Italie; — la Sardaigne, ville principale *Cagliari*.

2º La Lombardie et la Vénétie, villes princ. : **Milan**, 500 000 hab., fabriques de soieries; — *Mantoue*, ville forte; — **Venise**, 160 000 h., ville bâtie sur des îles, jadis très célèbre, fabriques d'émaux et de verroteries.

3º La Toscane, villes princ. : **Florence**, 210 000 hab., renommée par ses beaux édifices; — *Livourne*, 100 000 hab., port actif, exportation de soie, de marbre, de potasse et de corail.

4º et 5º Les anciens duchés de Parme et de Modène : anciennes capitales, *Parme* et *Modène*.

6º Les États de l'Église, villes princ. : **Rome**, 530 000 hab., capitale de l'Italie et du monde chrétien, séjour des Papes, sur le Tibre; — **Bologne**, 160 000 hab., renommée par ses écoles.

7º L'ancien royaume de Naples et de Sicile, villes princ. : **Naples**, 570 000 hab., port superbe, la plus grande ville de l'Italie; — **Palerme**, 320 000 hab., et *Messine*, 150 000 hab., ports dans l'île de Sicile.

430. Les principales îles italiennes sont : la Sicile, renommée pour ses soufrières; — la Sardaigne, ville princ. Cagliari, port; — l'île d'*Elbe*, donnée par les Alliés à Napoléon, après sa première abdication; — les îles *Lipari*. L'important île de Malte, 200 000 hab., chef-lieu *La Valette*, appartient aux Anglais.

431. Commerce. L'Italie est une contrée célèbre par la beauté de son ciel, la variété et

EUROPE CENTRALE
Échelle de 1/18.000.000

---

l'agrément de ses aspects, et par ses richesses naturelles. Cependant son industrie est peu progressive, excepté dans les provinces septentrionales, qui sont aussi très fertiles.

432. **Colonies.** L'Italie possède en Afrique la côte de l'Abyssinie (*Erythrée*) avec la ville de *Massaoua*, et une partie de la Somalie.

XV. TURQUIE D'EUROPE

433. L'*empire* de Turquie compte en Europe une population de 6000000 d'hab., qui appartiennent aux *familles* slave et turque, et professent la *religion* grecque ou le mahométisme.

434. **Villes. Constantinople,** 1100000 h., capitale de l'empire turc, à l'entrée du Bosphore, est le plus grand entrepôt commercial du Levant. Vue du Bosphore, Constantinople paraît magnifique; mais elle est

Cours moyen n° 130.

mal bâtie. — *Andrinople,* 80000 h., position militaire importante, est connue par ses tapis et ses essences de roses. — *Gallipoli,* port sur les Dardanelles; — *Salonique,* 110000 h., port sur le golfe de ce nom. — *Sérajévo* est dans la Bosnie, occupée par l'Autriche.

435. **Industrie.** La Turquie d'Europe est une contrée montagneuse, naturellement riche en minéraux et en végétaux; mais l'agriculture et l'industrie y sont peu prospères.

436. L'empire turc comprend en dehors de l'Europe la TURQUIE D'ASIE, une partie de l'*Arabie*, et en *Afrique* la Tripolitaine.

BULGARIE

437. La Bulgarie, détachée de la Turquie en 1908, forme un *royaume* indépendant. Ses 4300000 habitants appartiennent à la famille

slave et professent le schisme grec. Cap. *Sophia,* 70000 hab. — *Varna,* port sur la mer Noire. — *Philippopoli,* en Roumélie.

XVI. GRÈCE

438. Le *royaume* de Grèce compte 2600000 hab., qui sont grecs de *famille,* de *religion* et de *langue.*

Villes. Athènes, 130000 h., cap. de la Grèce, rappelle de grands souvenirs historiques et possède de belles ruines. Elle a pour port le *Pirée.* — *Corfou* et *Zante,* ports dans les îles Ioniennes.

439. **Industrie.** La Grèce est une contrée péninsulaire et insulaire, favorable au commerce maritime; mais l'intérieur est formé de plateaux montagneux, déboisés, arides et déserts. Son industrie est peu développée.

L'île de Crète (Candie) a pour cap. *La Canée.*

4

XVII-XIX. ROUMANIE, SERBIE, MONTÉNÉGRO

440. La **Roumanie**, la **Serbie** et le **Monténégro** sont trois provinces détachées de l'empire turc par le traité de Berlin de 1878. Leurs habitants appartiennent aux *familles* latine (les Roumains) et slave, et professent la *religion* grecque.

441. Le *royaume de* **Roumanie** compte 6 700 000 hab. Capit. **Bukarest**, 300 000 hab., dans la Valachie. Villes princ. *Jassy*, 70 000 hab., dans la Moldavie ; — *Galatz*, port sur le Danube.

442. Le *royaume de* **Serbie**, pop. 2 700 000 hab., a pour capitale *Belgrade*, 70 000 hab., sur le Danube.

443. La *principauté de* **Monténégro**, pop. 2 30 000 hab., a pour capitale *Cettinié*, 3 000 hab.

444. Industrie. La Roumanie est un pays de plaines fertiles en blé, qu'elle exporte pour l'Occident, par le Danube et le *port* de Galatz. La Serbie et le Monténégro sont montagneux et peu productifs.

CLIMAT ET PRODUCTIONS NATURELLES

(SUITE DE LA PAGE 45)

383. Climat. Le climat européen est généralement *tempéré*. Il est plus *humide* dans les contrées de l'Ouest, soumises à l'influence des vents tièdes de l'Atlantique ; — *plus froid* dans les contrées du Nord-Est, où soufflent les vents polaires ; — *plus chaud* dans les contrées du Sud, où se font sentir les vents d'Afrique.

Minéraux. L'Europe est riche en minéraux usuels : *houille, fer,* cuivre, plomb, zinc, mercure, *sel,* marbres, etc.

Végétaux. L'Europe peut se diviser en 4 *zones agricoles,* basées sur les principales cultures alimentaires ou industrielles ; du reste, chaque zone possède les cultures des zones qui la précédent :

1º La *zone du seigle,* de l'orge et de l'avoine comprend : la Suède, la Norvège et la Russie boréale, régions trop froides pour les autres cultures.

2º La *zone du froment,* de la pomme de terre, du lin, du chanvre, comprend les îles Britanniques, la Belgique, les Pays-Bas, le Danemark, l'Allemagne septentrionale et la Russie centrale.

3º La *zone de la vigne,* du maïs, du houblon, du colza, du tabac, comprend spécialement : la France, l'Allemagne méridionale, la Hongrie et la Russie méridionale.

4º La *zone de l'olivier,* de l'oranger, du figuier, du riz, du mûrier, etc., comprend les régions baignées par la Méditerranée.

Animaux. Parmi les *animaux sauvages* de l'Europe, on remarque l'ours blanc du Nord, l'ours brun des Alpes, le loup, le renard, la marmotte, le chamois des Alpes, le cerf, le sanglier, le lièvre, l'aigle, les oiseaux rapaces, etc.

Les *animaux domestiques* les plus précieux sont : le cheval, la vache, le mouton, le renne de la Laponie et le chameau des steppes de la mer Caspienne, le porc, les oiseaux de basse-cour.

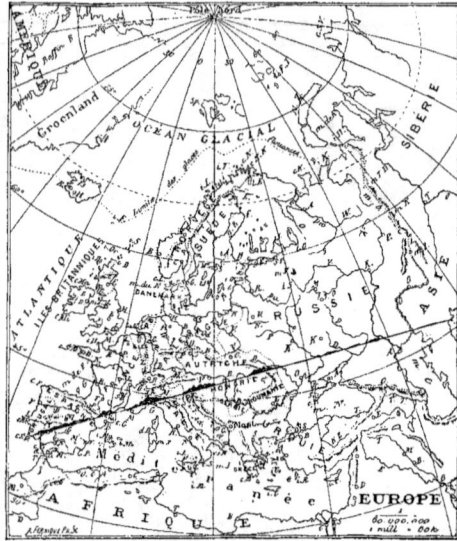

CARTE MUETTE DE L'EUROPE (avec une coupe de relief faisant ressortir les montagnes).

Exercices. — Dites ce que signifient les initiales des villes marquées dans chaque pays ou dans chaque mer. De même pour les fleuves, les îles, etc.

THÉORIE DES MARÉES

LES MARÉES

INDUSTRIE ET COMMERCE DE L'EUROPE

445. Pour l'activité industrielle et commerciale, les pays de l'Europe les plus remarquables sont ceux de l'Ouest et du Centre : l'*Angleterre,* l'*Allemagne,* la *France,* pour la quantité absolue des produits ; la *Belgique,* les *Pays-Bas,* la Suisse et le Danemark, pour la quantité proportionnelle à la population et à la superficie.

Ce sont aussi les pays où la population est généralement la plus dense et la plus riche.

446. Produits végétaux. Considérant la quantité absolue des produits, le *froment* est surtout cultivé en Russie, France, Autriche-Hongrie ; — le *seigle* et l'*avoine,* en Russie, Allemagne, France ; — le *maïs,* en Autriche-Hongrie, Italie ; — la *vigne,* en France, Italie, Espagne, Hongrie ; — le *houblon* et l'*orge* (pour la bière), en Angleterre, en Belgique, en Bavière, en Bohême ; — la *betterave* (pour le sucre), en Allemagne, Autriche-Hongrie, Russie, France ; — le *lin* et le *chanvre,* en Russie et en Allemagne. — La Russie, la Scandinavie et l'Autriche ont le plus de *forêts.*

447. Animaux domestiques. Pour la quantité absolue, la Russie, l'Autriche-Hongrie, l'Allemagne et la France sont les pays qui élèvent le plus de **chevaux,** de gros **bétail** et de **moutons** ; mais l'Angleterre possède les races les plus perfectionnées : chevaux de luxe, bœufs et moutons de boucherie. Les races bovines hollandaise et suisse donnent beaucoup de lait, dont on fait du beurre et des fromages renommés ; les moutons saxons donnent la meilleure laine.

448. Produits minéraux. L'*Angleterre,* produisant la moitié de la **houille** et beaucoup de fer, se place au premier rang. L'Allemagne est au second rang ; puis viennent l'Autriche-Hongrie, la Russie, la France, la Belgique, etc.

449. Industrie et commerce. L'*Angleterre,* si riche en métaux et en combustibles nécessaires à la construction et à l'usage des machines, tient la première place pour les **produits manufacturés,** ainsi que pour le **commerce.** Au second rang vient l'Allemagne et au troisième la France pour la quantité absolue ; de même la Belgique et la Suisse pour la quantité proportionnelle.

450. Moyens de transports des produits. 1º Les pays qui ont le plus de *chemins de fer,*

Devoir 122. — Qu'est-ce que la péninsule *hispanique?* — 2. Nommez-y trois chaînes de montagnes, — cinq fleuves, — un archipel. — 3. Sur quel fleuve se trouve Lisbonne? — Saragosse? — Séville? — 4. Qu'est-ce que Valence? — Madrid? — Cadix? — Porto? — la Guadiana? — les Baléares?

Devoir 123. — 1. Faites la carte de l'*Italie,* avec ses îles, mers, golfes, fleuves, montagnes et villes. — 2. Indiquez la nature et la situation de Venise, — Bonifacio, — Elbe, — Tarente, — Messine, — Naples, — Malte, — Cagliari, — Turin.

Devoir 124. — 1. Qu'appelle-t-on Balkans? — Danube? — Philippopoli? — Dardanelles? — Archipel? — Matapan? — Ioniennes? — 2. Indiquez la position de ces choses. — 3. Citez dans la presqu'île des Balkans quatre États, — cinq villes, — deux fleuves, — deux golfes. — 4. Faites la carte de cette contrée.

Devoir 125. — Dessinez une *carte d'Europe* en la coloriant par divisions politiques. — Tracez-y les chaînes de montagnes et les fleuves.

Devoir 126. — 1. Indiquez la nature et la situation des choses désignées par les noms de Constantinople, — Sicile, — Riga, — Constance, — Salonique, — Seeland, — Finistère, — Barcelone, — Astrakhan, —

Azov, — Roumanie, — Kasan. — 2. Sur quel fleuve se trouve Saratow? — Kiew? — Arkhangel? — Stettin? — Turin? — Magdebourg?

Devoir 127. — 1. Quels sont les pays les plus industrieux de l'Europe? — 2. Quels sont ceux qui produisent le plus de froment, de vins, de chevaux, de houille, d'objets manufacturés? — 3. Quelles sont les plus fortes marines?

Devoir 128. — 1. Citez les grands ports de commerce dans la mer du Nord et la Méditerranée. — 2. Faites la visite des ports en suivant les côtes de Naples à Hambourg. — 3. Avec quels pays la France fait-elle le plus de commerce?

par rapport à la superficie, sont : la *Belgique*, l'*Angleterre*, la Hollande, l'Allemagne, la France et la Suisse.

2° Les pays les mieux dotés en *voies navigables* sont : la Hollande, l'Angleterre, l'Allemagne, la Belgique et la France.

3° La *marine marchande* anglaise est plus considérable que toutes les autres marines européennes réunies. Viennent ensuite les marines allemande, française, norvégienne, italienne, hollandaise, russe, etc.

451. Grands ports de commerce. Par ordre de *situation géographique,* les ports principaux de l'Europe sont sur :

La *mer Baltique :* **Saint-Pétersbourg** et Riga, en Russie. — Dantzig, Stettin, Lubeck et Kiel, en Prusse. — **Copenhague,** en Danemark. — Stockholm, en Suède.

La *mer du Nord :* **Hambourg** et Brême, en Allemagne. — Amsterdam et **Rotterdam,** en Hollande. — **Anvers,** en Belgique. — Dunkerque, en France. — **Londres,** Hull, Newcastle, en Angleterre.

La *mer d'Irlande :* **Liverpool,** en Angleterre. — **Glasgow,** en Écosse. — Dublin, en Irlande.

La *Manche :* Boulogne, **Le Havre** et Rouen, en France. — Southampton, en Angleterre.

L'*Océan :* Bristol, en Angleterre. — Nantes, Saint-Nazaire, La Rochelle, **Bordeaux** et Bayonne, en France. — Porto et **Lisbonne,** en Portugal. — Cadix, en Espagne.

La *Méditerranée :* Malaga, Valence et **Barcelone,** en Espagne. — Cette, **Marseille** et Nice, en France. — Gênes, Livourne et Naples, en Italie. — Messine et Palerme, en Sicile.

L'*Adriatique :* Ancône et Venise, en Italie. — Trieste, en Autriche. — L'*Archipel :* Salonique, en Turquie. — La *mer de Marmara :* **Constantinople,** en Turquie.

La *mer Noire :* Varna, en Bulgarie. — Odessa, en Russie. — La *mer Caspienne :* Astrakhan, en Russie.

Principaux objets d'échange
entre l'Europe et les autres parties du monde.

452. L'Europe, renfermant les populations les plus actives et les plus intelligentes du globe, produit, malgré sa faible étendue relative, une somme de marchandises bien supérieure à celle des autres parties du monde, et elle provoque la presque totalité du mouvement commercial intercontinental.

Les échanges s'établissent surtout entre l'Angleterre, l'Allemagne, la **France,** la Belgique, la Hollande, d'une part ; — les États-Unis, les Indes, la Chine et l'Australie, d'autre part.

453. L'Europe **exporte** ou expédie dans toutes les parties du monde des produits manufacturés et des substances alimentaires :

1° *Produits manufacturés :* **tissus** de coton, de laine et de soie ; vêtements confectionnés, objets de mode, d'ameublement ; — articles de bijouterie, d'horlogerie, de quincaillerie ; — armes et machines ; — instruments de musique et de précision, objets d'art et de science ; — articles de librairie.

2° *Substances alimentaires :* vins, spiritueux, sucres raffinés, farines, conserves alimentaires, etc.

454. L'Europe **reçoit** des autres parties du monde et **importe** chez elle :

1° Des *matières premières* pour ses manufactures : coton, soie, laine, peaux, etc.

2° Des *minéraux* ou *métaux bruts :* or, fer, cuivre, etc.

3° Des *substances alimentaires :* blé et farine, viandes, café et denrées coloniales. (Voir ASIE, AFRIQUE, AMÉRIQUE, OCÉANIE, pages suivantes.)

GÉOLOGIE _ Coupe idéale de la croûte terrestre : Disposition des terrains _ *Les épaisseurs sont ici exagérées.*

(SUPPLÉMENT DE LA PAGE 7)

L'OCÉAN

69 bis (p. 7). **L'Océan** est presque trois fois plus étendu que les terres réunies. — Il est le réservoir de toutes les eaux que lui apportent les fleuves, et il est l'origine des nuages et des eaux de pluie. — S'il ne déborde pas en recevant les fleuves, c'est parce qu'il perd continuellement une quantité équivalente d'eau qui s'élève en vapeur et forme les nuages. — Voici comment se forment les *nuages* : le soleil, échauffant les eaux de la mer, en transforme une partie en vapeurs ; ces vapeurs deviennent des nuages, qui, transportés par les vents, produisent bientôt la pluie ou la neige sur les continents. — Les *eaux pluviales* arrosent et fertilisent les terres ; elles entretiennent la vie des plantes dont les animaux et les hommes se nourrissent. — Les eaux de pluie retournent à l'Océan en formant successivement les ruisseaux, les rivières et des fleuves. — L'agitation des eaux de la mer les empêche de se corrompre, Elle y introduit l'air dont les poissons ont besoin pour respirer. — L'Océan fournit à l'homme une grande quantité de poissons, ainsi que le sel marin, ou sel de cuisine. Il facilite les communications entre les continents par le moyen de la navigation à voiles ou à vapeur.

— On appelle **marées** les mouvements alternatifs de *flux* et de *reflux* des eaux de la mer, lorsqu'elles se soulèvent ou s'abaissent par l'attraction du Soleil et surtout de la Lune, qui, plus rapprochée, y a une action trois fois plus considérable que le Soleil.

Le *flux* ou *flot,* et le *reflux* ou *jusant,* se suivent à des intervalles de 6 h. 12 ¹/₂ minutes, de sorte qu'il y a deux *hautes marées* et deux *basses marées* par jour, ou mieux par 24 h. 50 minutes, temps correspondant au jour lunaire.

— Les **courants marins** sont de grandes masses d'eau ressemblant à des fleuves gigantesques qui se meuvent au sein des mers, dans une direction plus ou moins constante que suivent souvent les navires. Ils ont pour cause l'action des vents, la rotation de la Terre et surtout les différences de température et, par suite, de densité, existant entre les parties opposées de l'Océan.

Les eaux plus chaudes et plus légères de l'équateur glissent vers les pôles en *courants superficiels,* tandis que, pour rétablir l'équilibre, les eaux plus froides et plus lourdes des pôles se dirigent vers l'équateur, en formant des *contre-courants* latéraux ou des *courants profonds.*

Les principaux sont des *courants équatoriaux,* qui se dirigent de l'est à l'ouest dans les trois océans Atlantique, Pacifique et Indien. Dans l'Atlantique nord se produit le *Gulf-Stream,* contre-courant dirigé du golfe du Mexique vers le nord de l'Europe ; et dans le Pacifique septentrional, le *Kurro-Siwo,* courant dirigé des côtes du Japon vers le détroit de Béring.

GÉOLOGIE

Classification des terrains géologiques.

90 (p. 10). Les **terrains primitifs** ou ignés, formés de matière qui fut d'abord en fusion, se présentent en masses fissurées dans tous les sens ; ce sont les granits, les porphyres, le basalte, le quartz et autres roches cristallines.

Les **terrains sédimentaires** ou stratifiés

se sont déposés par couches (strates) au fond des eaux. — On les divise, d'après leur âge relatif, en cinq groupes :

1° Les **terrains primaires** sont en général formés de roches dures (gneiss, schiste, grès, marbres), disposées en couches souvent brisées et relevées. Ils renferment les minerais et la houille, ainsi que les premières traces des plantes et des animaux aquatiques les plus simples.

2° Les **terrains secondaires** sont formés de roches plus tendres : calcaires, marnes, grès, riches en fossiles, surtout en mollusques (ammonites), reptiles marins gigantesques, reptiles volants (ptérodactyles), etc.

3° Les **terrains tertiaires** sont aussi formés de calcaires, de marnes, d'argiles ; on y trouve du gypse, du sel, du lignite. Ils sont remarquables par l'apparition de nombreux mammifères herbivores, voisins des chevaux et des éléphants (mastodontes), etc.

4° Les **terrains quaternaires** sont les alluvions anciennes composées de limon et de sable, mêlés de cailloux roulés, qui forment généralement le sol horizontal des plaines et des vallées. — On y trouve les premières traces de l'existence de l'homme : squelettes, haches de pierre, os travaillés, débris de poterie.

5° Les **terrains modernes** comprennent la *terre végétale* ou la couche superficielle du sol ; elle s'est formée et se forme encore aujourd'hui par la désagrégation des roches pierreuses ou friables qui constituent l'écorce du globe. Cette décomposition a pour cause l'action de l'air, du soleil, des pluies, des gelées, des eaux courantes, etc.

ASIE

I. — Géographie physique.

455. Caractères physiques : 1° L'Asie se fait remarquer par sa *grande masse continentale*, en forme de trapèze, et par les grandes presqu'îles qui s'en détachent. Ses *côtes* sont sinueuses, découpées, accidentées, souvent montagneuses, offrant de larges embouchures de fleuves, de vastes deltas et de bonnes positions commerciales.

2° Le *relief du sol* présente un immense *plateau central*, presque aussi étendu que l'Europe, ayant de 1000 à 4000 mètres d'altitude moyenne et entouré de grandes chaînes de montagnes, dont la plus remarquable est l'*Himalaya*, la région des neiges. Ce plateau central renferme le grand *désert de Gobi*, et s'abaisse vers les quatre points cardinaux en pentes et en versants plus ou moins accidentés.

3° Au nord et à l'ouest s'étend *une grande région basse*, la plus vaste du globe, formée des plaines herbeuses ou *steppes* du Turkestan et de la Sibérie méridionale, et des marais glacés de la Sibérie boréale.

4° L'Asie est traversée par la grande *zone des déserts* sablonneux qui s'étend dans la Mongolie, le Turkestan, la Perse, l'Arabie, et se rattache au Sahara africain.

456. L'Asie est la plus grande des trois divisions de l'Ancien Continent. Sa superficie dépasse 42 000 000 de km² : c'est plus de 4 fois la superficie de l'Europe et environ 80 fois celle de la France.

457. Bornes. L'Asie est bornée au N. par l'océan Glacial arctique ; — à l'E. par le Grand Océan ; — au S. par l'océan Indien ; — à l'O. par la mer Rouge, la Méditerranée et l'Europe.

Contrées. Les grandes contrées de l'Asie sont :
Au N., la Sibérie ; — à l'E., l'*empire Chinois*, la *Corée* et le *Japon* ; — au S., l'*Indo-Chine* et l'*Hindoustan* ; — à l'O., l'*Afghanistan*, le *Turkestan*, la *Perse*, la *Caucasie*, la *Turquie d'Asie* et l'*Arabie*.

458. Mers. Au N., l'océan Glacial arctique ;
À l'E., le Pacifique, ou Grand Océan, formant la mer de *Béring*, la mer d'*Okhotsk*, la mer du *Japon*, la mer *Jaune*, la mer de *Chine orientale* et la mer de *Chine méridionale* ;
Au S., l'océan Indien, formant la mer ou golfe de *Bengale*, la mer d'*Oman* et la mer *Rouge* ;
À l'O., la Méditerranée, la mer *Noire* et la mer *Caspienne*.

Golfes. Le golfe de l'*Obi*, en Sibérie ; les golfes du *Tonkin* et de *Siam*, dans l'Indo-Chine ; le golfe *Persique*, entre la Perse et l'Arabie.

Détroits. Le détroit de *Béring*, entre l'Asie et l'Amérique ; le détroit de *Malacca*, entre la presqu'île de Malacca et l'île Sumatra ; le détroit de *Bab-el-Mandeb*, entre l'Arabie et l'Afrique ; les *Dardanelles* et le *Bosphore*, entre l'Asie et l'Europe.

459. Îles. Dans le Pacifique, l'île *Sakhaline*, appartenant à la Russie et au Japon ; les *Kouriles*, les îles *Yéso*, *Nippon*, *Formose* et plusieurs autres formant le Japon ; l'île *Haïnan*, appartenant à la Chine ; dans l'océan Indien, l'île *Ceylan*, et dans la Méditerranée, l'île de *Chypre*, aux Anglais.

Presqu'îles. L'*Anatolie*, ou Asie Mineure, entre la mer Noire et la Méditerranée ; — l'*Arabie*, entre le golfe Persique et la mer Rouge ; — le *Dékan*, ou partie méridionale de l'Hindoustan, entre les mers d'Oman et de Bengale ; — l'*Indo-Chine*, terminée par le Malacca, entre les mers de Bengale et de Chine méridionale ; — la *Corée* et le *Kamtschatka*.

Caps. Le cap *Oriental*, au N.-E. de la Sibérie ; — le cap *Romania*, au S. du Malacca ; — le cap *Comorin*, au S. du Dékan.

460. Montagnes. Les monts *Himalaya*, renfermant le Gaurisankar, 8840 m., la plus haute montagne du monde, au nord de l'Hindoustan ;
Les monts *Altaï*, en Sibérie et en Chine ;
L'*Oural* et le *Caucase*, entre l'Asie et l'Europe.

On cite les *plateaux* du Tibet (4000 m.), du Pamir, de la Perse ; — les *plaines* de la Sibérie et du Gange, le désert de Gobi. Il y a de nombreux *volcans* dans les îles du Japon et dans le Kamtschatka.

461. Bassins maritimes. L'Asie forme quatre grands versants maritimes appartenant aux bassins de l'*océan Glacial*, du *Grand Océan*, de l'*océan Indien* et de la *Méditerranée* ; — en outre, un grand *bassin central fermé*, dont les eaux ne se rendent pas dans l'Océan.

462. Fleuves. 1° Dans le versant de l'océan Glacial : l'*Obi*, l'*Iénisséi* et la *Léna*, en Sibérie ;
2° Dans le versant du Grand Océan : en Chine, l'*Amour*, le fleuve *Jaune*, le *Yang-tse-Kiang* ou fleuve Bleu (5000 km.) ; — en Indo-Chine, le *Mékong*.
3° Dans le versant de l'océan Indien : en Hindoustan, le **Brahmapoutre**, le **Gange** et l'*Indus* ; — en Turquie, l'*Euphrate* et le *Tigre*.

463. Lacs. Le lac *Caspien*, ou mer *Caspienne*, entre l'empire russe et la Perse ; — les lacs *Aral* et *Balkasch*, dans le Turkestan ; — le lac *Baïkal*, dans la Sibérie.

II. — Géographie politique.

464. Population. La *population* de l'Asie est de 855 000 000 d'habitants. Sa *superficie* est de 42 000 000 de kilom. carrés ; ce qui donne une *population relative* de 20 hab. par kilom. carré.

Races humaines. La *race jaune* comprend les Chinois, les Japonais, etc. ; la *race brune*, les Hindous et les Indo-Chinois ; la *race blanche*, les Persans, les Turcs, les Arabes et autres peuples à l'ouest de l'Indus.

Religion. Les *chrétiens* sont peu nombreux en Asie. Les Arabes, les Turcs, les Persans sont *mahométans*. Les autres peuples sont *païens* : les Chinois et les Japonais professent le bouddhisme ou culte de Bouddha, les Hindous, le brahmanisme ou culte de Brahma : ils ont une civilisation propre très ancienne ; mais, les Japonais surtout, ils adoptent celle de l'Europe. L'Asie occidentale a été le berceau du genre humain et le siège des premiers empires ; mais elle est en décadence par suite de la domination du mahométisme.

465. Divisions. — L'Asie russe, 25 000 000 d'hab., comprend : la Sibérie, immense contrée froide et stérile ; v. pr. *Tomsk* et *Irkoutsk* ; — le Turkestan occidental, v. pr. *Taschkend* et *Samarkand ;* — la Caucasie, v. pr. *Tiflis* et *Bakou*.

L'**empire Chinois**, le second du globe (400 000 000 d'h.), se compose :
1° De la Chine propre, capitale **Péking** (4 000 000 d'h.) ; v. pr. *Nanking*, sur le fleuve Bleu ; *Shanghaï* et *Canton*, 1 500 000 hab., grands ports de mer qui exportent surtout la soie et le thé.
2° De la Mandchourie, cap. *Moukden ;*

3° De pays tributaires, savoir : le Turkestan Oriental, à l'O. ; le Tibet, cap. *Lhassa*, au S.-O. ; la Mongolie, au N.

L'empire du **Japon**, très florissant (52 000 000 d'hab.), est formé de cinq grandes îles et de plusieurs milliers de petites ; cap. **Tokio**, 1 500 000 h. ; v. pr. *Kioto*, dans l'intérieur, *Osaka* et *Kobé*, *Yokohama*, *Nagasaki*, ports.

Le royaume de **Corée**, 10 000 000 d'hab., cap. **Séoul**, est sous la dépendance du Japon.

466. L'Indo-Chine, contrée qui tient des richesses et des populations de l'Inde et de la Chine, comprend : 1° Le royaume indépendant de Siam, cap. *Bangkok ;*

2° L'Indo-Chine française (16 000 000 d'h.), formée de la Cochinchine, ch.-l. *Saïgon ;* du Tonkin, ch.-l. *Hanoï ;* des royaumes d'Annam, cap. *Hué*, et de Cambodge, cap. *Pnom-Penh*, ainsi que du Laos oriental.

3° L'Indo-Chine anglaise (10 000 000 d'h.), v. pr. **Singapour** et *Rangoun*, grands ports, et *Mandalaï*, en Birmanie.

L'Hindoustan forme le vaste et riche Empire indo-anglais, qui compte 300 000 000 d'hab. La capitale est **Calcutta** (1 000 000 d'hab.) ; les villes principales sont : *Bombay*, *Madras*, grands ports ; *Bénarès*, *Delhi*, *Lahore*, *Cachemire* et *Colombo* (île Ceylan).

— (Pondichéry, Chandernagor et trois autres petites villes de l'Hindoustan appartiennent aux Français ; — Goa, aux Portugais.)

Le Béloutchistan, ville princ. Kélat, est annexé à l'Inde anglaise, et l'Afghanistan, cap. *Kaboul*, est sous le protectorat anglais.

Le royaume de Perse, 9 000 000 d'h., est indépendant ; cap. *Téhéran ;* v. pr. *Ispahan*.

La Turquie d'Asie (15 000 000 d'h.) a pour villes principales *Smyrne*, *Damas*, *Jérusalem*, *Mossoul*, *Bagdad*. — Elle comprend plusieurs contrées historiques : l'*Asie Mineure*, la *Syrie*, la *Palestine*, l'*Arménie*, la *Mésopotamie* et la *Babylonie*.

L'Arabie est une contrée peu peuplée ; v. pr. *La Mecque*, aux Turcs ; *Mascate* ; Aden, aux Anglais.

468. Climat. L'Asie a un climat *très varié*, car elle avance au N. plus loin que l'Europe, tandis qu'au S. elle atteint presque l'Équateur. Les plaines septentrionales et les plateaux du centre sont *froids* et peu habités ; les régions de la Chine orientale et de l'Inde sont *humides*, *chaudes* et très peuplées ; l'Asie occidentale est *plus sèche* et moins peuplée.

Productions. — Les productions naturelles de l'Asie sont importantes en *espèces minérales* : or, platine, pierres précieuses ; — en *espèces végétales* : riz, thé, mûrier, cotonnier, légumes ; — et en *espèces animales* : singes, tigre royal, éléphant des Indes, chameau et dromadaire d'Arabie, renne de Sibérie, chevrotain porte-musc du Tibet, vers à soie, etc.

469. Commerce. L'Asie fournit à l'Europe :
L'or, l'argent, le platine, le diamant, les pierres précieuses et les fourrures de la Sibérie ;
Le thé, la soie, les œufs de vers à soie et les soieries de la Chine et du Japon ;
Le coton, les drogues tinctoriales, le riz, les épices, les ivoires et les bois sculptés, le papier, la porcelaine de la Chine, du Japon et des Indes ;
Le cuivre du Japon, les perles de Ceylan, les châles de Cachemire, le duvet de chèvre et le musc du Tibet ;
Le café, la gomme, l'encens, le corail de l'Arabie et de la Perse ;
Les figues, les raisins, les tapis de Smyrne, les armes blanches dites de Damas, le tabac, les olives, les sangsues de la Turquie d'Asie, les éponges des côtes de la Syrie.

ASIE HYPSOMÉTRIQUE
1/120 000 000
Régions de moins de 300m.
Régions de 300 à 2000 m.
Régions de plus de 2000 m.
Lignes de partage des eaux

ASIE
POLITIQUE
Échelle de 60 000 000 ou 1 millim. pour 60 kil.

POSSESSIONS
Anglaises
Russes
Turques
Françaises
Hollandaises
États-Unis

FRANCE
Sup. 535 000 k.q.

Grandeurs comparatives

469 bis. Les découvertes en Asie. — L'Asie Mineure nous fut révélée tout d'abord par la *Bible* (Moïse), puis par les écrits d'*Homère*, d'*Hérodote*, de Strabon, de Ptolémée. Alexandre le Grand pénétra jusqu'aux Indes. Au VIIIᵉ siècle, les Arabes s'avancèrent en Chine, suivis, au XIIIᵉ siècle, par les missionnaires catholiques, notamment le moine flamand Ruysbroeck ou Rubruquis.

Marco Polo, Vénitien, le plus grand des voyageurs du moyen âge, parvint de Constantinople à Péking et à Canton. — En 1498, Vasco de Gama, Portugais, arriva aux Indes en doublant le cap de Bonne-Espérance.

A partir du XVIᵉ siècle, les négociants portugais et hollandais, les missionnaires jésuites, notamment saint François Xavier, pénétrèrent dans l'Asie méridionale et orientale, suivis plus tard par les Anglais et les Français, pendant que les Russes conquéraient la Sibérie, et que le Danois *Béring* abordait l'océan Glacial par le détroit qui porte son nom.

Enfin, de nos jours (1879), le Suédois *Nordenskiold* fit le premier la circumnavigation du continent par le passage du Nord-Est.

Devoir 129. — 1. Qu'est-ce que l'Asie? — 2. Touche-t-elle à l'Europe et à l'Afrique? — 3. Quelles sont ses plus grandes contrées? — 4. Citez 3 mers séparant l'Europe de l'Asie, — 3 mers baignant l'empire chinois, — 3 détroits de l'océan Indien. — 5. A quoi donne-t-on le nom de Tonkin (2 choses), Romania, Mékong, Béring, Baïkal, Téhéran, La Mecque?

Devoir 130. — 1. Où est la mer de Bengale, le cap Oriental, le fleuve Jaune, la mer d'Oman, la mer Rouge, la mer de Chine orientale? — 2. Est-ce que l'équateur traverse l'Asie? et le cercle polaire? — 3. De quoi est formé le Japon? — 4. Qu'est-ce que la Corée, l'Arabie? — 5. Dites la nature et la situation de Bombay, Péking, Gange, Perse, Dékan, Altaï, Aral.

Devoir 131. — 1. Tracez les contours de la carte d'Asie, d'après le modèle 11 du cahier cartographique nᵒ 5. — 2. Indiquez les bornes particulières de chacun des grands pays de l'Asie.

Devoir 132. — 1. En consultant la carte, faites le tour de l'Asie, par mer, du N. au S., et indiquez successivement tous les accidents géographiques traversés ou rencontrés : mers, caps, îles, pays, etc. — 2. Ou bien faites le même voyage en sens inverse, c'est-à-dire du S. au N.

Devoir 133. — 1. Nommez les îles et les contrées appartenant aux Français, aux Anglais, aux Portugais, aux Russes, aux Turcs. — 2. Nommez les villes de l'Asie, et dites dans quels pays elles se trouvent. — 3. Nommez les ports de l'Asie.

AFRIQUE

I. — Géographie physique.

470. Caractères physiques : 1° L'Afrique est caractérisée par sa grande masse continentale aux *contours arrondis*, sans profondes échancrures, *sans mers intérieures*. — Ses côtes sont généralement basses, sablonneuses, marécageuses, *malsaines*, *dépourvues de bons ports*.

2° Le **relief** du sol présente le *grand plateau de l'Afrique australe et centrale*, ayant de 1 000 à 2 000 mètres d'altitude moyenne, bordé de montagnes, et dont l'intérieur est peu connu. — Au centre se trouvent la *grande plaine du Soudan* et celle du *Congo*, habitées par des populations nègres.

3° Le grand désert du *Sahara*, presque aussi vaste que l'Europe, est formé de *plaines sablonneuses*, sèches, arides et salées, de collines rocheuses et nues, de vallées sans eau ; on se rencontre que de rares *oasis*. Les tribus arabes habitent ces oasis et y cultivent le dattier ; elles parcourent le Sahara à l'aide du dromadaire et en caravanes.

471. Lacs. L'Afrique est la troisième division de l'Ancien Continent. Elle se rattache à l'Asie par l'isthme de Suez.

Sa superficie égale 30 000 000 de km. car., c'est-à-dire 3 fois celle de l'Europe, et 56 fois celle de la France.

472. Bornes. L'Afrique est bornée, au N., par la Méditerranée ; — à l'E., par la mer Rouge et l'océan Indien ; — au S. et à l'O., par l'Atlantique.

Contrées. — Au N., le *Maroc*, l'*Algérie*, la *Tunisie* et la *Tripolitaine*, autrefois appelés États barbaresques ; — au N.-E., l'*Egypte* et l'*Abyssinie* ; — au centre, le *Sahara*, le *Soudan* et le *Congo* ; — au S., le *Sénégambie*, la *Guinée* et l'*Angola* ; — au S., le *Damara* et la colonie du Cap ; à l'E., le *Mozambique*, le *Zanguebar* et l'île *Madagascar*.

473. Mers. A l'O., l'**océan Atlantique**, qui forme au nord la *Méditerranée* ;

A l'E., l'**océan Indien**, qui forme la *mer Rouge*.

Golfes. Le golfe de la *Sidre* ou *Syrte*, dans la Tripolitaine ; — le golfe de *Guinée*, dans l'Atlantique ; — et le golfe d'*Aden*, à l'entrée de la mer Rouge.

Détroits. Le détroit de *Gibraltar*, entre le Maroc et l'Espagne ; — le canal de *Mozambique*, à l'O. de Madagascar ; — le *Bab-el-Mandeb*, entre l'Afrique et l'Arabie.

474. Iles. Dans l'Atlantique : les *Açores*, les *Madère*, les îles du *Cap-Vert*, appartenant aux Portugais ; — les *Canaries*, aux Espagnols ; — l'île *Sainte-Hélène*, aux Anglais ; — dans l'océan Indien : la grande île *Madagascar* et l'île de la *Réunion*, aux Français ; — l'île *Maurice* et l'île *Socotora*, aux Anglais.

Isthme. L'Afrique est jointe à l'Asie par l'*isthme de Suez*, qui a 110 km. de largeur et est traversé par un canal navigable, dû au Français de Lesseps.

Caps. Le cap *Blanc*, au N. de la Tunisie ; — le cap *Vert*, à l'O. de la Sénégambie ; — le cap de *Bonne-Espérance*, au S. de la colonie du Cap ; — et le cap *Guardafui*, à l'E. de la Somalie.

475. Montagnes. L'**Atlas**, qui traverse le Maroc, l'Algérie et la Tunisie ; — les collines de *Kongs*, dans la Guinée septentrionale ; — les monts de l'*Abyssinie* ; — les monts **Ruwenzori**, **Kénia** et **Kilima-Ndjaro**, aux sources du Nil. Ce sont les plus hauts de l'*Afrique*, 6 000 m. d'altitude ; — les monts de l'*Afrique australe*.

Volcans. Le *Piton de la Fournaise*, volcan actif, dans l'île Bourbon ; — le *Pic de Ténériffe*, volcan éteint, dans les îles Canaries.

476. Bassins maritimes. L'Afrique forme trois grands versants maritimes, appartenant aux bassins de la *Méditerranée*, de l'*Atlantique* et de l'*océan Indien* ; en outre, le *bassin fermé du Sahara*, dont les cours d'eau, d'ailleurs temporaires, ne communiquent pas avec l'Océan.

477. Fleuves. 1° Versant de la Méditerranée : le **Nil**, formé du Nil-Blanc et du Nil-Bleu, et traversant le Soudan, la Nubie et l'Egypte ;

2° Versant de l'Atlantique : le *Sénégal* et la *Gambie*, en Sénégambie ; — le **Niger**, dans le Soudan ; — le **Congo**, dans l'Afrique centrale ; — l'*Orange*, dans la colonie du Cap ;

3° Versant de l'océan Indien : le **Zambèze**, dans l'Afrique australe.

Les cours d'eau les plus remarquables de l'Afrique sont : le *Nil*, dont les débordements fertilisent l'*Egypte*, et le *Congo*, qui a d'immenses affluents. Leurs sources sont alimentées par les *grands lacs* de la haute Afrique.

478. Lacs. Les lacs **Victoria** et *Albert*, aux sources du Nil-Blanc ; le **Tanganika**, tributaire du Congo ; le *Nyassa*, tributaire du Zambèze ; le lac **Tchad**, dans le Soudan.

II. — Géographie politique.

479. Population. La *population* totale de l'Afrique est évaluée à 130 000 000 d'hab., et sa *population relative* à 4 hab. par km. carré.

Races humaines. Les Africains du nord sont des *blancs*. Les autres sont des *jaunes* et des *noirs* ou *nègres*.

Religions. Le *mahométisme* et le *fétichisme* ou *idolâtrie* dominent en Afrique, en même temps que la barbarie, l'esclavagisme et la malheureuse traite des nègres.

480. Divisions politiques. — A part le MAROC, l'ABYSSINIE et le LIBÉRIA, toute l'Afrique se partage en *possessions européennes : turques, françaises, anglaises, belges, allemandes, portugaises, espagnoles et italiennes.*

Le **Maroc**, empire mahométan, capitale **Fez**, v. princ. *Maroc* et *Tanger*, port.

Le royaume d'**Abyssinie** a pour cap. *Addis-Abéba*, sur un plateau montagneux.

481. L'Afrique turque ne comprend plus que la **Tripolitaine**, cap. *Tripoli*, port.

482. L'Afrique française comprend :

1° L'**Algérie**, contrée méditerranéenne. V. pr. : **Alger**, *Oran*, ports, et *Constantine* ;

2° La **Tunisie**, cap. **Tunis**, port. ;

3° Le **Sahara**, vaste contrée aride, habitée seulement dans les *oasis* arrosées ;

4° Le **Sénégal**, ch.-l. **Saint-Louis**, port ; — le **Soudan occidental**, avec les villes de *Tombouctou* et de *Kong* ; — le **Dahomey** ; — le **Congo** occidental, au N.-O. du Congo belge ;

5° L'île de **Madagascar**, ch.-l. *Tananarive*, et l'île de la *Réunion*, ch.-l. *St-Denis* ;

6° La **côte française de la Somalie**.

483. L'Afrique anglaise comprend :

1° L'**Egypte**, qui forme une vice-royauté, gouvernée par un *khédive*, sous le contrôle des Anglais. Cap. **Le Caire**, 600 000 h., villes pr. **Alexandrie**, 350 000 h., port ; *Port-Saïd* et *Suez*, ports aux deux extrémités du canal de Suez ;

2° Le **Soudan nilien**, ch.-lieu *Kartoum* ;

3° Les territoires de la **Gambie**, du *Sierra-Leone*, ch.-l. *Freetown*, port, et la **Côte d'Or** ;

4° Le **Soudan central** ou **Nigérie**, jusqu'au lac *Tchad* ; v. pr. *Lagos*, port, *Abéokuta* et *Kano* ;

5° La **Colonie du Cap**, ch.-l. **Le Cap**,

100 000 h., port, avec l'Orange et le Transvaal, v. pr. **Johannesbourg**, 150 000 h. (mines d'or), et la **Rhodésie** (ou *Zambézie*) ;

6° L'île **Maurice**, ch.-l. *Port-Louis* ;

7° L'île **Zanzibar**, ch.-lieu *Zanzibar*, 50 000 h., port, avec le Zanguebar septentrional jusqu'au Nil, v. pr. *Mombaza*.

484. Le **Congo belge**, sous l'équateur ; postes : *Banana*, *Boma*, ch.-l., *Léopoldville*.

L'**Afrique allemande** se compose du **Togo**, du **Cameroun**, du Sud-Ouest africain et du **Zanguebar méridional**.

485. L'Afrique portugaise comprend l'**Angola**, ch.-l. *Loanda*, et le **Mozambique**, ch.-l. *Quilimane*.

Les **Espagnols** possèdent les îles *Canaries*.

Les **Italiens** ont l'ERYTHRÉE, ou côte d'Abyssinie, et une partie de la SOMALIE.

486. Climat. L'Afrique a un climat *très chaud* et généralement très sec, à cause de sa situation sous les tropiques, de l'absence de mers intérieures et de l'insuffisance de hautes montagnes, sauf dans l'est.

Productions. Les *minéraux* exploités sont : l'or, le diamant et la houille du bassin de l'Orange ; le fer, le cuivre, le sel, assez communs. — Les *végétaux* les plus remarquables et les plus utiles sont le dattier, le café, le cacaoyer, le caféier, le blé, etc. — Mais ce qui distingue surtout l'Afrique, c'est la *puissance du règne animal*, dont les espèces principales sont, outre le bœuf, le mouton et le cheval : le singe chimpanzé, le gorille, le lion, l'hyène, l'éléphant, le rhinocéros, l'hippopotame, le dromadaire, la girafe, l'antilope, l'autruche, le crocodile, etc.

487. Commerce. L'Afrique fournit à l'Europe : 1° le *maïs*, le fer, l'alfa, les céréales, le vin, les bestiaux, les fruits et les légumes de primeur d'Algérie.

Les cocos et les vins de Madère.

Les huiles de palme et d'arachide du Sénégal et du Congo.

Les plumes d'autruche et les dattes du Sahara. L'ivoire et le caoutchouc du Soudan et du Congo.

Le *coton*, les céréales, les gommes d'Egypte.

Les peaux de bœufs, les plumes d'autruche, les diamants du Cap et l'or du Transvaal.

Le *sucre*, le café, la vanille de Maurice et de la Réunion.

III. — Notice historique.

487 bis Les découvertes en Afrique. Les Grecs et les Romains ne connurent en Afrique que le littoral de la Méditerranée et de la mer Rouge. Les Arabes pénétrèrent dans l'intérieur, mais sans nous le faire connaître. — Au XVe siècle, les Portugais découvrirent et occupèrent les îles et les côtes de l'Afrique ; les autres nations les suivirent. Mais l'intérieur du continent ne fut exploré qu'au XIXe siècle.

(1800-1806.) Mungo-Park (Écossais), parti du Sénégal, va découvrir le Niger et y meurt.

(1822-24.) Clapperton (Anglais) part de Tripoli et découvre le lac Tchad.

(1827-28.) René Caillié (Français) va du Sénégal à Tombouctou et au Maroc.

(1850-54.) Barth (Allemand) va de Tripoli au lac Tchad, à Tombouctou, et revient à Tripoli.

(1859-60.) Duveyrier (Français) va de l'Algérie à Ghadamès, Ghat et Tripoli.

(1869-73.) Nachtigal (Allemand) va de Tripoli au lac Tchad, traverse le Darfour et revient par l'Egypte.

(1841-73.) Livingstone (missionnaire écossais), parti du Cap, parcourt toute l'Afrique australe. Il découvre le lac *Ngami* (1849) et le haut Zambèze (1854), traverse l'Afrique de Loanda à Quilimane (1856), découvre le lac *Nyassa* (1858), le haut Congo, gagne Nyangoué (1869) et revient mourir auprès du lac Bangouélo, où ses restes sont transportés en Angleterre.

(1857-59.) Burton et Speke (officiers anglais) partent de Zanzibar et vont découvrir le lac *Tanganika* (1858). Au retour, Speke découvre le lac *Victoria* (1858).

(1862-63.) Speke (2e voyage) et Grant vont de Zanzibar au lac Victoria et découvrent le Nil-Victoria, en sort ; ils reviennent du descendant le Nil-Blanc, et rencontrent Baker, qui, sur leurs renseignements, va découvrir le lac Albert (1863).

(1873-76.) Cameron (Anglais), parti de Zanzibar, découvre le Loukouga, qui unit le Tanganika au Congo, gagne Nyangoué, d'où il traverse l'Afrique jusqu'au Benguéla.

AFRIQUE HYPSOMÉTRIQUE
Échelle: 100 000 000°
☐ Régions de moins de 200 m.
☐ Régions de 200 à 800 m.
☐ Régions de plus de 800 m.
⎯ Lignes de partage des eaux
⎯ Lignes de profondeurs des mers

AFRIQUE POLITIQUE
Échelle de 60 000 000 ou 1 millim. pour 50 kil.

POSSESSIONS		
☐ Françaises	● Milles de plus de 20 mille.
☐ Anglaises	◉ de 10 000 à 20 000.
☐ Portugaises	⊙ de 2000 à 10 000.
☐ Turques	○ moins de 2000 h.
☐ Allemandes	⎯ Chemins de fer
☐ Espagnoles	---- Lignes de partage
☐ Italiennes	---- Lignes de paquebots
	···· Câbles sous-marins

(1870.) **Stanley** (Anglais) est envoyé de Londres à la recherche de Livingstone, qu'il rencontre près du Tanganika (1871), puis il revient par Zanzibar.

(1874-77.) **Stanley** (2° voyage) explore les lacs Victoria et Tanganika, sort par la Loukouga, arrive à Nyangoué et descend le *Loualaba-Congo* à travers toute l'Afrique jusqu'à l'océan Atlantique. — En 1887-1889, il traverse l'Afrique du Congo à Zanzibar, découvrant les monts *Rouenzori* et ramenant Emin-Pacha.

Depuis 1875, parmi les Français, *Pierre de Brazza*, Mison et Maistre explorent le Congo occidental; — Binger, les régions au sud du Niger et la ville de Kong; — Monteil va du Sénégal au lac Tchad et revient par le Fezzan et Tripoli; — Bourst descend le Niger; — Gentil arrive au lac Tchad; — Marchand atteint le Nil par le Congo et l'Oubangui, — et l'expédition Foureau-Lamy traverse le Sahara, d'Algérie au Congo.

Le partage politique de **l'Afrique** *date surtout du Congrès de Berlin en 1885*, et a eu pour causes déterminantes *la découverte du Congo, par*

Stanley, coïncidant avec la création, par le roi des Belges, de l'*Association internationale africaine*, devenu la colonie du *Congo belge*.

Pour l'Afrique, plus encore que pour l'Asie, la conquête du pays par les Européens doit avoir des résultats favorables, non seulement au développement des relations commerciales, mais encore pour l'abolition de la traite et de l'esclavage, la civilisation des indigènes, et surtout pour la propagation du christianisme et de ses principes humanitaires.

Les populations nègres, particulièrement incapables, semble-t-il, de se gouverner elles-mêmes, livrées à toutes les atrocités d'un fétichisme stupide ou exploitées par l'islamisme corrupteur et cruel, ont tout intérêt à se voir soumises au peuples chrétiens, qui, du moins, améliorent leur sort et les amènent peu à peu à la connaissance et à la pratique de la vraie religion.

Devoir 134. — 1. Qu'est-ce que *l'Afrique*? — Est-elle au N. ou au S. de l'Europe? — 2. Quels sont les trois cercles qui la traversent de l'E. à l'O.? — 3. Qu'est-ce que la Guinée? — 4. A qui appartient la colonie du Cap? — 5. Pourquoi l'appelle-t-on *du Cap*, et de quel cap veut-on parler? — 6. Qu'est-ce que le Sénégal? — 7. Quelle ville y trouve-t-on? — 8. Quel est l'isthme qui sépare la mer Rouge de la Méditerranée? — 9. Comment fait-on communiquer ces deux mers?

Devoir 135. — 1. Qu'est-ce que l'Abyssinie? — 2. D'où sort le Nil? — 3. Quels pays arrose-t-il? — 4. Et le Niger? — 5. Nommez trois autres fleuves. — 6. Citez en Afrique 4 lacs, — 3 chaînes de montagnes, — 3 caps, — 3 groupes d'îles. — 7. Dites la nature et la situation des choses suivantes: Canaries, — Sidra, — Sainte-Hélène, — Kongs, — Tchad, — Gambie.

Devoir 136 et **136 bis**. — Appliquez à l'Afrique les questions des devoirs 132 et 133.

Devoir 137. — Complétez la carte de l'Afrique de la page 13 du cahier cartog. n° 5.

Devoir 138. — Tracez l'Afrique d'après le même modèle et écrivez les noms.

AMÉRIQUE

I. — Géographie physique.

488. Caractères physiques : 1° L'Amérique est caractérisée par sa *forme allongée, s'avançant vers les deux pôles* plus que l'Ancien Continent: elle a 16000 km de longueur, mais sa largeur varie beaucoup.

2° Par sa *division en deux masses continentales*, dont la septentrionale est échancrée comme l'Asie ou l'Europe, et la méridionale arrondie comme l'Afrique.

3° Le relief du sol présente la *chaîne des Cordillères, la plus longue du globe,* bordant toute la côte occidentale, élevée en moyenne de 2000 à 4000 m., et renfermant de hauts *plateaux* et de *nombreux volcans actifs.* Les côtes basses de l'est ont de bons ports.

4° Au centre et à l'est s'étendent de *vastes plaines* humides et plantureuses, appelées *prairies* ou *savanes* dans l'Amérique du Nord, — *llanos, pampas* ou *selvas* dans l'Amérique du Sud.

5° A signaler aussi l'importance du *Mississipi,* de l'Amazone, des *lacs* canadiens et des *glaciers* polaires.

489. L'**Amérique** est la quatrième partie du monde, et forme le deuxième continent. Elle comprend deux grandes régions ou presqu'îles jointes par l'isthme de Panama. Sa superficie égale 40000000 de km. car., c'est-à-dire 4 fois celle de l'Europe et 77 fois celle de la France.

490. Bornes. L'Amérique est bornée, au N., par l'océan Glacial du Nord; — à l'E., par l'Atlantique; — au S. et à l'O., par le Grand Océan.

Contrées. — Au N., le *Groenland,* l'*Alaska,* le *Canada,* les *Etats-Unis,* le *Mexique,* l'*Amérique centrale* et les *Antilles;*

Au S., la *Guyane,* le *Brésil,* le *Vénézuéla,* la *Colombie,* l'*Equateur,* le *Pérou,* la *Bolivie,* le *Chili,* l'*Argentine,* le *Paraguay* et l'*Uruguay.*

491. Mers. Au N., l'*océan Glacial arctique* ou *boréal,* formant la mer ou baie de *Baffin;* — à l'E., l'**Atlantique,** formant la mer d'*Hudson,* la mer du *Mexique* et la mer des *Antilles;* — à l'O., l'océan *Pacifique,* formant la mer de *Béring.*

Golfes. Le golfe du *Saint-Laurent,* dans l'Atlantique; — le golfe de *Panama,* dans le Pacifique.

Détroits. Le détroit de *Béring,* entre l'Alaska et la Sibérie; — les détroits de la *Floride* et du *Yucatan,* au N. et à l'O. de l'île Cuba; — le détroit de *Magellan,* entre la Patagonie et la Terre-de-Feu.

492. Iles. Dans l'océan Glacial, le *Groenland* et l'*Islande,* appartiennent aux Danois; — dans l'Atlantique, *Terre-Neuve,* aux Anglais; — les **Antilles,** dont les principales sont: *Cuba* et *Porto-Rico,* aux États-Unis; — la *Jamaïque,* aux Anglais; *Haïti,* indépendante; — au sud, l'archipel de la *Terre-de-Feu.* — Dans l'océan Pacifique, l'île *Vancouver,* aux Anglais; — et les îles *Aléoutes,* aux États-Unis.

Presqu'îles. Le *Labrador,* dans le Canada; — la *Floride,* dans les États-Unis; — le *Yucatan,* la *Basse-Californie,* dans le Mexique, — et l'*Alaska,* à l'extrémité N.-O. de l'Alaska.

Isthme. L'isthme de *Panama,* qui joint les deux Amériques (65 kilom. de largeur), et qui sera bientôt traversé par un canal.

Caps. Le cap *Saint-Roch,* à l'E. du Brésil; — le cap *Horn,* au S. de la Patagonie, — et le cap *Occidental,* au N.-O. de l'Alaska.

493. Montagnes. 1° Dans l'Amérique septentrionale, les monts **Rocheux** et les **Cordillères,** qui traversent à l'ouest le Canada, les États-Unis et le Mexique; — les *Alléghanys,* dans l'est des États-Unis.

2° Dans l'A érique méridionale, les **Andes,** ou *Cordillères du Sud,* qui traversent la Colombie, le Pérou, le Chili. etc.;— les *montagnes* de la Guyane et celles du Brésil.

Volcans. Parmi les volcans, qui sont nombreux dans les Cordillères, on cite l'*Aconcagua,* 7200 m.; — le *Chimborazo,* dans la république de l'Equateur; — le *Popocatepetl,* 5500 m., dans le Mexique.

494. Bassins maritimes. L'Amérique forme quatre versants principaux, appartenant aux bassins de l'*océan Glacial,* de l'*Atlantique du Nord,* de l'*Atlantique du Sud* et du *Pacifique.*

495. Fleuves. 1° Versant de l'océan Glacial : le *Mackenzie,* qui arrose l'Amérique anglaise;

2° Versant de l'Atlantique du Nord : le **Saint-Laurent,** qui arrose le Canada; — le **Mississipi** et ses affluents le *Missouri* et l'*Ohio,* dans les États-Unis; — le *Rio-del-Norte,* au N. du Mexique.

3° Versant de l'Atlantique du Sud : l'*Orénoque,* qui arrose le Vénézuéla; l'**Amazone** et le *San Francisco,* dans le Brésil; — le *Parana-Plata* et ses affluents le *Paraguay* et l'*Uruguay,* dans le Brésil, l'Argentine et autres républiques.

4° Versant du Pacifique : le *Colorado* et l'*Orégon,* qui arrosent les États-Unis.

496. Lacs. Dans l'Amérique anglaise, les lacs du *Grand-Ours* et de l'*Esclave;* — dans le Canada et les États-Unis, les grands lacs *Supérieur, Michigan, Huron, Érié* et *Ontario,* qui s'écoulent par le fleuve Saint-Laurent; — dans l'Amérique centrale, le lac *Nicaragua,* — et dans le Pérou, le *Titicaca.*

II. — Géographie politique.

497. Population. La *population absolue* de l'Amérique est de 160000000 d'hab., et sa *population relative* de 4 hab. par km carré.

Races humaines. La nouvelle population américaine est principalement formée de *blancs,* originaires d'Europe; on y rencontre aussi quelques millions de *rouges* ou Indiens indigènes, de *nègres,* originaires d'Afrique, et de *métis* ou sangs-mêlés.

Religion. La religion dominante est le *catholicisme,* excepté dans les États-Unis, peuplés surtout d'Anglais et d'Allemands *protestants.*

498. Divisions. AMÉRIQUE SEPTENTRIONALE. Le territoire d'**Alaska,** contrée froide et stérile, appartient aux États-Unis;

I. **Amérique danoise** est formée du Groenland et de l'Islande.

La **Confédération du Canada,** ou *Amérique anglaise,* 6000000 d'hab., est une immense contrée, déserte au N., mais habitée et florissante au S.-E.. capitale *Ottawa;* villes princ. Montréal, 370000 hab., et *Québec,* sur le Saint-Laurent; *Toronto,* sur le lac Ontario; *Winnipeg,* au Manitoba. Un tiers des Canadiens sont d'origine française.

499. La **Confédération des États-Unis** DE L'AMÉRIQUE DU NORD, 85000000 d'hab., est l'un des États les plus riches et les plus puissants du globe.

Capit. **Washington;** villes princ. New-York-Brooklyn, la deuxième ville du monde, 4000000 d'h., et le deuxième port du globe (après Londres); — *Boston,* **Philadelphie,** 1400000 h., *Baltimore, Nouvelle-Orleans,* grands ports sur l'Atlantique; *Saint-Louis,* sur le Mississipi, **Chicago,** 1900000 h., sur le lac Michigan; *San Francisco,* port sur le Pacifique.

Les États-Unis, qui n'avaient que 5000000 d'habitants en 1800, mais qui ont reçu des millions d'émigrants européens : anglais, irlandais, allemands, comptent parmi les puissances prépondérantes du globe. Ils sont très riches en mines et en produits coloniaux; ils rivalisent avec l'Europe pour l'industrie, le commerce, la navigation, surtout pour les chemins de fer : celui de New-York à San Francisco a 5400 km de longueur.

500. La république du Mexique, 14000000 d'hab., est une ancienne colonie espagnole (comme la plupart des États du Sud). Capitale **Mexico,** 350000 hab.; villes princ. *Puebla, Vera-Cruz,* port.

Les 6 petites républiques de l'**Amérique centrale;** villes princ. *Guatémala, San Salvador* et *Panama.*

Les **îles Antilles,** nombreuses et riches, sont: Haïti, peuplée de nègres indépendants; — Cuba, v. pr. *La Havane,* et *Porto-Rico,* cédées par les Espagnols aux États-Unis; — la *Jamaïque* et plusieurs petites Antilles, aux Anglais; — la *Martinique* et la *Guadeloupe,* aux Français.

501. AMÉRIQUE MÉRIDIONALE. Ses grandes divisions sont :

La **Guyane,** appartenant en partie aux Anglais, aux Hollandais et aux Français;

Les États-Unis du **Brésil,** 17000000 d'h., capit. **Rio-de-Janeiro,** 800000 hab.; villes princ. *Bahia* et *Pernambouc,* ports.

La république de **Vénézuéla,** cap. *Caracas;*

La république de **Colombie,** 4000000 d'h., cap. *Bogota;*

La république de l'**Equateur,** cap. **Quito;** ville princ. *Guayaquil,* port;

La république du **Pérou,** cap. **Lima;** ville princ. *Callao,* port;

La république de **Bolivie,** cap. **La Paz;**

La république du **Chili,** cap. **Santiago;** ville princ. *Valparaiso,* port;

La république **Argentine,** 5500000 h., cap. **Buénos-Aires,** 1000000 d'h., grand port;

La république du **Paraguay,** cap. *Assomption,* sur le Paraguay;

La république de l'**Uruguay,** cap. **Montévidéo,** port sur la Plata.

Devoir 139. — 1. Quelles sont les deux grandes parties de l'A. *méridionale?* — 2. Que désignent les Panama, Chili, Mexique, Lima, Antilles, Baffin, Alaska? — 3. Te quel pays Assomption est-elle la capitale? Bogota? Buénos-Ayres? Washington? — 4. Citez 5 ports de mer, — 4 villes d'intérieur, — 2 chaînes de montagnes, — 4 fleuves, — 3 golfes.

Devoir 140. — 1. Nommez les pays baignés par le Grand Ocean et dites leurs capitales. — 2. Dans quels pays coule l'Amazone, le Mississipi, le Paraguay? — 3. Ou sont les Rocheux, les Andes, les Cordillères? — 4. Où est Buénos-Ayres, Quito, le cap Saint-Roch, le détroit de Magellan, la mer des Antilles? — 5. Qu'est-ce que le Michigan, l'Erié, San-Francisco, Haïti, Cuba?

Devoir 141. — 1. Sur quel fleuve se trouve Québec? — Saint-Louis? — Montévidéo? — 2. A qui appartiennent les trois Guyanes? — 3. Nommez les Antilles. — 4. Où passe l'Equateur, le tropique du Cancer? — 5. Entre quels pays se trouve le détroit de Béring, l'isthme de Panama? — 6. Si l'on coupait cet isthme par un canal, quelles mers mettrait-on en communication?

Devoirs 142 et 142 bis. — Appliquez à l'Amérique les questions des devoirs 132 et 133.

Devoir 143. — Complétez le croquis de l'Amérique, page 15 du cahier cartographique n° 5. — Reproduisez à vue cette même carte.

AMÉRIQUE
POLITIQUE

Echelle de 60 000000 ou 1 million pour 60 Kil

Possessions
Anglaises
Françaises
Hollandaises
Danoises

OCÉAN GLACIAL

MER POLAIRE

MER DE BAFFINS
GROENLAND
M. DU NORD

M. DE BÉRING

ALASKA

M'HUDSON
Labrador
DU
CANADA

ÉTATS
San Francisco
Denver Kansas
S'Louis
UNIS
New York Boston
Baltimore Philadelphie
Washington

Charleston

M. DU MEXIQUE
Tropique du Cancer

La Havane
Mexico

MER DES ANTILLES

AMÉRIQUE CENTRALE
HONDURAS
NICARAGUA

VENEZUELA
COLOMBIE
GUYANE
Équateur

ÉQUATEUR
Quito

PÉROU
Lima

B R É S I L

FRANCE

AMÉRIQUE
HYPSOMÉTRIQUE

Versant de l'Océan Glacial

Grande Plaine de l'Amazone

Tropique du
Capricorne

Santiago
Valparaiso
Cordova
URUGUAY
Buenos Ayres
la Plata
Valdivia
Montevideo

502. Climat. Le climat américain est varié, généralement plus humide et moins chaud que celui des parties de l'Europe et de l'Afrique situées sous les mêmes latitudes.

Productions. Les productions naturelles de l'Amérique sont importantes par les minéraux, tels que houille, pétrole, or, argent, fer, — et par la puissance du règne végétal : céréales, prairies, forêts, cotonnier, canne à sucre, caféier, cacaoyer, etc. — Parmi les espèces animales, qui sont moins importantes que les végétaux, on doit citer les singes à queue prenante, le jaguar, le castor du Canada, le lama du Pérou, le condor des Andes, le vampire, les oiseaux-mouches, le caïman, le boa et la cochenille du cactus. Les chevaux, vaches, moutons, porcs sont nombreux.

503. Commerce. L'Amérique fournit à l'Europe :

Les fourrures et les bois du Canada; l'or du Youkon.

Le coton, les céréales, les farines de froment et de maïs, le tabac, les viandes salées, l'or, l'argent et le pétrole des Etats-Unis.

L'argent du Mexique.

Les denrées coloniales : le sucre, le café, le cacao, le caoutchouc, les bois de teinture et d'ébénisterie, les cigares des Antilles et du Brésil.

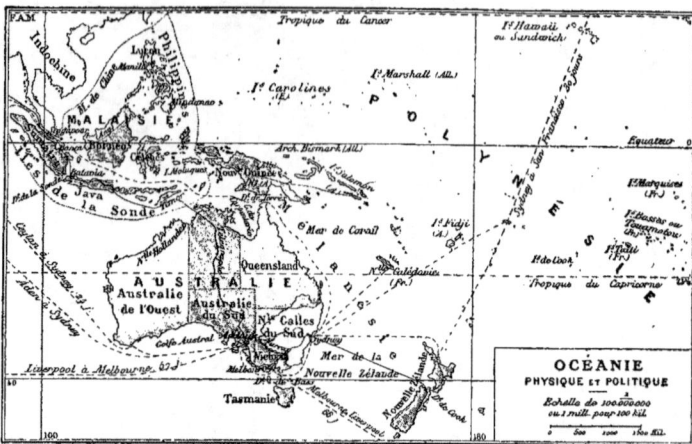

Les laines, les peaux brutes, les viandes séchées des pampas argentins et du Brésil.

L'or, l'argent, le cuivre, le guano et le nitrate du Pérou et du Chili.

503bis. Les découvertes en Amérique. — Les Danois et les Scandinaves avaient fréquenté les côtes du Groënland et du Canada, du Xe au XVe siècle; mais la découverte vraiment intentionnelle et scientifique de l'Amérique revient à Christophe Colomb, Génois (1492), et aux Espagnols de sa suite. Amérigo Vespucci, Florentin, lui ravit l'honneur de donner son nom au continent. — Après Colomb, Pinzon, Balboa, Pizarre, Fernand Cortez, Espagnols; Cabral, Portugais; puis Cabot, Vénitien; Jacques Cartier, de la Salle, Français; Davis, Hudson, Baffin, Mackenzie et d'autres Anglais achevèrent les découvertes, jusqu'à celle du passage Nord-Ouest, malheureusement impraticable à la navigation.

OCÉANIE

I. — Géographie physique.

504. Caractères physiques : 1º L'Océanie est caractérisée, comme son nom l'indique, par la dispersion de ses terres au milieu de l'Océan.

2º L'Australie, qui est la plus petite des masses continentales, a une forme arrondie, des contours peu sinueux, un relief peu élevé et renferme de grands déserts.

3º Les grandes îles de la Malaisie sont hautes, volcaniques, fertiles et riches en mines. — Les petites îles de la Polynésie sont généralement basses, d'origine corallaire ou madréporique, c'est-à-dire construites par de petits animaux marins.

4º Les terres antarctiques ou australes forment peut-être un continent; mais, enveloppées de glaces et de brumes, elles sont peu accessibles et inhabitables.

505. L'Océanie est la cinquième partie du monde. Elle se compose d'un petit continent, l'Australie, et d'une multitude d'îles et d'archipels répandus surtout dans le Grand Océan. — L'ensemble des terres a une superficie supérieure à celle de l'Europe, avec 1 000 000 de km. car.

506. Bornes. L'Océanie s'étend à l'O. jusque vers l'Asie et l'océan Indien; à l'E., jusque vers l'Amérique; au S., jusqu'au pôle austral.

Divisions. L'Océanie comprend trois grandes divisions naturelles :

1º L'Australie, qui avec plusieurs grandes îles de l'est : Nouvelle-Guinée, Nouvelle-Zélande, etc., forme la Mélanésie (terres des noirs);

2º La Malaisie (îles des Malais), comprenant les Sumatra, Bornéo, Philippines, etc.;

3º La Polynésie, comprenant la multitude des archipels orientaux.

507. Mers. La mer de Chine mérle, la mer de Corail et la mer de la Nouvelle-Zélande.

Golfe. Celui de Carpentarie, au nord de l'Australie.

Détroits. Le détroit de la Sonde, entre Sumatra et Java; le détroit de Torrès, entre l'Australie et la Nouvelle-Guinée; le détroit de Bass, entre la Tasmanie et l'Australie.

508. Iles et archipels. On les énumère plus commodément dans les divisions politiques ci-après.

509. Montagnes. Les montagnes Bleues, dans l'Australie. — Les volcans sont nombreux dans les îles Malaises, qui sont très montagneuses, atteignant 4000 mèt. d'alt.

Le fleuve principal de l'Océanie est le Murray, grossi du Darling, dans l'Australie.

II. — Géographie politique.

510. Population. La population absolue de l'Océanie est d'environ 55 000 000 d'hab., et sa population relative de 5 hab. par km carré.

Races humaines. L'Océanie est peuplée par la race brune, surtout dans la Malaisie. L'Australie a des noirs indigènes et sauvages, et une population coloniale qui se compose de blancs venus d'Europe, surtout d'Anglais.

Religions. Les Malais sont généralement mahométans, les noirs sont païens, et les blancs sont chrétiens.

511. Les divisions politiques correspondent aux possessions des Européens.

Les Anglais possèdent : 1º l'Australie,

où ils ont formé plusieurs Etats très florissants, avec 4 500 000 hab.; ports princ. Sydney, Melbourne, 500000 hab.; et Adélaïde; — 2º la Tasmanie, la Nouvelle-Zélande, les îles Fidji et de Cook; une partie de Bornéo et de la Nouvelle-Guinée.

L'Australie et la Nouvelle-Zélande, très riches en mines d'or, de cuivre et de houille, en céréales et en pâturages nourrissant d'immenses troupeaux de bœufs et de moutons, ont acquis en peu d'années une puissance commerciale remarquable.

512. Les Hollandais possèdent les îles de la Sonde : Sumatra et surtout Java, très riche et très peuplée, capit. Batavia; l'île Célèbes, les Moluques, ou îles aux Epices, une partie de la Nouvelle-Guinée et de Bornéo, avec 40 000 000 d'habitants.

513. Les Etats-Unis se sont annexé les îles Hawaii, dont la capitale est Honolulu, et les îles Philippines : Luçon, capitale Manille, Mindanao, etc., celles-ci enlevées à l'Espagne.

Les Portugais se partagent l'île Timor avec les Hollandais.

Les Français possèdent les Taïti et Marquises, la Nouvelle-Calédonie, lieu de déportation, et les Touamotou.

Les Allemands ont acquis la partie N.-E. de la Nouvelle-Guinée, l'archipel Bismarck, les îles Marshall, Carolines et Mariannes.

514. Climat. Le climat de l'Océanie est généralement tempéré et humide, à cause des brises de la mer, qui viennent constamment rafraîchir les terres.

Productions. — Les productions naturelles sont les mêmes dans la Malaisie que dans les Indes asiatiques : on cite comme espèces propres l'orang-outang de Bornéo et de Sumatra, le muscadier et le giroflier des Moluques. — L'Australie est riche en mines d'or, de cuivre et de houille, et possède des espèces végétales et animales particulières : araucaria, lin de la Nouvelle-Zélande, — kangourou, ornithorynque, oiseaux de paradis, aptéryx ou oiseau sans ailes, etc.

515. Commerce. L'Océanie fournit à l'Europe :

1º L'or, le cuivre, les viandes, les laines et les farines de l'Australie et des autres colonies anglaises.

2º Les denrées coloniales : le café, le sucre, l'indigo, le poivre, les épices de Java et des Moluques, l'étain de Banca (possessions hollandaises), et les cigares de Manille.

Devoir 144. — 1. Qu'est-ce que l'Océanie? — 2. D'où vient ce nom? — 3. Quelles sont ses bornes? — 4. ses grandes divisions? — 5. ses grandes îles? — 6. ses habitants? — 7. A qui appartient l'Australie? — les Philippines? — Java? — Bornéo? — Fidji? — les Marquises? — la Nouvelle-Zélande? — 8. Quelles sont les possessions françaises en Océanie? — 9. Dressez la carte de l'Océanie (page 12, cah. cart. nº 5).

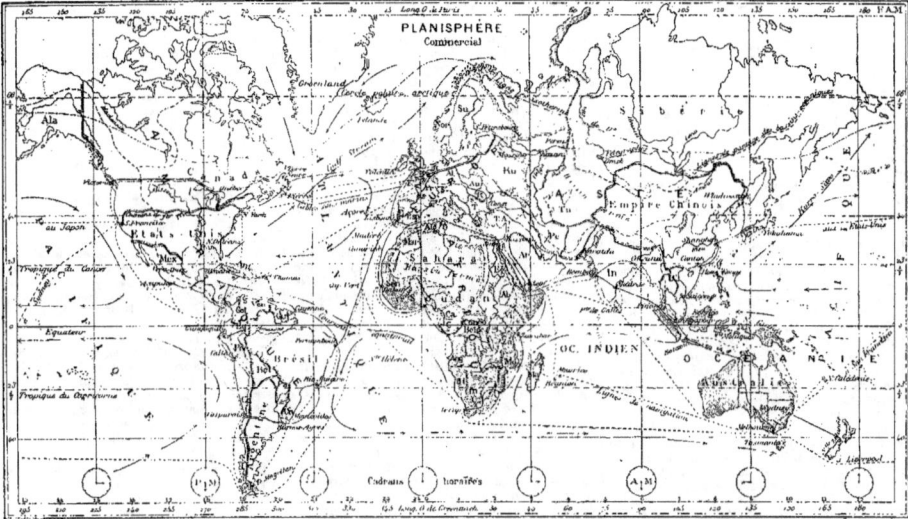

PLANISPHÈRE
Commercial

PLANISPHÈRE

RELATIONS INTERCONTINENTALES

316. Grands ports. Les principaux ports de commerce du monde, par ordre d'importance, sont :

Londres, Liverpool et *New-York,* qui font chacun annuellement pour environ 6 milliards d'affaires; *Hambourg,* en Allemagne; *Anvers,* en Belgique; *Rotterdam,* en Hollande; *Marseille,* en France; Hull, Glasgow, Southampton, en Angleterre; *Singapour, Calcutta, Bombay,* aux Indes; *Hong-kong, Shanghaï, Canton,* en Chine; *Melbourne,* en Australie.

317. Les services réguliers à vapeur *les plus importants* de l'Europe sont :

Les *lignes du Canada,* ou de Liverpool et Glasgow à Québec et Montréal.

Les *lignes de New-York,* partant de Londres, de Liverpool, de Glasgow, de Southampton, de Hambourg, de Brême, d'Anvers, du Havre. Chacun de ces ports a son service direct pour New-York. Comme *services annexes* de prolongement, des bateaux partent de New-York pour La Havane, La Nouvelle-Orléans, Vera-Cruz ou Colon (isthme de Panama).

Les *lignes directes de l'isthme de Panama,* partant de Liverpool, de Southampton et de Saint-Nazaire pour les Açores, Saint-Thomas (Antille danoise) et Colon. — (Colon et Panama sont réunis par un chemin de fer.)

De Panama, des services annexes correspondent au N. avec Acapulco, San Francisco et Victoria (île Vancouver); au S. avec Guayaquil, Callao et Valparaiso.

Les *lignes du Brésil et de la Plata,* partant de Liverpool, de Southampton, de Bordeaux, pour Lisbonne, Madère, les Canaries, l'île Saint-Vincent (du Cap-Vert), Pernambuco, Rio-de-Janeiro, Montévidéo, Buénos-Aires, avec correspondance pour les ports de l'océan Pacifique.

2° Vers l'Afrique occidentale et méridionale :

Les *lignes des côtes de Guinée,* partant de Liverpool, Hambourg, Le Havre, Bordeaux, touchant à Lisbonne, Madère, Ténériffe, Dakar, Freetown, Libéria, Lagos, le Gabon, le Congo, l'Angola.

La *ligne du Cap,* partant de Plymouth pour Rio-Janeiro et Le Cap, avec retour par Sainte-Hélène, l'Ascension et les Canaries.

3° Vers l'Asie et l'Océanie :

La *grande ligne des Indes,* partant de Southampton pour Gibraltar, Malte, Alexandrie, Suez, Aden, Bombay, — ou Aden, Colombo (Ceylan), Madras, Calcutta et Rangoun.

Les *lignes annexes d'Aden aux îles Madagascar* et Bourbon.

La *grande ligne de la Chine et du Japon,* de Southampton ou de Marseille par Aden, Colombo, Poulo-Pinang, Singapour, Saïgon, Hong-kong, Shanghaï Yokohama, avec correspondance pour San Francisco.

Les *lignes annexes de Singapour à Batavia et aux Moluques,* et de *Colombo à Melbourne* et Sydney, avec correspondances pour la Nouvelle-Zélande, les îles Fidji, la Nouvelle-Calédonie et Panama, — ou l'île Hawaii et San Francisco.

---

318. Télégraphes intercontinentaux. Les principales lignes télégraphiques intercontinentales, qui relient l'Europe aux contrées les plus lointaines, sont :

Dans l'Atlantique :

1° Les cinq câbles télégraphiques *sous-marins anglais* qui. partent de l'île Valentia (Irlande), aboutissent à Terre-Neuve, d'où ils communiquent avec le Canada et les États-Unis.

2° Le câble sous-marin *français* qui va de Brest à Saint-Pierre, près Terre-Neuve, de là à Boston (États-Unis). Un autre va du cap Saint-Mathieu à New-York.

3° Le *câble anglo-portugais* qui relie Lisbonne, par les îles Madère, à Rio-de-Janeiro (Brésil).

Dans l'océan Indien et le Pacifique :

4° Le *câble anglais* qui, partant de Falmouth, va à Gibraltar, Malte, Suez, Aden, Bombay; — par terre, de Bombay à Calcutta et Madras; — par mer, de Madras à Pinang, Singapour, Saïgon, Canton, Shanghaï et Yokohama (Japon).

5° La ligne de Singapour à Batavia et Port-Darwin (Australie), d'où elle va par terre à Melbourne et à Sydney, par mer à la Nouvelle-Zélande.

A travers l'Ancien Continent :

6° La *ligne russe,* de Saint-Pétersbourg à Moscou, Kasan, Perm, traversant la Sibérie par Omsk, Irkoutsk, le fleuve Amour, Vladivostok, continuée par un câble sous-marin jusqu'au Japon.

7° La *ligne anglaise de l'Inde* par terre, de Constantinople à Bassora, de là par mer à la côte de l'Hindoustan.

318 bis. Chemins de fer transcontinentaux.

1° De Paris à Péking par Berlin, Pétersbourg, Moscou, l'Oural, Irkoutsk, Vladivostok (Transsibérien), Moukden en Mandchourie.

En Amérique : 2° D'Halifax par Montréal à Vancouver. — 3° De New-York par Chicago à San Francisco. — 4° De Buénos-Aires à Valparaiso.

HISTORIQUE

74 bis (p. 7). Les grandes découvertes. — Les Anciens ne connurent du globe qu'une partie de l'Europe, l'ouest de l'Asie et le nord de l'Afrique.

Au moyen âge, Marco Polo, Vénitien (mort en 1295), alla vers l'est, jusqu'en Chine et en Malaisie.

Christophe Colomb, Génois, traversa à l'ouest l'Atlantique et découvrit l'Amérique centrale (1492).

Vasco de Gama, Portugais, fit le tour de l'Afrique et, doublant le cap de Bonne-Espérance (1497), parvint jusqu'à l'Inde.

Magellan, Portugais, fit le « premier tour du monde » par le détroit de Magellan et les îles Philippines, où il mourut (1521), tandis que ses compagnons revinrent par le cap de Bonne-Espérance (1522).

Drake, Anglais, accomplit le second voyage autour du monde (1580).

Tasman et d'autres Hollandais découvrirent l'Australie ou Nouvelle-Hollande (1642); — Bougainville, Français, et le capitaine Cook, Anglais, explorèrent les petites îles de l'Océanie (1766-79).

Au XIXe siècle, les Anglais cherchèrent le passage du *nord-ouest* par le nord de l'Amérique, voyage accompli en 1906 par le Norvégien Amundsen, et en 1879, Nordenskiold, Suédois, fit le tour de l'Asie par le *nord-est,* jusqu'en Chine.

Aujourd'hui les continents sont traversés en tous sens par les *chemins de fer,* et les Océans sillonnés par les *bateaux à vapeur,* tandis que les *lignes télégraphiques* et les *câbles sous-marins* permettent de correspondre presque instantanément d'un bout du monde à l'autre.

LA PALESTINE
(Le texte est numéroté à part.)

I. La Palestine

1°. Situation géographique. La Palestine est une petite contrée, située au centre de l'ancien monde, dans l'Asie occidentale, sur les bords de la Méditerranée et dans le voisinage de l'isthme de Suez et de l'Afrique.

C'est là que se sont passés les grands faits de l'histoire du peuple de Dieu et de la vie de Notre-Seigneur Jésus-Christ, et c'est pourquoi la connaissance de cette contrée intéresse tous les chrétiens.

2°. Bornes. La Palestine ancienne était bornée : au nord, par la Phénicie et la Syrie ; à l'est, par le désert de Syrie ; au sud, par le désert d'Arabie ; à l'ouest, par le pays des Philistins et par la Méditerranée, que les Hébreux appelaient la *grande Mer*, ou la mer occidentale.

3°. Étendue. La superficie de la Palestine égale à peu près celle de trois départements français ; elle s'étend du nord au sud sur une longueur d'environ 50 lieues et sur une largeur de 20 à 30 lieues.

4°. Population et gouvernement. La Palestine compte environ 500 000 habitants, parmi lesquels il y a peu de juifs et moins encore de chrétiens catholiques. La plupart sont des Arabes et des Turcs mahométans, ou des Grecs schismatiques.

Depuis les croisades, ce pays dépend de l'*empire turc*, et il est administré, au nom du sultan de Constantinople, par un pacha ou gouverneur chrétien résidant à Jérusalem.

5°. Divers noms de la Palestine. Elle s'appela *terre de Chanaan*, à cause des peuples issus de *Chanaan*, fils de Cham. — *Terre promise*, parce que Dieu la promettait à Abraham, Isaac et Jacob, comme héritage pour leurs descendants. — *Terre d'Israël*, lorsque les enfants de Jacob ou *Israël* en eurent fait la conquête. — *Judée*, parce que les Juifs appartenaient surtout à la tribu de Juda. — Les Grecs et les Romains la nommèrent *Palestine*, parce qu'elle comprenait alors le *pays des Philistins* ou *Palestins*. — Nous l'appelons aujourd'hui la *Terre Sainte*, parce qu'elle a été sanctifiée par la vie et la mort de N.-S. Jésus-Christ.

II. Géographie physique

6°. Aspect physique. La Palestine est une région généralement montagneuse, excepté dans la *plaine* qui borde la Méditerranée ; elle est sillonnée du nord au sud par la *vallée* large et profonde du Jourdain. — Son *sol* est très fertile et son *climat* salubre. — Elle nourrissait autrefois plusieurs millions d'habitants ; mais elle est aujourd'hui dépeuplée et inculte, ne présentant partout que des collines nues et déboisées, des campagnes arides et pierreuses, et de nombreuses ruines de villes et de bourgades.

7°. Montagnes. Les montagnes forment deux chaînes, séparées par la vallée du Jourdain, et se rattachant au nord aux monts *Liban*, célèbres par leurs belles forêts de cèdres.

Dans la *chaîne orientale*, on rencontre du nord au sud : le *mont Galaad*, dont le nom, qui signifie *monceau du témoignage*, vient d'un monument de pierre que Jacob et Laban y élevèrent ; le *mont Nébo*, d'où Moïse, avant de mourir, contempla la terre promise.

Dans la *chaîne occidentale*, on rencontre du nord au sud : le *mont Thabor*, où s'est transfiguré Jésus-Christ ; le *mont Carmel*, où se cacha le prophète Élie ; le *mont Gelboé*, où périrent Saül et Jonathas ; le *mont Garizim*, où les Samaritains élevèrent un temple pour ne plus aller adorer à Jérusalem.

Dans Jérusalem, on trouve le *mont Moria*, célèbre par le sacrifice d'Abraham et par le temple de Salomon, qui est remplacé aujourd'hui par la mosquée d'Omar ; et le *mont Golgotha*, ou *Calvaire*, témoin de la mort du Sauveur ; à l'est de Jérusalem, le *mont des Oliviers*, d'où Jésus-Christ monta au ciel.

8°. Versant de la Méditerranée. La Méditerranée reçoit : le *Léontès*, qui descend du Liban ; le *torrent de Kison*, qui rappelle la victoire de Débora et le massacre des prêtres de Baal ; le torrent de *Sorec*, où Samson fut livré aux Philistins par Dalila ; le torrent de *Bésor*, où David poursuivit les voleurs de Siceleg.

9°. Bassin de la mer Morte. La mer Morte reçoit le *Jourdain* et plusieurs torrents, dont les plus célèbres sont : le torrent de *Carith*, qui rappelle la famine du temps du prophète Élie ; le *Cédron*, qui coule auprès de Jérusalem, dans la vallée de Josaphat, et qui fut traversé par David, chassé de sa capitale, et par Notre-Seigneur après la trahison de Judas ; l'*Arnon*, à la limite de la Palestine au sud-est.

10°. Jourdain. Le Jourdain, seul fleuve important de la Palestine, prend sa source au Grand-Hermon dans le Liban, forme les *lacs de Mérom* et de *Tibériade*, se grossit de l'*Hiéromax*, du *Jabok*, du *Carith* et de plusieurs autres torrents, et va se jeter dans la *mer Morte*. Il est célèbre par le passage miraculeux des Israélites, ceux d'Élie et d'Élisée, et par le baptême de Jésus-Christ.

11°. La mer de Galilée s'appelle aussi *lac de Tibériade* ou de *Génésareth*. Ce fut parmi ses pêcheurs que N.-S. choisit ses premiers apôtres Pierre et André, Jacques et Jean. Elle rappelle la pêche miraculeuse de saint Pierre, et un grand nombre d'autres miracles du Sauveur.

12°. La mer Morte occupe la vallée où s'élevaient les villes maudites de Sodome et Gomorrhe. Elle est appelée *mer Morte*, parce que ses eaux sont épaisses, immobiles, et que les poissons ne peuvent y vivre ; *lac Asphaltite*, à cause de l'asphalte ou bitume qu'elle renferme. Cette mer n'a pas d'écoulement vers l'Océan. Ses eaux se perdent par évaporation, et son niveau se maintient à 400 mètres au-dessous du niveau de la Méditerranée.

III. Divisions historiques

13°. Division de la terre de Chanaan. A l'arrivée des Hébreux, les peuples qui se partageaient le pays étaient : à l'est du Jourdain, les *Gergéséens*, les *Hévéens* et les *Amorrhéens* ; à l'ouest, les *Chananéens* proprement dits, les *Phéréséens*, les *Jébuséens* et les *Héthéens*.

Sur les frontières : au sud-ouest, les *Philistins* ; au sud, les *Amalécites* et les *Iduméens*, descendants d'Esaü ; à l'est, les *Madianites*, descendants de Madian ; les *Moabites* et les *Ammonites*, descendants de Loth.

14°. Partage de la terre promise. Les descendants de Jacob formaient *treize tribus*, la tribu de Joseph étant remplacée par celle de ses deux fils, Ephraïm et Manassé.

Josué partagea la terre promise entre douze des treize tribus issues de Jacob.

A la tribu de Lévi, consacrée au sacerdoce, on donna quarante-huit villes disséminées dans tout Israël, et appelées *villes lévitiques*. Six de ces villes étaient en outre des *villes de refuge* : *Gaulon* et *Bosra*, *Ramoth-Galaad*, *Bosor*, *Cédès* et *Hébron*.

15°. Situation des douze tribus. A l'est du Jourdain, une demi-tribu de *Manassé*, et les tribus de *Gad* et de *Ruben*.

A l'ouest du Jourdain, les tribus d'*Aser*, de *Nephthali*, de *Zabulon* et d'*Issachar*, une demi-tribu de *Manassé* ; les tribus d'*Ephraïm*, de *Benjamin*, de *Dan*, de *Siméon* et de *Juda*.

16°. Royaumes de David et de Salomon. Sous les règnes glorieux de ces rois, les Israélites étendirent leur domination de la Méditerranée à l'Euphrate et du golfe Arabique au nord de la Syrie. Ils avaient pour tributaires : les Syriens, les Philistins, les Amalécites ; les Iduméens, les Madianites, les Moabites et les Ammonites. Mais, vers la fin du règne de Salomon, ceux-ci reprirent leur indépendance.

17°. Schisme. Royaumes d'Israël et de Juda. Après la mort de Salomon, dix tribus, s'étant révoltées contre son fils Roboam, formèrent au nord le *royaume d'Israël*, qui eut successivement pour capitale Sichem, Therza et Samarie. Les tribus de Juda et de Benjamin, restées fidèles, formèrent au sud le *royaume de Juda*, qui conserva Jérusalem pour capitale.

Le royaume d'Israël fut détruit l'an 718 avant J.-C., par Salmanasar, roi d'Assyrie, et celui de Juda, l'an 608 avant J.-C., par Nabuchodonosor.

IV. Provinces et Villes

18°. Division en quatre provinces. Au retour de la captivité de Babylone, la Palestine forma quatre provinces qui existaient encore du temps de Notre-Seigneur : à l'ouest du Jourdain, la *Galilée*, la *Samarie* et la *Judée* ; à l'est, la *Pérée*, qui comprenait l'Iturée, la Trachonite, etc.

19°. La Galilée. La Galilée comprenait le territoire de quatre des anciennes tribus : Aser, Nephthali, Zabulon, Issachar. La partie nord était appelée la *Galilée des gentils*, à cause du grand nombre de païens qu'elle renfermait.

Villes. *Dan*, où Jéroboam fit placer le veau d'or. — *Capharnaüm*, où J.-C. guérit la belle-mère de saint Pierre, le serviteur du centenier, et ressuscita la fille de Jaïre. — *Cana*, où il fit son premier miracle. — *Nazareth*, patrie de la très sainte Vierge, et séjour de J.-C. jusqu'à son baptême. — *Naïm*, où il ressuscita le fils unique d'une veuve.

20°. La Samarie. La Samarie comprenait à peu près la demi-tribu occidentale de Manassé et la tribu d'Ephraïm.

Villes. *Samarie*, autrefois capitale du royaume d'Israël, bâtie sur une montagne, fut détruite par Salmanasar et rebâtie par Hérode le Grand, qui lui donna le nom de Sébaste. — *Sichem* devint aussi la capitale du royaume d'Israël. C'est près de Sichem qu'était le puits de Jacob, où J.-C. convertit la Samaritaine. — *Silo*, où Josué fit le partage de la terre promise ; l'arche et le tabernacle y furent longtemps conservés. — *Césarée*, bâtie par Hérode, où saint Paul fut retenu prisonnier, et Corneille baptisé par saint Pierre.

21°. La Judée. Sous le nom de Judée, on comprend quelquefois toute la Palestine ; mais la *Judée* proprement dite renfermait les tribus de Juda, de Benjamin, de Dan et de Siméon.

Jérusalem fut d'abord appelée Salem, où habitait Melchisédech. Sous les Jébuséens, elle prit le nom de Jébus. Enfin, soumise par David, qui en fit sa capitale. Salomon y construisit un temple magnifique. Après sa mort, Jérusalem fut la capitale du royaume de Juda. Elle fut ruinée par Nabuchodonosor, et le temple livré aux flammes. Rétablie après la captivité, elle fut de nouveau détruite par les Romains, l'an 70 après J.-C., un siège d'un an.

Autres villes. *Béthanie*, près de Jérusalem, où J.-C. ressuscita Lazare. — *Bethléem*, célèbre par la naissance de J.-C. — *Hébron*, où l'on montre encore les tombeaux d'Abraham et de Sara. Patrie de saint Jean-Baptiste. — *Galgala*, où les Israélites, après avoir traversé le Jourdain, construisirent un monument ; Élie sortait de Galgala, quand il fut enlevé au ciel. — *Jéricho*, la *ville des Palmes*, fut la première ville prise par Josué. Élisée y assainit les eaux d'un ruisseau, et N.-S. y guérit un aveugle. — *Béthel*, la maison de Dieu, fut ainsi nommée par Jacob, après sa vision de l'échelle mystérieuse. Jéroboam y fit dresser un veau d'or. — *Emmaüs*, où J.-C. ressuscité apparut à deux de ses disciples. — *Joppé* ou *Jaffa*, où Jonas s'embarqua pour fuir à Tharsis : saint Pierre y ressuscita une femme. Jaffa est reliée par un chemin de fer à Jérusalem.

22°. La Pérée. La Pérée comprenait toute la partie de la Palestine située à l'est du Jour-

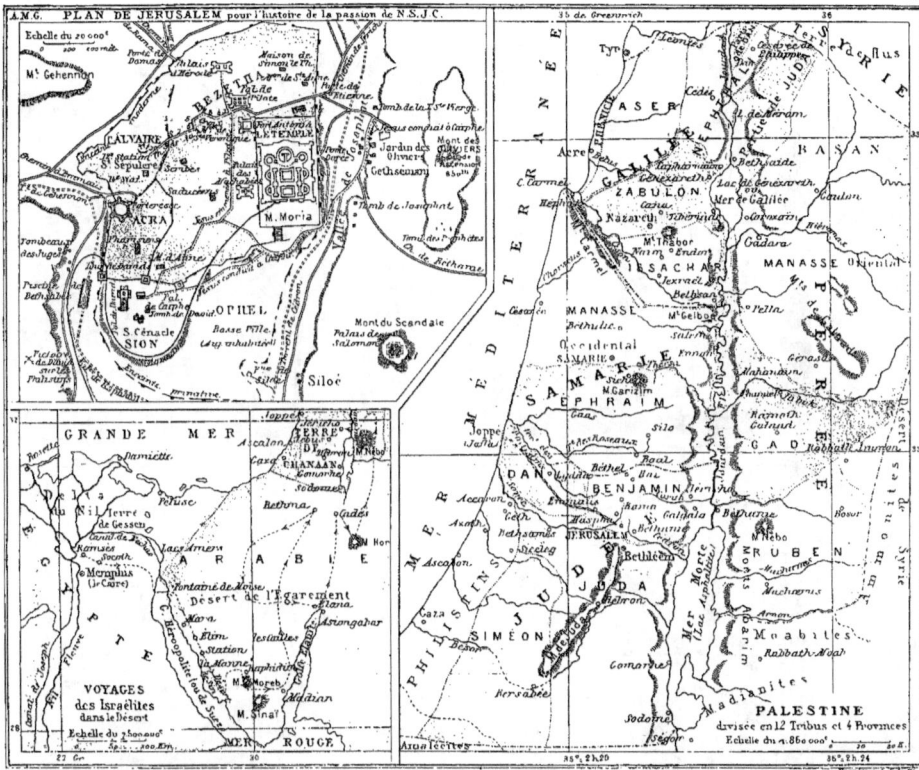

A.N.G. PLAN DE JÉRUSALEM pour l'histoire de la passion de N.S.J.C.

VOYAGES des Israélites dans le Désert. Échelle du 2:800 000°

GRANDE MER

PALESTINE divisée en 12 Tribus et 4 Provinces. Échelle du 7.860 000°

dain, c'est-à-dire les tribus de Ruben, de Gad et de Manassé orientale.

Villes. *Corozaïn*, près du lac de Tibériade, connue par les reproches qu'elle s'attira pour avoir dédaigné la prédication de Jésus-Christ. — *Gadara*, qui devint sous les Romains la métropole de la Pérée. — *Pella*, où les premiers chrétiens se retirèrent après avoir quitté Jérusalem assiégée. — *Phanuel*, où Jacob lutta avec un ange. — *Béthanie*, sur la rive gauche du Jourdain, où saint Jean baptisait.

23°. La **Décapole** était une confédération composée de dix villes situées dans la Pérée : *Philadelphie, Gadara, Gérasa, Bethsan* ou *Scythopolis*, etc.

24°. La **Phénicie.** La Phénicie, ou pays des Phéniciens, se rattache à la Galilée, dont elle forme la partie maritime. *Saint-Jean-d'Acre,* ou Ptolémaïs, a joué un grand rôle dans les croisades. — *Sour,* autrefois *Tyr,* et *Saïda,* autrefois *Sidon,* furent célèbres par leur commerce et leurs richesses.

25°. Le **pays des Philistins** forme la zone maritime de la Judée. On y remarque : *Azoth,*

où fut transporté le diacre Philippe; *Ascalon,* célèbre au temps des croisades, et *Gaza,* dont Samson enleva les portes sur ses épaules.

LA PALESTINE

Devoir 145. — 1. Que se passa-t-il dans la Terre Sainte? — 2. Quels différents noms lui donne-t-on? — 3. Ce pays est-il étendu? — 4. Est-il montagneux? — 5. Son sol est-il fertile? — 6. Quels sont ses principaux habitants actuels? — 7. Par qui est-il gouverné?

Devoir 146. — 1. Indiquez la situation et les bornes de la Palestine. — 2. sa superficie et sa population actuelle. — 3. Nommez ses montagnes, ses rivières et ses lacs. — 4. Indiquez les 4 divisions et les 12 tribus de la Palestine.

Devoir 147. — 1. En suivant l'itinéraire marqué sur la carte, racontez le voyage des Israélites dans le désert. — 2. Tracez cet itinéraire.

Devoir 148. — HISTOIRE SAINTE. — 1. Nommez la ville près de laquelle Abraham vint habiter. *(II... Hé-bron.)* — 2. Sur quel mont Abraham voulut-il sacrifier Isaac? — 3. Nommez deux villes qui furent détruites par le feu du ciel. — 4. Citez quelques peuples qui habitaient les confins de la Palestine. — 5. Sur quelle montagne Moïse mourut-il? — 6. Nommez la ville que Josué prit au son des trompettes. — 7. De quelle ville

Samson emporta-t-il les portes? — 8. Nommez la ville où Saül fut proclamé roi. — 9. Où David surprit-il Saül? *(Dans la caverne d'En. et dans le désert de Z...)* — 10. D'où Salomon tira-t-il le bois pour la construction du Temple?

Devoir 149. — HISTOIRE DE N.-S. J.-C. — 1. Dans quelle ville est né saint Joseph? (A *Béth...,* en J...) — la très sainte Vierge? — saint Jean-Baptiste? — Notre-Seigneur Jésus-Christ? — 2. Où Notre-Seigneur passa-t-il la plus grande partie de sa vie? — 3. Où Notre-Seigneur fut-il baptisé? — 4. Où fit-il son premier miracle? — 5. Où prit-il ses premiers disciples? — 6. De quelle ville étaient saint Pierre et saint Jean? saint Simon? (De *C...*) Zachée? (De *Jéri...*) Lazare et ses sœurs? (De *Bé...* près de *J...*) — 7. Où se fit la pêche miraculeuse? — 8. Où se fit par deux fois la multiplication des pains? — 9. Où convertit-il la Samaritaine? — 10. Où se transfigura-t-il? — 11. Où souffrit-il sa passion et sa mort?

Devoir 150. — PLAN DE JÉRUSALEM. — 1. Où est située Jérusalem? — 2. Quels étaient les principaux quartiers et monuments de la ville : 1° Au nord... 2° Au centre... 3° Au sud... 4° A l'ouest... 5° A l'est de la ville, etc.? — 3. Suivez le chemin douloureux parcouru par Notre-Seigneur depuis le jardin de G... jusqu'au palais de Pilate. — 4. Suivez le chemin de la Croix. — 5. Où eurent lieu la Résurrection et l'Ascension de N.-S.? puis la descente du Saint-Esprit sur les Apôtres?

LES PRINCIPALES PLANTES UTILES

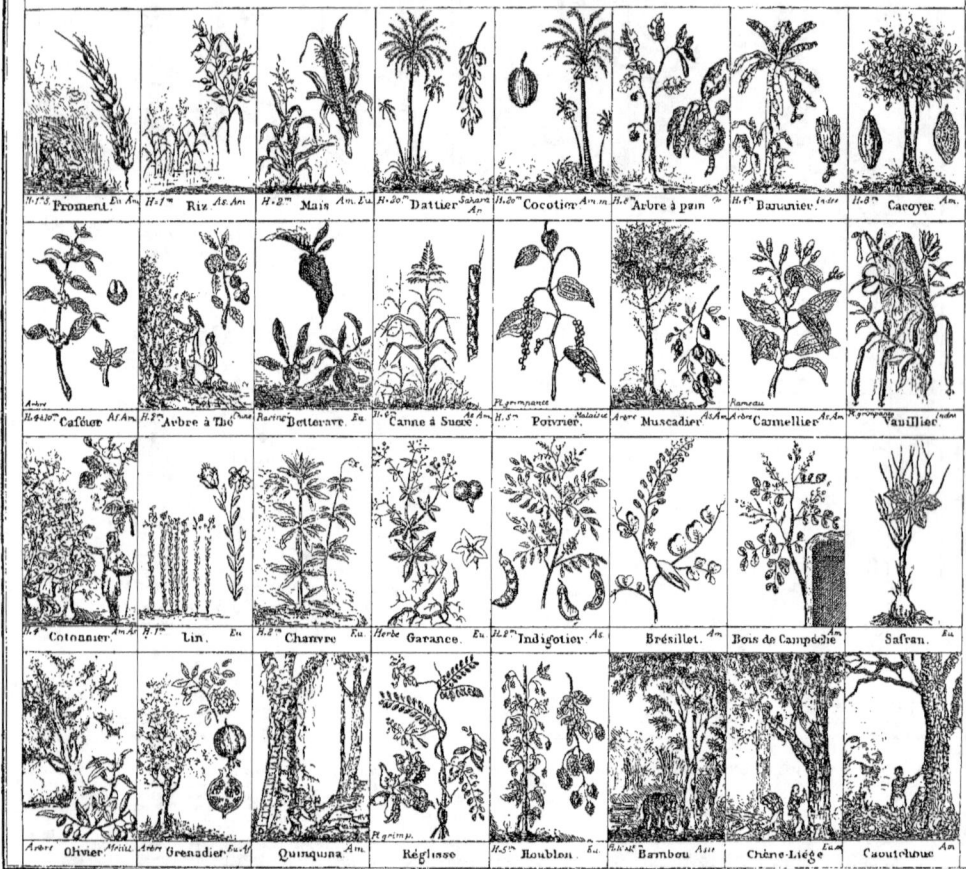

Froment	Riz	Maïs	Dattier	Cocotier	Arbre à pain	Bananier	Cacoyer
Caféier	Arbre à Thé	Betterave	Canne à Sucre	Poivrier	Muscadier	Cannellier	Vanillier
Cotonnier	Lin	Chanvre	Garance	Indigotier	Brésillet	Bois de Campêche	Safran
Olivier	Grenadier	Quinquina	Réglisse	Houblon	Bambou	Chêne-Liège	Caoutchouc

PRODUCTIONS NATURELLES

LES VÉGÉTAUX UTILES

519. **Végétaux.** — Le froment est une plante de la famille des *graminées*. C'est la céréale la plus cultivée dans nos pays pour faire le pain.

Le *riz* est une graminée cultivée dans les sols humides des pays chauds. Le grain de *riz* forme la base de la nourriture en Chine et aux Indes.

Le *maïs* est une graminée à gros épis, dont le grain est la principale nourriture dans plusieurs contrées en Amérique et en Afrique.

Le *dattier* est l'arbre providentiel du Sahara et des autres déserts brûlants. Ses fruits ou *dattes*, charnus et sucrés, sont excellents à manger.

Le *cocotier* est, comme le dattier, un arbre de la famille des palmiers, et croît en pays chaud. Ses fruits ou *cocos* sont remplis d'un suc laiteux très nourrissant.

L'*arbre à pain* donne un très gros fruit laiteux, dont se nourrissent les habitants de l'Océanie.

Le *bananier* est une plante à feuilles très grandes, donnant des grappes de *bananes* très nutritives.

Le *cacoyer* est un arbre de l'Amérique méridionale. Sa fève est le *cacao*, dont on fait le chocolat.

Le *caféier* est un arbrisseau cultivé surtout en Amérique, au Brésil, en Arabie et aux Indes. L'Europe consomme chaque année pour 500 millions de francs de *café*, qui est le noyau du fruit du caféier.

L'*arbre à thé* est un arbrisseau toujours vert, dont les feuilles infusées, ou le *thé*, donnent une boisson stimulante, très usitée en Chine, où on le cultive, et même en Europe.

La *betterave* est une plante-racine cultivée pour le bétail. On en extrait aussi une grande quantité de sucre, en Belgique, en France, en Allemagne, etc.

La *canne à sucre*, qui ressemble à un grand roseau, est une graminée cultivée en Amérique et dans les autres pays chauds. On extrait de sa tige un liqueur sucrée dont on fait le sirop, le sucre et le rhum.

Le *poivrier* est une plante grimpante, qui croît en Océanie. — Le *muscadier* vient surtout des îles Moluques. — Le *cannelier* se trouve à Ceylan et aux Indes. — Le *vanillier*, plante grimpante, vient sous les tropiques. — Ils fournissent des *épices* dont on assaisonne les aliments.

Le *cotonnier* est un arbuste cultivé en Asie et en Amérique. Sa capsule ou fruit contient un duvet floconneux, le *coton*, que l'on tisse.

Le *lin* est une plante textile, comme le coton; mais il vient très bien dans nos pays.

Le *chanvre* est aussi une plante textile de nos pays.

La *garance* est une petite plante dont la racine donne une teinture rouge. — La *gaude* sert à teindre les étoffes en jaune. — L'*indigotier* est une petite plante de l'Inde, dont le fruit donne une teinture bleue. — Le *brésillet* est un arbre du Brésil, qui donne une couleur rouge.

Le *bois de Campêche*, qui croît au Mexique, donne aussi une couleur rouge. — Le *safran*, autre plante tinctoriale, donne une couleur jaune..

L'*olivier*, qui ressemble à un saule, est un arbre dont le fruit, l'*olive*, donne l'huile à salade. Il vient dans le Midi, qui donne des fruits rafraîchissants.—Le *grenadier* est un bel arbre du Midi, qui donne des fruits rafraîchissants.—Le *quinquina* est une plante grêle qui grimpe sur les gros arbres en Amérique. On en tire un médicament contre les fièvres. — La *réglisse* est une plante grimpante des

LES ANIMAUX LES PLUS REMARQUABLES.

Singe (Af. As. Am.) — Tigre (Asie) — Lion (Af. As.) — Chien (Europe) — Loup — Renard

Eléphant (Af. As.) — Rhinocéros (Af.) — Hippopotame (Af.) — Cheval — Ane — Zèbre (Af.)

Chameau (Af. As.) — Lama (Amér.) — Renne (Europe) — Bœuf — Chèvre — Mouton

Marmotte — Ecureuil — Vautour — Poule — Cygne — Autruche (Af.)

(Reptile) Tortue — (Poisson) Morue — (Insecte) Abeille — Ver-à-soie — Diamant taillé — Corail

pays chauds. Son écorce est la *réglisse*, dont on fait des préparations rafraîchissantes.

Le houblon, qui vient très bien dans les Flandres, est une plante grimpante dont les fleurs amères ou *cônes* servent à conserver la bière.

Le *bambou* est une graminée arborescente, dont on construit les maisons en Afrique et en Asie.

Le *chêne-liège* est un arbre du Midi et de l'Afrique, dont l'écorce sert à faire les bouchons.

Le caoutchouc, comme la *gutta-percha*, dont on fait divers usages, sont des substances produites par le suc desséché de plusieurs arbres des pays chauds.

LES ANIMAUX

520. Les Singes sont des animaux *quadrumanes*, ou à quatre mains : cette conformation leur permet de vivre facilement sur les arbres. Ils habitent les pays chauds.

Le Tigre est un carnassier des Indes, ressemblant au chat, mais il est de grande taille et très redoutable.

Le Lion est le plus grand des carnassiers, ou mangeurs de chair crue. C'est le roi des animaux.

Le Chien, dont les espèces sont si nombreuses, est un carnassier de moyenne taille. Par sa docilité et

ses belles qualités, il est devenu pour l'homme un compagnon fidèle et très utile.

L'Éléphant est le plus grand des animaux terrestres ; sa taille est de 3 mètres. Il est *herbivore*, habite l'Asie et l'Afrique. On recherche l'ivoire de ses défenses.

Le Rhinocéros est, comme l'éléphant, un pachyderme, ou gros animal à peau dure, de l'Inde et de l'Afrique.

L'Hippopotame est un lourd pachyderme habitant les fleuves et marécages de l'Afrique.

Le Cheval est un grand pachyderme dont l'homme s'est fait un excellent coursier et un utile auxiliaire dans ses travaux. — L'Ane est le cheval du pauvre. — Le *Zèbre* ressemble à un joli petit cheval, mais il est sauvage. Il habite l'Afrique.

Le Chameau remplace le cheval comme coursier et porteur dans les déserts de l'Afrique et de l'Asie. Il donne en outre à l'homme son lait, sa chair et sa peau.

Le *Lama* est un petit chameau des montagnes de l'Amérique méridionale. C'est un animal ruminant.

Le *Renne* est pour les Lapons ce que le cheval, la vache et la brebis sont pour nos climats.

Le Bœuf et la Vache sont de grands herbivores ruminants, qui nous donnent la viande, la graisse, la

peau dont on fait le cuir. La vache donne aussi son lait.

La *Marmotte* est plus grosse que le lapin et le lièvre. Elle se creuse des terriers dans les Alpes.

Le *Vautour* est un grand rapace, ou oiseau de proie, de l'Amérique. Les rapaces de nos pays sont l'aigle, les éperviers, les chouettes, etc.

Le *Cygne*, qui fait l'ornement des pièces d'eau dans les parcs et les jardins, est un palmipède, comme l'oie. L'*Autruche*, le plus grand des oiseaux, parcourt les déserts de l'Afrique et nous donne de belles plumes.

La *Tortue* est un reptile à carapace dure, des pays chauds. Les serpents, les lézards, les grenouilles, les crapauds sont des reptiles de nos pays.

Les Poissons, dont la *morue* est une espèce, habitent les eaux douces et les mers.

Le Ver à soie est la chenille d'un gros papillon. On le nourrit en France et dans les pays chauds, et il file la soie, dont on fait les plus riches vêtements.

Le *Corail* est une sorte de pierre produite dans la mer par de petits animaux. On en fait des colliers de parure.

Le *diamant*, qui est du charbon pur, est le plus précieux des minéraux ; il est très rare. En le taillant, on en fait des joyaux pour orner la couronne des rois.

ÉLÉMENTS DE COSMOGRAPHIE

RÉVOLUTION ANNUELLE DE LA TERRE AUTOUR DU SOLEIL

SPHÈRE ARMILLAIRE

SPHÈRE TERRESTRE

PHASES DE LA LUNE.

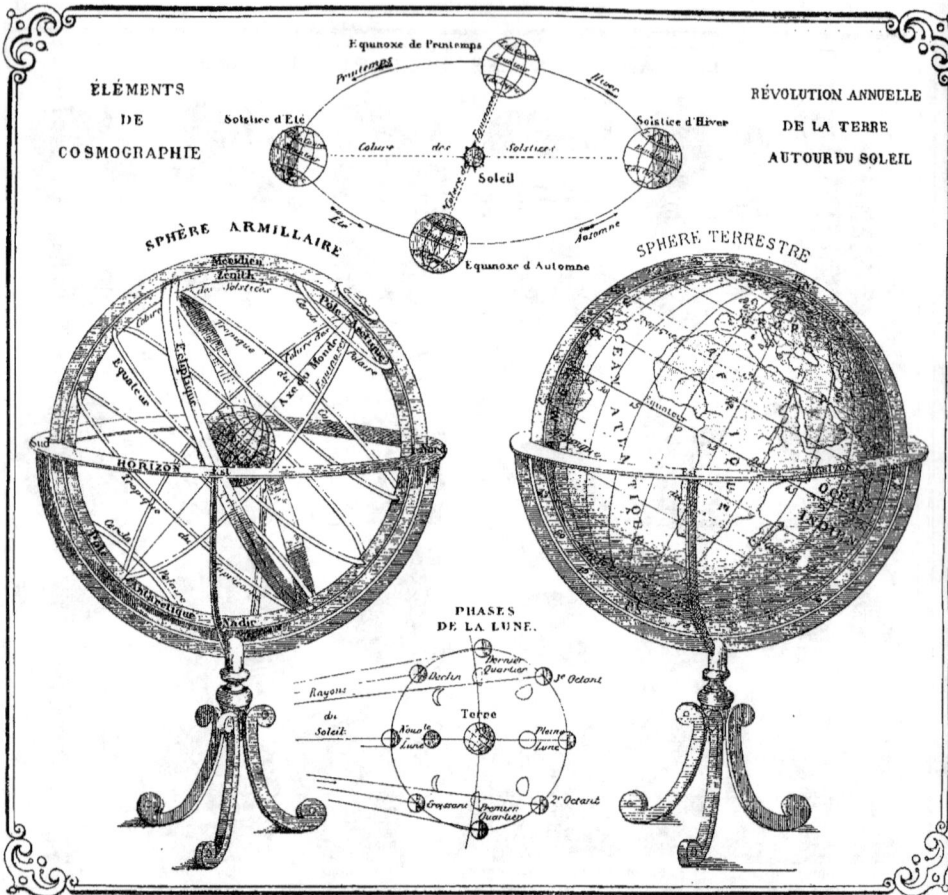

COSMOGRAPHIE

338. La Cosmographie est la science qui s'occupe des *astres*. Les astres sont des corps célestes de forme sphérique et circulant dans l'espace. — On distingue le *Soleil* et les *Étoiles*, qui sont des astres lumineux par eux-mêmes; la *Terre*, la *Lune* et les *planètes*, qui empruntent leur lumière au Soleil.

Les étoiles sont des astres brillants et très volumineux, comme le Soleil; mais leur grand éloignement nous les fait paraître beaucoup plus petits.

339. Le Soleil est environ treize cent mille fois plus gros que la Terre. Il produit la chaleur et la lumière, qu'il nous envoie directement.

Le Soleil tourne sur lui-même et *fait tourner* autour de lui la Terre et les planètes. Son mouvement autour de la Terre n'est qu'apparent.

340. Les planètes circulent autour du Soleil. Les principales sont: *Mercure, Vénus*, la *Terre, Mars, Jupiter, Saturne, Uranus* et *Neptune*.

341. La Lune est quarante-neuf fois plus petite que la Terre. Elle brille pendant la nuit, en nous renvoyant la lumière qu'elle reçoit du Soleil.

La Lune tourne autour de la Terre, en même temps que la Terre l'entraîne autour du Soleil. Elle se présente à nos yeux sous quatre *phases* ou figures différentes: Nouvelle lune, Premier quartier, Pleine lune et Dernier quartier.

Eclipses. Il y a *éclipse* ou disparition momentanée *du Soleil*, quand la Lune s'interpose entre lui et la Terre, — et *éclipse de Lune* lorsque la Terre se place de manière à empêcher le Soleil de l'é— er. L'éclipse est totale ou partielle.

SYSTÈME DE COPERNIC

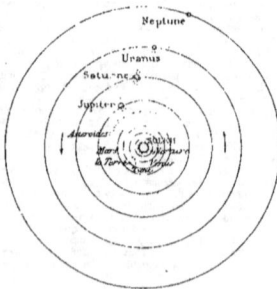

33603. — Tours, imprimerie Mame.

www.ingramcontent.com/pod-product-compliance
Lightning Source LLC
LaVergne TN
LVHW021721080426
835510LV00010B/1082